（第二册）

春秋左傳註評測義

电子科技大学出版社

第二册目録

左氏傳測義

04

自八
至十一

春秋左傳註評測義卷之八

明吳興後學淩稚隆輯著

閔公

公名啓方莊公庶子母叔姜在位二年謚法在國遭難曰閔史記名開蓋爲漢景帝諱也

經 庚申周惠王十六年 元年。陳宣公三十二年杞成公二十三年宋桓公二十一年齊桓公二十五年秦成公三年晉獻公十六年楚成王十一年衛懿公八年蔡穆公十四年鄭文公十二年 春王正月。○齊人救邢。桓公遣人救邢故春秋據實書齊人說者以爲桓公緩於救患故貶而稱人非也 ○夏六月辛酉葬我君莊公。○秋八月。公及齊侯盟于落姑。落姑齊地 季子來歸。季子即成季 ○冬齊仲孫來。仲孫齊大夫

傳　元年春。不書即位。亂故也。以慶父之亂未嘗行即位之禮○狄人伐邢。管敬仲言於齊侯曰。戎狄豺狼。不可厭也。諸夏親暱。不可棄也。宴安酖毒。不可懷也。詩云。豈不懷歸。畏此簡書。簡書。同惡相恤之謂也。請救邢以從簡書。狄伐邢在去年冬敬仲卽管仲厭厭足也言狄旣逞志於邢又將荐食諸侯也諸夏中國也暱近也敬仲以戎狄爲豺狼諸夏爲親暱宴安爲酖毒也詩小雅出車篇蓋文王爲西伯勞來將帥之詩簡書鄰國有急相戒命者同惡相恤一語乃當時簡書所載之言蓋戎狄亂華人所同惡爲中國者當相救恤也厭平聲齊人救邢。○陳傳良氏曰傳言齊桓救邢之緩○夏六月。葬莊公。亂故。是以緩。十一月乃葬○秋八月。公及齊侯盟于落姑。請復季友也。季友去年奔陳閔公新立國家多難以季友賢故請于霸主而復之齊侯許之使召諸陳。公次于郎以待之。傳例再宿爲次季子來歸。嘉之也。國人思得季子之賢以安社稷故書季子而不名以嘉之○吳澂氏曰此時慶父秉外權哀姜爲內主惟恐季子之歸孰能奉幼君出會霸主蓋必有魯之世臣如衛之石碏深謀秘計告于霸主請復季友故桓公召閔公至齊地而與之盟使若復季友之意出于齊而不出於魯故盟以要其信而使魯復之既盟之後桓公使召諸陳而閔公次郎以待之若不敢背霸主之盟而使季友得以歸魯者季友以霸主之重則慶父不敢去之矣春秋書之所以著魯臣之有謀也○李廉氏曰春秋列國大夫惟季子高子以子稱聖人必有深意○冬。齊仲孫湫來省難。書曰仲孫。亦嘉之也。湫仲孫名省難省魯國之難書仲孫而不名亦嘉仲孫之省難也湫焦上難去聲仲孫歸。曰不去慶父。魯難未已。公曰。若之何而去之。對曰。難不已。將自斃。君其待之。去年慶父如齊今亦還魯公齊桓公斃踣也言慶父作亂不已必將自取死亡也公曰魯可取乎對曰不可猶秉周禮周禮所以本也臣聞之國將亡本必先顛而後枝葉從之魯不棄周禮未可動也君其務寧魯難而親之親有禮因重固間攜貳覆昏亂霸王之器也本謂立國之本言國之有禮譬如木之有根本根本必先顛仆而後枝葉從而彫枯今魯不棄周公之禮則其根本尚固未可搖動也君其務寧魯國之難而親睦之蓋凡國之有禮者因而親睦之根本堅固者因而成就之人情疑貳者因而離間之政令昏亂者因而覆取之四者霸王所用故以器爲喻今魯可親可因而未有疑貳昏亂之勢此所以不可取間上去聲覆音福王音旺

○愚按是時魯君死子弑權臣橫逆嗣君幼弱危亡之機間不容髮桓公霸主也不能聲罪討逆以定其難而顧令親信之臣陽爲省之而陰實窺覘之以乘其厄而利其國是誠何心哉而使非仲孫秉禮之言有以格君心之非龜蒙其墟矣聖人得其情故書曰

齊仲孫來去其名固以嘉仲孫之忠諫不言省難亦以誅桓公之險謀此春秋之深旨也○趙汸氏曰魯大國非譚遂之比即內亂猶有人焉桓公方以救邢爲功豈遂萌取魯之意葉氏謂魯可取以下乃後世附益之辭其說是也○附錄

晉侯作二軍。公將上軍。大子申生將下軍。趙夙御戎。畢萬爲右。以滅耿。滅霍。滅魏。還。爲大子城曲沃。賜趙夙耿。賜畢萬魏。以爲大夫。周制大國三軍次國二軍小國一軍晉本大國自曲沃武公覆滅宗國僖王命沃伯以一軍爲晉侯至是獻公恃其強大始作二軍有廢大子心使將下軍趙夙趙衰兄畢萬魏犨祖父爲右爲公御右耿今山西河津縣霍今山西霍州魏今北直隸大名府三國皆姬姓[大]音泰還爲去聲士蔿曰。大子不得立矣。分之都城。而位以卿。先爲之極。又焉得立。不如逃之。無使罪至。爲吳大伯。不亦可乎。猶有令名。與其及也。

且諺曰心苟無瑕何恤乎無家天若祚大子其無晉乎古者軍將皆命卿今申生將下軍故曰位以卿先爲之極者先處大子以極地使不復可進也大伯周大王適子知大王欲立王季故逃而適吳卒亨孫國之命名士蔿欲使大子爲吳大伯之逃則雖不得爲後猶有令名如大伯勝於留而及難也祚福祚也杜預氏云爲晉殺申生傳卜偃曰畢萬之後必大萬盈數也魏大名也以是始賞天啓之矣天子曰兆民諸侯曰萬民今名之大以從盈數其必有衆卜偃晉掌卜大夫盈滿也魏高大之名啓開也言天將開啓其後嗣也十萬曰兆有衆謂得國初畢萬筮仕於晉遇屯䷂之比䷇辛廖占之曰吉屯固比入吉孰大焉其必蕃昌震爲土車從馬足居之兄長之母覆之衆歸之六體不易合而能固安

而能殺公侯之卦也公侯之子孫必復其始震下坎上屯坤下坎上比蓋屯初九變而爲比也辛廖晉大夫言屯險難故堅固比親密故得入固而能入其吉最大後嗣子孫必蕃衍而昌盛震震木變爲坤土震爲車坤爲馬故車從馬震震爲足動而遇坤安靜之象故居之震震爲長長男兄也初又最長故長之坤爲母二三四五體亦爲坤故母覆之坤爲衆故衆衆歸之初一爻變有此六義不可易也比有合之義屯有固之義比之下體爲坤坤爲土有安之義屯之下體爲震震震爲雷有殺之義有此四者惟公侯足以當之畢萬公高子孫宜復爲公侯也傳起魏事比音毘長張上

經辛酉二年春王正月齊人遷陽無傳陽小國今沂州北境蓋齊人迫而遷之○夏五月乙酉吉禘于莊公○秋八月辛丑公薨凡君終必書其所獨至于見弒則沒而無所故書薨而不地胡傳云書薨以示臣子之情不地以存見弒之實○九月夫人姜氏孫于邾孫音遜○吳澂氏曰哀姜不奔齊而奔邾者身

負大惡自歎于心而畏齊桓故不敢歸齊也春秋○雖不去姓氏而直書孫于邾絕之之意已著矣

公子慶父出奔莒。書出奔譏失賊也義與十二年宋萬奔陳同○高閌氏曰先書公薨而繼書孫邾奔莒則知夫人姜氏公子慶父實弒公也○冬。齊高子來盟。無傳高子齊大夫高傒也子男子之美稱盟立僖公也高子之來平魯難定僖公魯人賴焉公羊以爲美談至于今曰猶望高子故書子貴之也書來喜之也○王葆氏曰魯危而復安者內則季子外則高子春秋內外大夫之美者莫過于二子故皆以子稱也○姜寳氏曰或曰不言齊侯使之者權在高子也恐不然蓋高子之能安魯所以善齊桓也

十有二月狄入衛。書入衛不能有其地也○鄭棄其師。鄭伯惡其卿而不能退之以禮兼棄其人失君之道故書棄其師以譏之○鄭樵氏曰春秋即其舊文而因之如鄭棄其師出於汲冢之類是也

【傳】二年。附録春。虢公敗犬戎於渭汭。犬戎西戎別在中國者渭水源出今

臨洮府烏鼠山水之隈曲曰汭汭音芮舟之僑曰。無德而祿。殃也。殃將至矣。遂奔晉。舟之僑虢大夫虢敗戎斥地必有所獲故總言祿僑音喬○夏吉禘于莊公。速也。吉禘者吉服而禘也禮三年喪畢將致新主於廟廟之遠主當祧因是大祭以審昭穆今閔公喪制未闋而遽以吉禮禘于莊公蓋譏其禘之速也○家鉉翁氏曰禘禮當行於大廟今禘于莊公將躋大廟羣廟之主而就莊公以行禮乎則爲屈尊從卑此失禮中之失禮若夫以諸侯而用天子之禮魯國行之已久不足譏矣○初公傅奪卜齮田。公不禁。齮魯卜大夫閔公時年八歲愛其傅不禁止其所爲齮音蟻秋八月辛丑。共仲使卜齮賊公于武闈。魯卜大夫名齮武闈宮中小門慶父知齮怨公傅而併怨公故使殺公○成季以僖公適邾。共仲奔莒。乃入。立之。以賂求共仲于莒。莒人歸之。及密。使公子魚請。不許。哭而往。共仲曰奚斯之聲也乃縊僖公閔公庶兄季友以僖公適邾避慶父也慶父弒子般又弒閔公國人不與故出奔莒而後季友乃得以僖公入魯而立之賂莒邑見隱二年杜注魯邑未詳子魚字奚斯慶父使奚斯請免其死僖公不許奚斯難而言故哭而往報慶父識奚斯之聲而解其意乃自縊蓋慶父之罪雖重乃季友推親親之恩欲同之叔牙存孟氏之族故聽其自裁○姜寶氏曰共仲之奔莒蓋畏桓討而去也齊桓可謂能知義矣若季友討安社稷使賊無所奔其忠亦安可少乎而胡傳猶譏其失賊責之過矣閔公哀姜之娣叔姜之子也故齊人立之共仲通於哀姜哀姜欲立之閔公之死也哀姜與知之故孫于邾齊人取而殺之于夷以其尸歸僖公請而葬之閔公乃哀姜之娣曰叔姜者之所生叔姜齊女故齊人欲立其所出夷魯地齊人以哀姜淫亂弒逆故爲魯討而殺之哀姜爲僖公嫡母子無讎母之義故請葬之○附錄成季之將生

也。桓公使卜楚丘之父卜之。曰男也。其名曰友。在公之右。間于兩社。爲公室輔。季氏亡。則魯不昌。楚丘魯掌卜大夫男也以下卜者之詞凡人皆以右手用事在公之右言當用事也周社亳社之間朝廷執政所在季友當間厠其中爲公室之輔佐季氏若亡則魯亦不昌盛言季氏之後當與魯國相爲存亡也間去聲又筮之。遇大有䷍之乾䷀。曰同復于父。敬如君所。乾下离上大有乾下乾上乾大有大五變而爲乾同復以下筮者之詞乾爲父離變爲乾故曰同復于父乾爲君人之敬季友與君同故曰敬如君所及生。有文在其手曰友。遂以命之。命命以爲名也○冬十二月。狄人伐衛。時狄人盛強邢衛二國皆受其害衛懿公好鶴。鶴有乘軒者。將戰。國人受甲者皆曰。使鶴。鶴實有祿位。余焉能戰。軒大夫車寵鶴過甚故命鶴乘軒其祿位皆大夫今北直隸長垣縣有鶴城其養鶴所也公與石祁子玦。與甯莊子矢。使守曰。以此贊國擇利而爲之。與夫人繡衣。曰。聽於二子。渠孔御戎。子伯爲右。黃夷前驅。孔嬰齊殿。及狄人戰于熒澤。衛師敗績。遂滅衛。玦示以決斷矢示以禦難以決斷禦難之義贊助衛國擇其利者而爲之繡衣取文章順序之義二子指石祁子甯莊子言傳言衛侯失民有素雖臨事而戒猶無所及所以不免於敗熒澤衛地今河南滎澤縣衛侯不去其旗。是以甚敗。師之耳目在旗衛懿公既敗不去其旗是以甚敗君臣皆盡狄人囚史華龍滑與禮孔。以逐衛人。二人曰。我大史也。實掌其祭。不先國不可得也。乃先之。至則告守曰。不可待也。夜與國人出。狄入衛。遂從之。又敗諸河。史華龍滑禮孔皆衛大夫

夷狄畏鬼故詐言先當白神乃告石甯二大夫使速行二子乘夜與國人出將東走渡河狄復逐而敗之

○張洽氏曰衛之滅非特懿公好鶴失人心自惠公即位宣姜淫恣耽樂怠政亾形已具而懿公又重之故狄人一至而遂渙然離散爾春秋所以止書入而不言滅也

初惠公之即位也少。齊人使昭伯烝於宣姜。不可。强之。生齊子戴公文公宋桓夫人。許穆夫人。昭伯惠公庶兄公子頑也宣姜即宣公所取急子之妻昭伯不可齊人強使烝之生男女五人〔強〕上聲

文公為衛之多患也。先適齊。及敗。宋桓公逆諸河。宵濟。衛之遺民男女七百有三十人。益之以共滕之民。為五千人。立戴公以廬于曹。許穆夫人賦載馳。齊侯使公子無虧帥車三百乘。甲士三千人。以戍曹。歸公乘馬祭服五稱。牛羊豕雞狗皆

三百。與門材。歸夫人魚軒。重錦三十兩。宋桓公以夫人故迎衛敗衆於河濟必于胥畏狄也共滕皆衛別邑戴公名申廬舍也曹衛下邑載馳衛風篇名許穆夫人痛衛之亾思歸唁之不可故作詩以言志無虧齊桓公子武孟也戍曹爲衛禦戎也歸遺也四馬曰乘衣單複具曰稱材木也與之門木使先立門户也魚軒夫人車以魚爲飾重錦錦之細倍常者以二丈雙行故曰兩兩即匹也〔稱〕〔兩〕俱去聲○鄭人惡高克。使帥師次于河上。久而弗召。師潰而歸。高克奔陳。鄭人爲之賦清人。高克鄭大夫好利而不顧其君文公惡之而不能遠故使帥師禦狄而不召清人鄭風篇名○附録晉侯使大子申生伐東山皐落氏。獻公廢大子之心已決故所使將兵而尤示之意皐落赤狄別種今山西樂平縣有皐落氏〔大〕音泰下同里克諫曰。大子奉冢祀社稷之粢盛。以朝夕視君膳者也。故曰冢子。君行則守。

有守則從。從曰撫軍。守曰監國。古之制也。夫帥師專行謀。誓軍旅。君與國政之所圖也。非大子之事也。師在制命而已。禀命則不威。專命則不孝。故君之嗣適不可以帥師。君失其官。帥師不威。將焉用之。且臣聞臯落氏將戰。君其舍之。

里克晉大夫。冢，大也。言國家有大祭祀社稷之粢盛，則大子從君奉之。君之廚膳，則大子朝夕視之。故曰冢子，以其所職者大，異於衆子也。君有朝會征伐之行，則大子代君守國。君使大臣守國，則大子從君而行。行曰撫軍，言助君鎮撫士卒也。守曰監國，言代君監臨國家也。先王之制如此。若夫為將帥師者，專行號令，以用其謀，誓戒軍旅，以齊其心，此君與執政大臣之事，非大臣所當為也。又言師旅之間，在于專制其命令。設使大子凡事禀命於君而後行，則權不在己，而無將之威。大子不禀命而自專，則理有不順，而失子之孝。所以君之適子承後嗣者，不可使之帥師。令以

大子將兵是失其官也師旅不得自專是無威也如此將焉用彼爲將哉克恐大子軍敗得罪故陳說利害以説獻公使捨大子勿令將也(適)音嫡

公曰寡人有子未知其誰立焉不對而退見大子大子曰吾其廢乎對曰告之以臨民教之以軍旅不共是懼何故廢乎且子懼不孝無懼弗得立修己而不責人則免於難

獻公聞大子不可帥師之言而反有誰立大子之問蓋已微示克以欲廢申生之意矣申生亦揣知已之將不得立也故曰吾其廢乎克言君使大子治曲沃是告以臨民之事君使大子帥師是教以軍旅之事此二事任大責重故當以不共爲懼何故憂其廢也脩己脩飭其身也不責人不怨尤於人也(共)音恭(難)去聲○愚按是時申生已爲大子而獻公乃曰未知誰立其欲立奚齊之意可概見已申生既喻其意使即移病請退虛儲副之地而聽其立焉則上順于親下友於弟而身享讓國之譽即大伯不是過已何至有新城之禍哉

大子帥

師。公衣之偏衣。佩之金玦。狐突御戎。先友爲右。梁餘子養御罕夷。先丹木爲右。羊舌大夫爲尉。申生以太子將上軍偏衣左右異色其半似公服金玦以金爲玦如環而缺狐突重耳外祖父爲太子御戎車先友爲太子車右罕夷以卿將下軍梁餘子養爲罕夷御先丹木爲罕夷車右羊舌大夫叔向祖父也爲軍尉[衣]去聲下同先友曰。衣身之偏。握兵之要。在此行也。子其勉之。偏躬無慝。兵要遠災。親以無災。又何患焉。偏半也言衣偏衣得君身之半佩金玦得兵權之要夫分半衣以親之則非惡意握權要于手則可以遠災害兼斯二者又何憂患之有狐突歎曰。時事之徵也。衣身之章也。佩衷之旗也。故敬其事則命以始。服其身則衣之純。用其衷則佩之度。今命以時卒。閟其事也。衣之尨服。遠其躬也。

佩以金玦。棄其衷也。服以遠之。時以閟之。尨涼。冬殺。金寒。玦離。胡可恃也。雖欲勉之。狄可盡乎。突之歎以先友不知君心也章文章也衷中也旗表也度常度也時卒謂十二月閟止塞也尨雜色言時所以為事之徵衣所以為身之文章佩所以表明其中心故君誠欲敬大子之事則賞以春夏當命以四時之始誠欲服大子之身則當衣以純色之衣誠欲用大子之中心則當佩之玉以得士君子之常度今君不命以始而命之於冬十二月則非敬其事乃幽閟其事也不衣之純而衣以尨雜之服則非服其身乃疎遠其躬也不佩之度而所佩者以金為玦則非用其衷乃廢弃其衷也夫以衣則遠其躬以時則閟其事服用尨雜則有涼薄之意時用窮冬則有肅殺之意金屬秋方其性剛而寒玦不連聯有離別之意四者皆不祥之稱不可恃以為安雖欲勉力于戎事東山之狄可得而盡滅乎尨莫江反梁餘子養曰。帥師者。受命於廟。受脤於社。有常服矣。不獲而尨。命可知也。死而不孝。不如逃之。尨偏衣也言帥師者受大命於宗廟受脤肉於國社爲將自有常服必以常弁今大子不獲常服而衣偏衣君命可知矣雖死而使父有殺子之名猶不孝也不如逃奔而免禍（脤）辰上罕夷曰。尨奇無常。金玦不復。雖復何爲。君有心矣。尨雜奇怪非常之服國語所謂奇生怪怪生無常是也金玦有決別之意無復得歸縱使得歸猶不免患蓋獻公已有害太子之心矣先丹木曰。是服也。狂夫阻之。曰。盡敵而反。敵可盡乎。雖盡敵。猶有內讒。不如違之。服謂偏衣金玦阻疑遠去也言雖狂愚之夫亦以爲可疑而君又謂必盡敵而後返則狄無可盡滅之理假令能盡滅之猶有驪姬二五之讒必不免也不如去之以免禍一說阻遠屬也狂夫指獻公言獻公狂惑以此服遠屬大子故命之盡敵而反狐突欲行。羊舌大夫曰。不可。違命不孝。棄事不忠。雖知其寒。惡不可取。子其死之。行亦

去也言違父之命不孝棄君之事不忠雖知君心寒
薄然不忠不孝之惡名不可自取子其力戰而死可
也大子將戰。狐突諫曰。不可。昔辛伯諗周桓公云。內
寵並后。外寵二政。嬖子配適。大都耦國。亂之本也。周
公弗從。故及於難。今亂本成矣。立可必乎。孝而安民。
子其圖之。與其危身。以速罪也。諗告也事在桓十八年今驪姬爲內寵如
二后然二五爲外寵如二君然奚齊爲嬖子如嫡子
然曲沃爲大都如二國然故曰亂本成矣全身爲孝
不戰爲安民言去則孝而安民留則危身而召罪與
其危身以召罪也豈若孝而安民乎蓋勸之使逃也
[諗]音審[適]音[嫡][難]去聲○附錄成風聞成季之繇。乃事之。而屬僖
公焉。故成季立之。成風莊公之妾僖公之母也成風聞卜楚丘占成季之繇辭乃禮事
成季而以僖公托焉故成季立僖公○愚按季友以
賢定社稷卽成風不以僖爲屬友必以次立之而左

氏特以其立爲屬之之故則大夫古人之心矣○附録

僖之元年。齊桓公遷邢于夷儀。二年。封衛于楚丘。邢遷如歸。衛國忘亡。邢爲狄所滅衛爲狄所滅齊桓具其器用遺其車馬而安集之故邢遷如歸衛忘其亡皆感齊桓之恩也○附録

衛文公大布之衣。大帛之冠。務財。訓農。通商。惠工。敬教。勸學。授方。任能。元年。革車三十乘。季年。乃三百乘。文公名燬戴公弟大布粗布大帛厚繒言朴儉也務材謂蓄積木材訓農謂教訓農事通商謂通商旅以遷其有無惠工謂惠百工以賴其器用敬教謂敬重五教勸學謂勸勉爲學授方謂授百事之宜任能謂任才能之人文公元年即僖公元年。而其季年乃僖公二十五年也革車兵車也其初僅三十乘以能招懐離散故其末年乃致十倍之富

春秋左傳註評測義卷之八

春秋左傳註評測義卷之九

明吳興後學凌稚隆輯著

僖公一

公名申莊公之子閔公庶兄母成風在位三十三年謚法小心畏忌曰僖

經　壬戌周惠王十八年**元年**陳宣公三十四年杞成公無所考宋桓公二十三年齊桓公二十七年秦穆公元年晉獻公十八年楚平王十三年衛文公元年蔡穆侯十六年鄭文公十四年

春王正月。○齊師宋師曹伯次于聶北救邢。聶北地在邢南胡傳六稱師見兵力之有餘書次譏救邢之不速○**夏六月邢遷于夷儀**邢遷如歸故以自遷爲文夷儀邢地今北直隸邢臺縣○**齊師宋師曹師城邢。**家鉉翁氏云先書次以譏其後繼書救書城再叙三國以美其救○**秋七月戊辰夫人姜氏**

薨于夷。齊人以歸。夷齊地今山東高密縣有夷安城以歸歸魯也傳在閔二年夫人實爲齊人所殺書薨諱之也夫人薨不地而曰于夷則顯然爲齊所殺終不能隱也○楚人伐鄭。荊乃州名楚其封國之號前此皆書荊僖之元年乃書楚蓋於是時始改爲楚也書人以其漸通中國也○八月。公會齊侯。宋公。鄭伯。曹伯。邾人。于檉。檉宋地今河南陳州境有檉亭○九月。公敗邾師于偃。偃邾地○冬。十月。壬午。公子友帥師敗莒師于酈。獲莒挐。酈魯地挐莒大夫○十有二月。丁巳。夫人氏之喪至自齊。僖公請於齊而葬之故告於廟而書喪至胡傳云不稱姓者殺于齊不去氏者受于魯

【傳】元年。春。不稱即位。公出故也。去年八月季友以僖公適邾九月慶父奔莒公乃入而立之杜預氏云國亂身出復入所以即位之禮有闕公出復入。不書。諱

之也。諱國惡禮也。不書公出復入諱國亂也國亂國之惡事諱國亂爲得尊親之禮也

○諸侯救邢。邢人潰出奔師。師遂逐狄人。具邢器用而遷之。師無私焉。經文已序則傳皆稱諸侯師謂聶北之師邢人潰而奔師棄其家之器物師逐狄人爲具其器用而遷之諸侯之師無敢私取者

○夏。邢遷于夷儀。諸侯城之。救患也。救患救狄患也凡侯伯。救患。分災。討罪。禮也。侯伯州長也分災言有災害者分之財物也

○秋。楚人伐鄭。鄭即齊故也。

○盟于犖。謀救鄭也。犖即檉也（犖）音落○趙汸氏曰經言會傳言盟傳誤自同盟于幽至此九年齊侯合五國爲盟無不書之義

○九月。公敗邾師于偃。虛丘之戍將歸者也。虛丘邾地去年邾受姜氏因戍虛丘欲以逼魯既而齊殺姜氏歸喪於魯邾人懼將歸故公要而敗之○高閌氏曰邾受姜氏公不請於會而討之乃既會而敗其師非禮也

○

冬。莒人來求賂。公子友敗諸酈。獲莒子之弟挐。非卿也。嘉獲之也。公賜季友汶陽之田及費。求賂求還慶父之賂經不書弟非卿也非卿亦書者何莒既不能爲魯討慶父受魯之賂而又求賂無厭故嘉季友之獲而書之汶陽田汶水北地也穀梁傳云公子友謂莒挐曰吾二人不相說士卒何罪屏左右而相搏公子友處下左右曰孟勞孟勞者魯之寶刀也公子友因殺之○夫人氏之喪至自齊。君子以齊人殺哀姜也爲已甚矣。女子從人者也。女子有三從之義在夫家有罪非父母家所宜討也○邵寶氏曰女子從人常禮也不曰與弒二君乃稔惡乎況齊桓以霸討之曷謂已甚此說行天討不加於武曌女禍滋矣

【經】癸亥二年。春。王正月。城楚丘。先城楚丘將以封衞也不書桓公不與諸侯專封也不言城衞時衞未遷也○夏。五月。辛巳。葬我小君哀姜。無傳喪既

至不得不以小君之禮葬之○虞師。晉師滅下陽。虞國今河南虞城縣有古虞城下陽虢邑今山西平陸縣○秋九月。齊侯宋公江人黄人盟于貫。江國在今河南確山縣黄國在今河南光州境貫宋地在今河南歸德府北○冬十月不雨。傳在三年○楚人侵鄭。

傳 二年春。諸侯城楚丘而封衛焉。不書所會。後也。衛國既滅故諸侯更封之諸侯既罷而會後至故不書所會之諸侯○晉荀息請以屈產之乘與垂棘之璧。假道於虞以伐虢。荀息晉大夫荀叔也屈地產良馬今山西石樓縣有屈產泉四馬曰乘垂棘出美玉時獻公欲伐虢道出於虞故假道公曰。是吾寶也。對曰。若得道於虞。猶外府也。府庫也言以璧馬與虞終必滅虞而取之是猶以內庫之璧馬而寄之外庫也公曰。宮之奇存焉。對曰。宮之奇之爲人也，懦而不能強諫，且少長於君，君暱之，雖諫，將不聽。宮之奇，虞之忠臣，懦弱，暱狎也，宮之奇自少長養于公宮，公親而狎之，不以其言爲輕重。乃使荀息假道於虞，曰：冀爲不道，入自顛軨，伐鄍三門。冀之既病，則亦惟君故。今虢爲不道，保於逆旅，以侵敝邑之南鄙，敢請假道，以請罪于虢。冀國，今山西河津縣舊有冀亭，顛軨，虞地，今山西平陸縣舊有顛軨坂，鄍虞邑，保，聚也，逆旅，客舍也，言昔者冀爲無禮，伐虞至鄍，後冀反受其害，亦惟君強于爪兵以伐讐址之故，今虢亦無禮，聚其徒衆，分依客舍，侵我邊鄙，敬請行師之路，往問虢人以何罪而見伐，杜預氏云，晉欲假道，故稱虞強以說其心。虞公許之，且請先伐虢。宮之奇諫，不聽，遂起師。虞公喜得璧馬之賂，欲以求媚于晉，故請先伐虢。夏，晉里克、荀息帥師會虞師伐虢，滅下陽。先書虞賄故也。晉不信虞故遣二大夫主兵會虞伐虢虞非倡兵之首而經先書之惡其貪璧馬自取滅亡也○秋。盟于貫。服江黃也。江黃楚之東北境可出兵以截齊後者今來服齊故爲合諸侯○附錄齊寺人貂始漏師于多魚。寺人内奄官竪貂也多魚地名漏謂漏洩軍旅之事杜預氏云貂于此始擅貴寵漏洩桓公事爲齊亂傳○附錄虢公敗戎于桑田。晉卜偃曰。虢必亡矣。亡下陽不懼。而又有功。是天奪之鑒。而益其疾也。必易晉而不撫其民矣。不可以五稔。桑田虢地在今河南陝州東北鑒鏡也稔年穀熟也言下陽爲晉所滅而虞不恐懼又有敗戎之功是天奪之鏡使不得以自照而增益其疾也自此必輕易晉國而不撫養其國之民人虢之亡不可過五年矣杜預氏云○爲下五年晉滅虢張本易去聲稔壬上楚人伐鄭。鬬章囚鄭聃伯。鬬章楚大夫聃伯鄭大夫經書侵傳言伐本以伐興權行侵掠杜預

氏云爲明年楚伐鄭聃伯欲成張本聃乃井反

經 甲子 三年春王正月不雨。○夏四月不雨。二時不雨則書首月

○徐人取舒。無傳舒楚與國今南直隷舒城縣詩云荊舒是懲是也徐附齊故爲齊取楚之與國

○六月雨。上書二時不雨志憂也此書六月雨志喜也

○秋齊侯宋公江人黃人會于陽穀。陽穀齊地今山東陽穀縣有盟臺

○冬公子友如齊涖盟。

○楚人伐鄭。

傳 三年春不雨夏六月雨自十月不雨至于五月不曰旱不爲災也周之六月今之四月言於播種五穀不爲災害也

○秋會于陽穀謀伐楚也爲前年楚侵鄭故○家鉉翁氏曰齊宋同盟已久猶未敢聲人之罪必江黃至而後定計出師去年盟江黃今年會江黃皆爲伐楚計也諸侯之師當其前江黃之師擬其後楚將

腹背受敵有不戰戰必勝矣○齊侯爲陽穀之會來尋盟。冬。公子友如齊涖盟。時公不會陽穀故齊遣人來尋盟而魯使季友詣齊受盟也○楚人伐鄭。鄭伯欲成。孔叔不可。曰。齊方勤我。棄德不祥。孔叔鄭大夫勤恤祥善也言齊方恤鄭之難我背其德不善之事也○附録齊侯與蔡姬乘舟于囿蕩公。公懼變色禁之。不可。公怒歸之。未絶之也。蔡人嫁之。蔡姬齊侯夫人蕩搖也蓋池在苑中杜預氏云爲明年齊侵蔡傳

【經】乙丑四年。春。王正月。公會齊侯。宋公。陳侯。衛侯。鄭伯。許男。曹伯。侵蔡。蔡潰。遂伐楚。次于陘。傳例民逃其上曰潰遂者急於後事之詞陘楚地今河南偃城縣召城之南有陘亭【陘】音刑○夏。許男新臣卒。即許叔也○楚屈完來盟于師。盟于召陵。屈完楚大夫召陵楚地今河南偃城

縣東有召陵城楚人來求盟齊桓退舍召陵乃始與之盟不言使者以可盟不可盟之權付之於完也

○齊人執陳轅濤塗。轅濤塗陳大夫

○秋。及江人。黃人。伐陳。江黃近陳故命伐陳必使魯及者江黃遠國魯爲主兵也

○八月。公至自伐楚。無傳 前事侵蔡後事伐陳而致以伐楚者以此舉兵爲伐楚也

○葬許穆公。

○冬。十有二月。公孫兹帥。師會齊人。宋人。衛人。鄭人。許人。曹人。侵陳。公孫兹叔牙子卽叔孫戴伯也前曰伐當其罪也後曰侵已甚也覇國大夫會諸大夫侵與國自此始

【傳】四年。春。齊侯以諸侯之師。侵蔡。蔡潰。遂伐楚。○愚按蔡當楚之衝華夷之門戶也齊欲攘楚而不得蔡無以入其境然蔡爲楚所偪招之必不肯至故假蔡姬之故大合諸侯出其不意以先侵蔡而卽伐楚以繼之侵蔡者奇兵也伐楚者正兵也此桓公之善于用兵

也楚子使與師言曰。君處北海。寡人處南海。惟是風馬牛不相及也。不虞君之涉吾地也何故。蔡自獻舞以來歸服下楚桓公欲帥諸侯伐楚故先加兵于附楚之蔡楚界未至南海因齊處北海遂稱所近言其相去遠也牝牡相誘曰風尚書稱馬牛其風此云風馬牛言二國去遠雖馬牛風亦不相及今以何事至此蓋醜詆之詞陸佃氏云牛走順風馬走逆風楚是以云管仲對曰。昔召康公命我先君大公曰。五侯九伯。女實征之。以夾輔周室。賜我先君履。東至于海。西至于河。南至于穆陵。北至于無棣。召康公周大保召公奭也五等諸侯九州伯長有罪者女皆得征討之以夾輔我周王蓋周王使召公命大公之言如此履所踐履之界也河海東西之極穆陵楚竟無棣在遼西蓋自夸其征伐所至之域如此服虔以為大公受封竟界所至非也爾貢包茅不入。王祭不共。無以縮酒。寡人是徵。昭王南征而不復。寡人是問。此下管仲責楚之辭包裹束茅菁茅束茅而灌之以酒爲縮酒蓋天子祭禮必用菁茅以束酒故禹貢荊州貢菁茅今楚國于荊州而不共職貢故無可用徵亦問也昭王成王之孫南巡渡漢水船壞而溺周人諱而不赴諸侯不知其故故問之○愚按楚僭王大惡也桓公舍此不問顧舉其小者與其遠者而聲罪以責之豈其智不及哉蓋楚之僭王荐歷數君已非一日而遽欲行天討以正其罰非滅其國分其土地不足伸大義於天下而楚勢方强一旦兵連禍結攻之弗克其勢有不可解者故舍其大罪而僅僅以其小者遠者爲言庶幾楚之爲辭也易不盡力以抗我我之服楚也亦易不勞師而有功蓋桓公籌之熟矣噫此其所以爲霸者之用心也。對曰。貢之不入。寡君之罪也。敢不共給。昭王之不復。君其問諸水濱。蓋昭王時漢水既非楚竟而溺死亦不由于楚故楚不受罪師進。次于陘。楚不服罪故復進楚强齊欲綏之以德故不速進而次陘○夏楚子使屈完如師。師退。次于召陵。齊侯陳諸侯之師。與屈完乘而觀之。次陘之師觀強弱也屈完請盟故齊師退以聽楚之成乘去聲齊侯曰。豈不穀是爲。先君之好是繼。與不穀同好何如。孤寡不穀皆諸侯謙稱言諸侯之從齊豈獨爲我乃繼我先君大公之舊好謙而自廣因求與楚同好對曰。君惠徼福於敝邑之社稷。辱收寡君。寡君之願也。徼求也言齊君加惠徼求以福我楚國之社稷而且辱收我寡君與之同好固我寡君之願也徼音要齊侯曰。以此衆戰。誰能禦之。以此攻城。何城不克。衆戰以諸侯之衆而戰也○孫應鰲氏曰以此衆戰以此攻城覇畧矜張猶可槩見非德以將之宜屈於完之對也對曰。君若以德綏諸侯。誰敢不服。君若以力。楚國方城以爲城。漢水以爲池。雖衆。無所用之。方城山名在今河南裕州

言其遠漢水出武都至江夏南入江言其險○真德秀氏曰屈完之對纔數語耳皆足以服齊侯之心蓋善於詞令者也

屈完及諸侯盟。○蘇轍氏曰桓公豈不能一戰哉知戰之不必勝而戰勝之利不過服楚全師之功大於克敵故以不戰勝楚而不吝也○趙鵬飛氏曰齊威五覇之盛其初會北杏以求諸侯諸侯未和伐宋以爲鄄之會伐鄭而爲幽之盟諸侯無二矣而後伐戎伐徐戎徐率服則救鄭以示威於南伐山戎以示威於北定魯之難救邢之危衞滅而齊封之杞滅而齊城之内之諸侯一德事齊可以南征楚也則會江黃以掎楚之後取舒庸以折楚之臂然後與次陘之役成召陵之功則攘戎狄之功成矣

○陳轅濤塗謂鄭申侯曰。師出於陳鄭之閒。國必甚病。若出於東方。觀兵於東夷。循海而歸。其可也。申侯曰。善。濤塗以告。齊侯許之。申侯鄭大夫東夷鄭莒徐夷也言伐楚之師若取道于陳鄭之閒則我二國當有共給之病若取道於東方而觀兵以警東方之夷狄遵東海

而歸齊侯乎其無擾爾申侯善之許也濤塗不知其詐遂以告於桓公申侯見曰。師老矣。若出於東方而遇敵。懼不可用也。若出於陳鄭之間。共其資糧屝屨。其可也。齊侯說。與之虎牢。執轅濤塗。資財用也草曰屝麻曰屨言兵久疲敝若取道東方別遇强敵懼吾師老不可用以攻敵若取道二國共給其資糧屝屨之用庶乎可以善歸也虎牢鄭邑今河南汜水縣共音供○凌約言氏曰濤塗誠自私其國者齊侯責以大義以示刑威足矣何至既執之而復勤師以伐其國哉蓋陳與蔡為隣勢必懼楚而又以殺御寇之故懷疑于齊則循海而歸之謀未必非叛齊即楚之漸矣以故齊侯乘楚之服而還師以伐之無非欲定其從齊之志耳此實有關于天下之故豈區區為一謀之不恊而然哉○秋伐陳。討不忠也。以濤塗誤軍道為不忠而討之○許穆公卒于師。葬之以侯禮也。許叔本男爵以其卒于伐楚之師故葬之以侯加二等得賞功之禮也凡諸矦薨于朝會。加一等。死王事。加二等。於是有以衮斂。諸矦命有三等公爲上等矦伯中等子男下等衮斂公服也蓋加二等○冬。叔孫戴伯帥師會諸矦之師侵陳。陳成。歸轅濤塗。戴謚成行成也陳服罪故歸其大夫○附録初晉獻公欲以驪姬爲夫人。卜之不吉。筮之吉。公曰。從筮。卜人曰。筮短龜長。不如從長。且其繇曰。專之渝。攘公之羭。一薰一蕕。十年尚猶有臭。必不可。筮短龜長楊愼氏云筮之辭理短龜之辭理長蓋就驪姬一事而言非謂龜筮實有長短也繇卜兆之辭渝變攘奪也羭美也指申生及二公子言獻公若專愛驪姬必將改變其心奪其平日之美也薰香草蕕臭草香臭共處則香不勝臭亦猶善不勝惡雖久難滅也〔羭〕音俞〔蕕〕音由弗聽。立之。生奚齊。其娣生卓子。及將立奚齊。既與中大夫成謀。

姊驪姬之姊中大夫謂二五輩舊注里克恐非姬謂大子曰。君夢齊姜。必速祭之。大子祭于曲沃。歸胙于公。公田。姬寘諸宮六日。公至。毒而獻之。公祭之地。地墳。與犬。犬斃。與小臣。小臣亦斃。姬泣曰。賊由大子。大子奔新城。公殺其傅杜原款。齊姜大子母姬欲譖大子而無由假以公夢使祭齊姜度必歸胙可致毒也毒酒經宿輒敗豈能六日故待公至方加毒而獻之而公不之察不以六日爲怪驪姬又詐謂酒食自外來者不可不試故命祭酒于地墳折裂也賊由大子言寘毒以害公者實由大子也新城卽曲沃墳音粉或謂大子。子辭。君必辯焉。大子曰。君非姬氏。居不安。食不飽。我辭。姬必有罪。君老矣。吾又不樂。或謂子若以六月之故訴于公必得辯其毒所從來大子以君愛姬甚且老矣不忍使姬得罪以傷君之心也○何孟春氏曰申生之死也既不忍君以恨終又不欲君惡聞於列國及刃即頸猶慮君老而不自辭明之其愛父之心惓惓與死俱也其謚爲共以此吾特痛其所處雖恭而猶未臻于盡善耳

曰子其行乎大子曰君實不察其罪被此名也以出人誰納我

言獻公不察我實無罪而信姬氏之讒謂我殺君使枉被此惡名以出必不爲他人所容納也

十二月戊申縊于新城姬遂譖二公子曰皆知之重耳奔蒲夷吾奔屈

二公子謂重耳夷吾知之與謀也時二公子在朝各奔其邑杜預氏云爲明年晉殺申生傳○劉知幾氏曰左氏載申生爲驪姬所譖自縊而亡不言其節操而忠孝自彰所謂惟書其事跡者○崔銑氏曰獻公必殺申生矣申生必被惡名以出獻公猶欲其心焉爲宋馮之受伐爲長萬之略獲父惡愈著身死爲逆孰若受命自裁之恭且安乎夫反常之禍辭難明也快心之忿情難釋也世子之慮審矣其心純乎仁未可以瑕訾也

【經】丙寅五年春。不書王正月史逸之○晉侯殺其世子申生。申生以驪
姬之譖自縊故書晉侯殺其世子申生縊于前年十二月經書春從告也○杞伯姬來朝
其子。無傳伯姬歸寧成風因見其子于公時子年少未能行朝禮故繫于母而曰朝其子○夏
公孫茲如牟。○公及齊侯宋公陳侯衛侯鄭伯許男
曹伯會王世子于首止。王世子惠王大子鄭也言及諸侯然後會王世子不敢令
世子與諸侯齊列尊之也首止衛地在今河南睢州○秋八月。諸侯盟于首止。
諸侯即上列國齊侯不敢盟王世子而與諸侯自盟欲相與同心翼戴以定王世子也會盟異月故復言
首止鄭伯逃歸不盟。書逃深貶之也○楚人滅弦。弦子奔黃。弦小
國今河南光山縣故弦國此經書楚滅中國之始也○九月戊申朔日有食之。
無傳○冬。晉人執虞公。○汪克寬氏曰下陽不當書滅而書滅虞侯當書滅而不書滅蓋

下陽者虞虢之捍蔽下陽既取則虞虢自亾故書虞師同晉滅下陽者著虞之自滅也書執虞公而不言滅者以虞之亾不待此時也

【傳】五年。附錄春王正月。辛亥朔。日南至。公既視朔。遂登觀臺以望。而書。禮也。周正月今之十一月冬至之日日南至至極也晝夜長短之極也觀臺臺上有屋可以遠觀者也公既親行告朔禮遂登臺以望雲氣而書之于策得爲國訓民之禮也杜預氏云朔旦冬至歷數之所始治歷者因此可以明術數別陰陽叙事訓民凡分至啓閉。必書雲物。爲備故也。分春秋分至冬夏至啓立春立夏閉立秋立冬古人于此皆望雲氣而書之欲察妖祥而預爲之備也占候書謂二至二分觀雲色青爲蟲白爲喪赤爲兵荒黑爲水黃爲豐○晉侯使以殺大子申生之故來告。申生實以去年死告稱今年故以今年書初。晉侯使士蔿爲二公子築蒲與屈。不愼。寘薪焉。夷吾訴之。公使讓之。爲二公子築城事在莊二十八年寘薪謂寘薪于土雜而築之不堅實也讓責也(爲)去聲士蔿稽首而對曰。臣聞之。無喪而慼。憂必讎焉。無戎而城。讎必保焉。寇讎之保。又何慎焉。守官廢命不敬。固讎之保不忠。失忠與敬。何以事君。詩云。懷德惟寧。宗子惟城。君其脩德而固宗子。何城如之。三年將尋師焉。焉用慎。言凡無死喪而悲慼者必爲憂患之所讎無戎狄而築城者必爲寇讎之所守今公無故築二城是召寇讎之來守也何必爲寇讎而堅固其城哉故欲不往築城是守官而廢君之命不敬若堅築其城是爲寇讎而固其所守不忠此所以不敢不築而又不敢固築也詩大雅板篇言以德懷民則國家自安建立大子則根本自固故君能脩己之德以保固其宗子則國家自安定有甚於築城者尋用也言三年之後君將用師於蒲屈何必堅築其城也蓋當時驪姬欲殺二公子之謀已露故士蔿云然退而賦曰。狐裘尨茸。一國三公。吾誰適從。此士蔿自作詩也尨茸亂貌以狐腋爲裘其毛亂雜言貴者之多也蒲屈大都與國爲耦言獻公與二公子所以立若三公然適專主也言城不堅則爲公子所訢堅之則爲固仇故不知所適從龍茸上音蒙戎○陸粲氏曰蔿者獻公之信幸臣知其不可盡諫止焉旣受命以興事矣弗愼而寘薪若將有爲也及承譴讓乃又不敢端言其故以折纔孽之謀忠敬以事君者固若是耶且退有後言而曰一國三公者何所風切也蔿固姦人之雄乃存寵祿而外恤公議姑爲是以自說於衆曰吾亦嘗諫之云耳是故二五優施之徒其讒慝不足誅也若士蔿里克君子疾之及難。公使寺人披伐蒲。重耳曰。君父之命不校。乃徇曰。校者吾讎也。踰垣而走。披斬其袪。遂出奔翟。難謂驪姬之難披寺人名校謂校論勝負踰越袪袂也袪音區○夏。公孫茲如牟。娶焉。如牟聘而因自爲娶非禮也故傳實其事○

會于首止會王大子鄭謀寧周也。惠王娶陳媯爲后生大子鄭及叔帶后愛叔帶王將廢鄭而立帶故齊桓帥諸侯會王大子以定其位蓋謀安王國也

◯附録

陳轅宣仲怨鄭申侯之反已於召陵。故勸之城其賜邑。曰美城之大名也。子孫不忘。吾助子請。乃爲之請於諸侯而城之美。遂譖諸鄭伯曰。美城其賜邑。將以叛也。申侯由是得罪。宣仲濤塗字賜邑即齊桓所賜虎牢也美堅固也大名邑名强大也子孫不忘不忘其功也時濤塗申侯俱從其君于會故濤塗誘之以報其怨云杜預氏云爲七年鄭殺申生傳

◯秋。諸侯盟。王使周公召鄭伯。曰。吾撫女以從楚。輔之以晉。可以少安。周公宰孔也王恨齊桓定大子之位故召鄭伯使之叛齊言我撫女鄭以服從於楚楚而又使晉輔佐女可以使鄭少安時晉楚不服於齊故宰孔所言如此〔女〕音汝◯高閌氏

曰齊之服楚所以營圖之非一日矣纔踰年而惠王已導鄭伯以叛之故知中國不競非獨强楚與諸侯之罪王室實有以啓之也鄭伯喜於王命而懼其不朝于齊也故逃歸不盟孔叔止之曰國君不可以輕輕則失親失親患必至病而乞盟所喪多矣君必悔之弗聽逃其師而歸孔叔鄭大夫親黨援援也言輕易逃歸則失黨援既失黨援則齊必伐我此必至之患也及至爲齊所伐遭病困而後乞盟請和則所喪亦多矣傳爲明年諸侯伐鄭張本○楚鬭穀於菟滅弦弦子奔黃於是江黃道栢方睦于齊皆弦姻也弦子恃之而不事楚又不設備故亡道國在今河南安陽縣南栢國在今河南西平縣○高閌氏曰鄭伯竊與楚逼楚人遂滅弦以爲寇中國之兆也○晉侯復假道於虞以伐虢宮之奇諫曰虢虞之表也虢亡

虞必從之。晉不可啓。寇不可翫。一之謂甚。其可再乎。諺所謂輔車相依。脣亡齒寒者。其虞虢之謂也。晉定謀以滅虞虢故再假道于虞表卽表裏之謂言虢恃虞以爲裏虞依虢以爲表也翫習也言晉心無厭不可輕啓晉兵如寇不可翫習二年假道滅下陽已爲甚矣其可再假以道乎輔車兩旁夾木也詩曰其車旣載毋棄爾輔輔爲外表車是內骨故曰相依言虞虢之謂者蓋虢爲表如口之脣虞爲裏如口之齒也公曰。晉吾宗也。豈害我哉。對曰。大伯虞仲。大王之昭也。大伯不從。是以不嗣。虢仲虢叔。王季之穆也。爲文王卿士。勳在王室。藏於盟府。將虢是滅。何愛於虞。且虞能親於桓莊乎。其愛之也。桓莊之族何罪。而以爲戮。不惟偪乎。親以寵偪。猶尚害之。況以國乎。虞仲卽仲雍宗同姬姓之國穆生昭故大伯虞仲爲大王之昭大王欲立王季二子俱讓國適吳是以不嗣君位大伯無子虞仲嗣之其支子別封西吳是爲虞之始祖昭生穆故虢仲虢叔爲王季之穆虢仲爲鄭所滅虢叔爲今虢公始祖盟府司盟之府虞虢皆與晉同宗言晉尚不能愛虢而欲滅之豈以虞爲同宗愛之而不害也桓即曲沃成師莊即桓叔子其族乃獻公從祖昆弟皆至親不但若虞爲同宗而已獻公以寵逼晉國猶尚盡殺之況以虞有一國之寵利獻公烏得無併吞之心也事在莊二十五年大音泰

公曰吾享祀豐潔神必據我對曰臣聞之鬼神非人實親惟德是依故周書曰皇天無親惟德是輔又曰黍稷非馨明德惟馨又曰民不易物惟德繄物如是則非德民不和神不享矣神所馮依將在德矣若晉取虞而明德以薦馨香神其吐之乎

據安也非人實親言鬼神非實親乎人也依即據也

周書蔡仲之命篇言神享在德君陳篇言事神在德旅獒篇易畋易也物謂祭物繫語助言祭物皆同惟有德者神享是物周書三篇所言如此可見人君無德則民心不和而神亦不享其所馮附而依賴者將在有德之人矣設使晉滅虞而取其國而晉脩虞祀能以明德薦馨香則虞社稷山川之神必以晉有德而享其祀不吐之也豈必據虞之享祀乎○愚按輔車唇齒之譬至矣不聽乃曰吾宗也不愛滅虢何愛於虞雖至愚亦必警悟矣不聽乃曰吾事神豐潔噫不執何待

弗聽。許晉使。宮之奇以其族行。曰。虞不臘矣。在此行也。晉不更舉矣。宮之奇知虞必滅故挈其族而避去臘歲終祭衆神之名言虞亡不及獵祭之期在此滅虢之行也晉既滅虢遂事滅虞無俟更舉兵也○愚按臘秦祭也春秋時何得稱之以故說者謂左氏非孔子時之丘明未可知也○劉向氏曰晉獻公用荀息之謀而擒虞虞不用宮之奇謀而亡國故荀息非覇王之佐戰國并兼之臣也若宮之奇則可謂忠臣之謀也

八月甲午。晉侯圍上陽。問於卜偃

曰吾其濟乎。對曰克之。公曰。何時。對曰童謡云。丙之晨龍尾伏辰。均服振振。取虢之旂。鶉之賁賁。天策焞焞。火中成軍。虢公其奔。其九月十月之交乎。丙子旦。日在尾。月在策。鶉火中。必是時也。上陽虢國都在今河南陝州東南童謡童子婥戲之言夜之向明爲晨日月所會爲辰星宿不見爲伏龍尾尾星也均同也戎事上下同服也振振盛貌言丙之平旦龍尾星伏在合辰之下當是之時軍士同服戎振振然而勇盛勝虢而奪取其旂鶉火星也賁賁鶉鳥之狀天策傳說星也焞焞無光耀也言鶉鳥之星其體賁賁然見於南方天策之星近日焞焞然無光耀鶉火之次正中於南方時軍士有成功也虢公當敗亡奔走既引童謡之言乃復指其時日在夏之九月十月之交乎十月朔丙子乃周之十二月朔也平旦時日在尾星月在天策星鶉火正中於南方必是時克之

冬十二月丙子朔。晉滅虢。虢公醜奔京

師。師還。館于虞。遂襲虞。滅之。執虞公。及其大夫井伯以媵秦穆姬。而脩虞祀。且歸其職貢於王。故書曰晉人執虞公。罪虞。且言易也。醜虢公名師還謂晉師滅虢而還秦穆姬晉獻公女也送女曰媵蓋使其君大夫媵女以屈辱之而脩虞之所命祀且歸虞之職貢于周王罪虞以其自取滅下也晉人執之若執一夫故曰言易○劉敞氏曰左氏謂晉脩虞祀且歸其職貢于王故書曰晉人執虞公非也晉虞同宗滅之大罪也雖其自欲文飾脩祀歸貢不足以掩其大惡春秋曷爲聽之耶

春秋左傳註評測義卷之九終

春秋左傳註評測義卷之十

明吳興後學凌稚隆輯著

僖公二

【經】丁卯六年春王正月。○夏。公會齊侯。宋公。陳侯。衞侯。曹伯伐鄭。圍新城。新城鄭新密也今爲河南密縣○秋。楚人圍許。諸侯遂救許。皆伐鄭之諸侯故不復更敘○冬。公至自伐鄭。無傳不以救許致師本爲伐鄭而出也

【傳】六年。附錄春。晉侯使賈華伐屈。夷吾不能守。盟而行。賈華晉大夫夷吾非不欲校力不能守屈乃與屈人盟而行○愚按夷吾以不能守故而後盟有如可守將遂與校乎重耳曰君父之命不校此文公所以稱霸也將奔狄。郤芮曰。後出同

徐

走。罪也。不如之梁。梁近秦而幸焉。乃之梁。郤芮夷吾臣重耳先奔狄今夷吾後出亦奔狄似與同謀不如奔梁梁國在今陝西郃陽縣東近秦而為秦所親幸秦既大國而且穆姬在焉故欲因以求入○夏。諸侯伐鄭。以其逃首止之盟故也。圍新密。鄭所以不時城也。逃盟在前年鄭畏齊來伐所以不俟時而城新密○秋。楚子圍許以救鄭。諸侯救許。乃還。楚欲救鄭故圍許以攻其所必救於是齊輟伐鄭之諸侯以救許楚乃罷師而歸○姜寶氏曰自其解新城之圍而不迫鄭之從則可謂得討罪之義自其移伐鄭之師而救許之急則可謂得分災救急之義伐鄭義也救許亦義也

○冬。蔡穆侯將許僖公以見楚子於武城。許男面縛銜璧。大夫衰絰。士輿櫬。僖公許叔之子武城楚地在今河南南陽縣北楚子退舍武城猶有忿志而諸侯各罷兵故蔡將許君以見楚子蔡楚黨也僖公縛手於後惟見其面而以口銜璧

以爲贄衰絰喪服櫬棺也君將受死故使大夫喪服上輿棺而從之(衰音催絰音迭櫬初覲反)○愚按左氏載許男面縛降楚夫面縛者國急而出降之事也秋諸侯救許楚師已還矣至冬數月後蔡侯何緣以許男行此滅國禮乎或曰然則楚師秋還而冬復伐許未可知也若爾許旣從楚矣齊桓何以不討許且曾不旋踵許又與諸侯會盟于洮也豈其旣嘗降楚而又卽齊如是之速耶說者謂左氏楚人辭多右楚失之誣信矣夫

楚子問諸逢伯。對曰。昔武王克殷。微子啓如是。武王親釋其縛。受其璧。而祓之。焚其櫬。禮而命之。使復其所。楚子從之。

逢伯楚大夫微子啓紂庶兄宋之祖也受其璧以爲信也祓除惡之祭禮待之以禮命命之以辭(祓音廢)○邵寶氏曰微子啓如是信乎曰葢信也微子愛宗祀而知其必亾故成罪以存焉宗祀爲重則身爲輕矣不然豈其不能死耶孔子稱殷三仁微子是先于斯知之矣○陸粲氏曰微子啓如是哉聞諸孔子曰微子去之是且不辱于紂而何爲面縛於周人之壘歟逢伯葢

詭言以說于君而後儒信之甚者謂抱祭器而往臣焉謬矣

【經】戊辰七年春齊人伐鄭。○夏小邾子來朝。無傳小邾子郳黎來也郳之別封故云小邾始得王命而來朝也○鄭殺其大夫申侯。申本國名而臣於楚故以國爲氏侯名也稱國以殺君臣皆譏也○秋七月公會齊侯宋公陳世子款鄭世子華盟于甯母。甯母魯地今山東魚臺縣有甯母亭○曹伯班卒。無傳○公子友如齊。無傳自僖三年公子友如齊之後凡二三年公不朝則友聘所以勤霸主之好也○冬葬曹昭公。無傳

【傳】七年春齊人伐鄭。前年伐鄭未服而解故再伐孔叔言於鄭伯曰諺有之曰心則不競何憚於病既不能彊又不能弱所以斃也國危矣請下齊以救國公曰吾知其所

由來矣。姑少待我。競强憚難也病卑弱之病言鄭伯之心不能自強何得難于卑弱之病夫不能強則當弱今鄭既不能自強其國又難於卑弱而不能下齊此其所以取斃亾也鄭伯初欲服齊而不得其說至是乃云吾知其說齊之所由來矣蓋意欲殺申侯以爲服齊之說也故云姑少待我對曰。朝不及夕。何以待君。○夏。鄭殺申侯以說于齊。且用陳轅濤塗之譖也。鄭以逃盟之事歸罪于申侯而殺之以解說于齊濤塗譖在五年疏如字○愚按申侯本由楚而仕鄭其於鄭之從楚盟必與有謀焉以故鄭伯用濤塗之譖遂暴其罪以告齊此亦理之宜有者而說者謂鄭伯但以濤塗譖之之故本意欲殺申侯而姑借之以說于齊則申侯蓋嘗忠于齊者鄭即駕焉言以殺適以激齊之怒爾何得爲說初申侯申出也。有寵於楚文王。文王將死。與之璧。使行。曰。唯我知女。女專利而不厭。予取予求。不女疵瑕也。後之人將求多於女。女必不免。我死。女必速行。無適小國。將不女容焉。旣葬。出奔鄭。又有寵於厲公。子文聞其死也。曰。古人有言曰。知臣莫若君。弗可改也已。姊妹之子爲申侯者申女所生蓋楚甥也子取從我而取也子求從我而求也後人謂嗣君求多言以禮法責備於女也國小則法峻故云不女容子文楚令尹子文言古人之語不可改易蓋嘆其當也一說申侯始終不改果如文王所言女音汝○孫應鰲氏曰生之時不戒其專利而於將死乃使懷璧以行是授之死也○秋。盟于甯毋。謀鄭故也。鄭猶未服故謀所以服之管仲言於齊侯曰。臣聞之。招攜以禮。懷遠以德。德禮不易。無人不懷。攜離也言諸侯之攜離者惟有禮可以招徠之遠方之背叛者惟有德可以懷服之德禮二者無所改易則遠邇之人無不懷附者齊侯脩禮於諸侯。諸侯官受方物。脩禮脩朝聘之禮諸侯官司各受其方土所當貢之物于齊以貢天子趙氏謂受所當貢覇主之物恐非齊侯脩禮之意鄭伯使大子華聽命於會言於齊侯曰洩氏孔氏子人氏三族實違君命若君去之以爲成我以鄭爲內臣君亦無所不利焉子華鄭伯子鄭伯不肯親來故使子華聽命於甯母之會三族鄭大夫子華言鄭所以違齊命令者三族實使之然若桓公能去此三族以與我鄭國講和則我舉鄭國以事齊如齊封內之臣葢子華欲乘閒以簒國也○吳澂氏曰疑子華雖聽命于會齊桓必未使之與盟故明年盟洮鄭伯乞盟齊侯將許之管仲曰君以禮與信屬諸侯而以姦終之無乃不可乎子父不奸之謂禮守命共時之謂信違此二者姦莫大焉屬令也言君自始覇以來以禮與信會合諸侯而終之以子華奸邪之謀此其不可之甚者夫爲子而不犯父之命之謂禮守君之命以敬共其事之謂

信令子華奸父之命而不守命共時違禮公曰。諸侯與信其為奸莫大於此[奸]音干[共]音恭有討於鄭。未捷。今苟有釁。從之。不亦可乎。未捷未有成功也子華奸父之命是其釁隙也對曰。君若綏之以德。加之以訓辭。而帥諸侯以討鄭。鄭將覆亾之不暇。豈敢不懼。若摠其罪人以臨之。鄭有辭矣。何懼。且夫合諸侯以崇德也。會而列姦。何以示後嗣。夫諸侯之會。其德刑禮義。無國不記。記姦之位。君盟替矣。作而不記。非盛德也。君其弗許。鄭必受盟。加以訓辭所以責其逃歸之罪摠領若鄭謂我受其姦人反以大義責我也會而列姦列子華之姦于會也位會位也替廢也言諸侯會合或綏以德或威以刑或待以禮或責以義諸侯各有國史無不記錄其事今子華以姦人列位而記之則是自廢其盟若以不可記而諱之則非盛德之事君其勿許鄭伯必感德而服也夫子華既爲大子。而求介於大國。以弱其國。亦必不免。鄭有叔詹。堵叔。師叔三良爲政。未可間也。介因也鄭既立子華爲大子則鄭國固其國矣乃求因齊之力取鄭以爲内臣是弱其國也間間隙也言未有間隙可乘以取其國也間去聲○蘇軾氏曰管仲相桓公辭子華盛德之事也齊可以王矣恨其不學道不自誠意正心以刑其國使家有三歸國有六嬖之禍故孔子小之齊侯辭焉。子華由是得罪於鄭。冬。鄭伯使請盟于齊。以桓公不聽子華之故感德而請盟于齊○李廉氏曰此會以齊辭鄭世子之事觀之則與首止相類蓋首止正天下之人倫而此正一國之人倫也以諸侯官受方物之傳觀之則與邢丘相類蓋此明王室之貢邢丘政命朝聘之數也○附錄閏月。惠王崩。襄王惡大叔帶之難。懼不立。不發喪。而告難于齊。襄王惠王大子

鄭也大叔帶襄王弟惠后之子惠后欲立叔帶世子之位猶未定故王人使齊求援杜預氏云爲八年盟洮傳

【經】巳巳周襄王元年八年春王正月公會王人齊侯宋公衛侯許男曹伯陳世子款盟于洮鄭伯乞盟洮曹地在今山東曹州北王人微者也序於諸侯之上尊王命也與諸侯盟不譏者王室有難故也乞者卑遜自屈之辭○夏狄伐晉○秋七月禘于大廟用致夫人禘三年大祭之名大廟周公廟致者致新死之主于廟而列之也夫人何以不稱姜氏譏以妾爲妻也○齊履謙氏曰禘之爲祭追祭祖所自出以其祖配之於致夫人何與焉故特書禘致以譏失禮蓋不特爲妾毋也○冬十有二月丁未天王崩

【傳】八年春盟于洮謀王室也鄭伯乞盟請服也襄王

定位而後發喪。王人盟洮還而後襄王得 安其位而發惠王之喪○晉里克帥師梁由靡御。虢射爲右。以敗狄于采桑。梁由靡曰。狄無耻。從之必大克。里克曰。懼之而已。無速衆狄。虢射曰。期年狄必至。示之弱矣。此追言前年事采桑地名在今山西大寧縣境從逐也由靡謂狄不以敗走爲耻故逐其師可以大捷克謂使其知懼足矣勿使怨深而羣黨來報射謂期年之後狄必來伐不追其師是示之弱也射音石期音基夏狄伐晉報采桑之役也。復期月。虢射期年之言果驗 ○秋禘而致哀姜焉。非禮也。凡夫人不薨于寢。不殯于廟。不赴于同。不祔于姑。則弗致也。凡喪夫人之禮不薨于外寢不以殯過祖廟不赴于同盟諸侯卒哭不祔于皇姑則弗致於廟祀也今哀姜淫而見殺不薨于外寢於禮不應得致 ○冬。王人來告喪。難故

也。是以緩。前年閏月崩至今年十二月乃告爲叔帶之難故也【難】去聲○附錄宋公
疾。大子茲父固請曰。目夷長且仁。君其立之。公命子
魚。子魚辭曰。能以國讓。仁孰大焉。臣不及也。且又不
順。遂走而退。茲父襄公名目夷茲父庶兄字子魚慶嫡立庶故曰不順
【經】庚午九年。春。王三月。丁丑。宋公御說卒。○夏。公會宰
周公。齊侯。宋子。衛侯。鄭伯。許男。曹伯。于葵丘。周宋地今陝西
岐山縣宰冢宰以冢宰兼三公故云宰公○秋。七月。乙酉。伯姬卒。無傳伯姬公女
之未適人者公羊傳云婦人許嫁字而笄之死則以成人之禮治之○九月。戊辰。諸侯
盟于葵丘。諸侯即上所叙之諸侯不言宰宰不與也穀梁傳云葵丘何以曰美之也○甲
子。晉侯佹諸卒。○冬。晉里克殺其君之子奚齊。

傳九年春。宋桓公卒。未葬。而襄公會諸侯。故曰子。凡在喪。王曰小童。公侯曰子。在喪未葬也小童蒙幼之稱子者繼父之辭 ○ 夏。會于葵丘。尋盟。且脩好。禮也。尋前年洮盟事 王使宰孔賜齊侯胙。曰。天子有事於文武。使孔賜伯舅胙。宰孔周公名王深德桓公定其位故賜胙尊之比二王後有事文武言行祀事于文王武王也天子謂同姓曰伯父叔父異姓曰伯舅叔舅周公自稱名以天子使之也 齊侯將下拜。孔曰。且有後命。天子使孔曰。以伯舅耋老。加勞賜一級。無下拜。下拜下階而拜也年七十曰耋耋鐵也皮黑如鐵也桓年未及七十稱耋以優之勞勞問也級等也法當下拜賜之弗下是進一等也[耋]音迭[勞]去聲 對曰。天威不違顏咫尺。小白余敢貪天子之命。無下拜。恐隕越于下。以遺天子羞。敢不下拜。下拜登受。八尺曰咫。小白齊侯名。余卑謙之稱。隕越顛隧也。言君尊如天。其威嚴常在顏面。若貪天子寵命。不下拜失君臣禮。必爲天罰。恐顛隧于下。適足以貽天子之羞辱。豈敢不下階而拜乎。乃拜于階下。而登堂以受胙。○孫應鰲氏曰。○天子優臣。諸侯謹禮。使臣從容。將命俱可見之。

秋。齊侯盟諸侯于葵丘。曰。凡我同盟之人。既盟之後。言歸于好。○趙汸氏曰。傳記盟辭。即孟子所述之末句。其五禁之辭。傳不能舉。則二霸之事闕漏多矣。

宰孔先歸。遇晉侯。曰。可無會也。齊侯不務德而勤遠畧。故北伐山戎。南伐楚。西爲此會也。東畧之不知。西則否矣。其在亂乎。君務靖亂。無勤於行。晉侯乃還。不與盟。故先歸。晉侯欲會葵丘。故遇之於道。畧經畧也。伐山戎在莊公三十一年。伐楚在四年。此會即葵丘之會。皆所謂遠畧也。其東欲經畧東方。則不可知。若西畧則已爲此會。必不再矣。在亂謂齊不務德國必亂也君其歸而務靖晉國之難無勞遠行以求會也○趙汸氏曰桓之弘規遠畧至此甫定又與前日之求諸侯服叛國而爲會謀王室而爲盟者不同故胡傳云葵丘之盟美之大者也○九月。

晉獻公卒。里克丕鄭欲納文公。故以三公子之徒作亂。丕鄭晉大夫三公子申生重耳夷吾也[丕]普悲反

初獻公使荀息傅奚齊。公疾。召之曰。以是藐諸孤。辱在大夫。其若之何。稽首而對曰。臣竭其股肱之力。加之以忠貞。其濟。君之靈也。不濟。則以死繼之。公曰。何謂忠貞。對曰。公家之利。知無不爲。忠也。送往事居。耦俱無猜。貞也。荀息晉大夫藐小弱也幼而無父曰孤孤諸助語辱屈辱也言以此小弱之孤屈辱大夫爲之保護其將何道以扶持之或曰藐懸也言其幼賤與諸子懸絕也加益也靈威靈也往謂獻公居謂奚齊耦兩猜疑也言使死而往者居而

生者其心兩無猜疑也(覿)音耿〇司馬光氏曰立嫡以長正也獻公溺於嬖寵廢長立少荀息為國正卿君所倚信不能明白禮義以格君心之非而遂以死許之則荀息之言玷于獻公未沒之前而不可救於已沒之後也

及里克將殺奚齊。先告荀息曰。三怨將作。秦晉輔之。子將何如。荀息曰。將死之。里克曰。無益也。荀叔曰。吾與先君言矣。不可以貳。能欲復言而愛身乎。雖無益也。將焉辟之。且人之欲善。誰不如我。我欲無貳。而能謂人已乎。里克傷申生之死欲納重耳故將殺奚齊告息欲以諷息也三怨三公子之徒荀叔即荀息復踐也言我以死許君此言不可變易我欲其言之可踐而可愛其身之死乎雖死而無補將何所避其禍也且女欲忠於申生亦如我忠於奚齊也我欲不變前言寧能止女使勿忠於申生乎〇冬。十月。里克殺奚齊于次。書曰。殺其君之子。

未葬也。次喪次也經不書殺其君獻公未葬奚齊未成君也荀息將死之。人曰。不如立卓子而輔之。荀息立公子卓以葬。十一月。里克殺公子卓于朝。荀息死之。卓子驪姬娣之子也人以其母嬖故勸使立而輔之獻公已葬而卓子臨朝里克又殺之荀息卒踐言而死◎孫應鰲氏曰托孤寄命不專在節亦貴有臨機應變之才君子曰。詩所謂白圭之玷。尚可磨也。斯言之玷。不可爲也。荀息有焉。詩大雅抑篇玷缺也爲猶治也言斯言之玷缺難治于白圭也蓋荀息不顧事之非正而惟以不食言爲信是以君子惜其前之失言不可復治也◎愚按是時申生死矣重耳夷吾奔矣獻公以息可以托孤命爲奚齊傅而息於君之將終已有盟言焉是安得不繼以死哉而杜當陽謂其從君於昏柳子厚謂春秋進息以甚苟免之惡皆非中論朱晦翁云荀息始終一節死君之難胡康侯亦云世衰道微孰可托六尺之孤寄百里之命臨死節而不可奪如息者愚於息亦云然。○附錄齊侯以諸侯之師伐晉。及高粱而還。討晉亂也。令不及魯。故不書。高粱晉地在今山西臨汾縣境討晉亂討治晉人弒君之亂[令]

去声○附錄晉郤芮使夷吾重賂秦以求入。曰。人實有國。我何愛焉。入而能民。土於何有。從之。郤芮郤克祖父時重耳夷吾在外重耳長而賢秦伯欲納之郤芮從夷吾者故勸夷吾賂秦納巳言國非巳之有何愛而不以賂秦且入國而能得其民又何患於無土乎

齊隰朋帥師會秦師納晉惠公。隰朋齊大夫惠公卽夷吾秦伯利其賂故與齊侯納之○愚按秦伯以賂故納夷吾以論巳齊桓覇主也於秦晉本未相通安肯越險會秦而出師哉卽欲討晉亂而爲置君豈不援立重耳之賢何緣而惟秦之聽以黨逆也耶竊疑左氏謂齊師師會秦納惠公一節恐未必然

秦伯謂郤芮曰。公子誰恃。對曰。臣聞亾人無黨。有黨必有讎。夷吾弱不好

弄。能鬭不過。長亦不改。不識其他。誰恃將誰以爲重也在外故稱亾人言人有親黨必有仇讎今夷吾無黨則無仇易出易入以微激秦弄戲也不過有節也夷吾幼小之時不好戲狎雖能鬭爭而有節制及其長成亦不改其行其他則吾不知葢郤芮譽其可以爲君也(好)去聲

公謂公孫枝曰。夷吾其定乎。對曰。臣聞之。唯則定國。詩曰。不識不知。順帝之則。文王之謂也。又曰。不僭不賊。鮮不爲則。無好無惡。不忌不克之謂也。今其言多忌克。難哉。公孫枝秦大夫則法也言惟有法則者可以定國詩大雅皇矣篇言文王不識知故百姓亦不識知以順其則又詩抑篇言人能行無過差心無傷害鮮不爲人之法則者好私好也惡私惡也不識不知正無好無惡之謂忌猜疑也克好勝也不僭不賊正不忌不克之謂今夷吾之言既僭且賊是多忌克也以此定國民何則焉不言好惡忌克足以包之也公曰。忌則多怨。又焉

能克是吾利也。言夷吾猜疑則爲怨之所歸多怨適足以自害又安能勝人葢秦穆公雖受晉之賂納夷吾而又慮其害已故以夷吾不定爲已利○附錄宋襄公卽位以公子目夷爲仁使爲左師以聽政於是宋治故魚氏世爲左師。子魚之後以王父字爲氏故曰魚氏

【經】辛未十年。宋襄公晉惠公元年春王正月。公如齊。無傳○狄滅溫。溫子奔衞。○晉里克弒其君卓及其大夫荀息。傳前年弒卓而經書于今春從赴也獻公旣葬故卓稱君荀息書及所以著其節書大夫不失其官也○鄭登氏曰奚齊固先君之命立乎其位者也卓子則荀息所立者也奚齊書殺說者以爲國人不君矣卓子書弒又何獨國人以爲君乎恐是獻公未葬奚齊未立已爲里克殺于喪次春秋何緣稱之爲君乎卓子旣立里克弒之春秋何緣不稱之爲君乎其書殺書弒特係夫君與未君爾據實而書無他義意○夏齊。

侯許男伐北戎。無傳○晉殺其大夫里克。惠公殺之不以其道故稱國以殺而不去其官○秋七月○冬大雨雪。無傳

傳十年春狄滅溫蘇子無信也蘇子叛王即狄又不能於狄狄人伐之王不救故滅蘇子奔衛蘇子周司寇蘇公之後國于溫故云溫子反覆無常故云無信叛王事在莊十九年不能於狄與狄人不相能也○夏四月周公忌父王子黨會齊隰朋立晉侯晉侯殺里克以說將殺里克公使謂之曰微子則不及此雖然子弒二君與一大夫爲子君者不亦難乎周公忌父周卿士王子黨周大夫說自解說不篡也微猶無也二君謂奚齊卓子一大夫謂荀息難爲子君者若曰設不如女意則女又殺之爾說如字對曰不有廢也君何以興欲加之罪其

無辭乎。臣聞命矣。伏劍而死。言設若不有奚齊卓子之廢，則惠公何以得興起而爲君也。○金履祥氏曰按惠公之殺里克前以掩奪國之嫌後以防重耳之入克雖爲社稷生靈之計拳拳於重耳然與其弒二君而成重耳孰若全申生以弭後患因優施一言之誘遂爲中立之謀坐視申生之死於前而卒蹈弒逆之名於後惜哉 於是丕鄭聘于秦。且謝緩賂。故不及。丕鄭里克之黨以先聘于秦且謝歸秦之賂遲緩故不與里克之難○附錄晉侯改葬共大子。大子即申生共謚也○王世貞氏曰大子元士也士無謚是以大子無謚晉惠公之改葬世子申生也而謚之共後世因之大子有謚自申生始也秋。狐突適下國。遇大子。大子使登僕而告之曰。夷吾無禮。余得請於帝矣。將以晉畀秦。秦將祀余。下國即曲沃新城遇忽如夢而相見也狐突本爲大子御故復使登車爲僕無禮者或謂夷吾烝于獻公夫人賈君然鬼神之意難得而知不可指言請於帝欲罰之也畀付也言將使秦滅晉國秦將祭祀我也對曰。臣聞之。神不歆非類。民不祀非族。君祀無乃殄乎。且民何罪。失刑乏祀。君其圖之。殄滅也言民非其族類者則神不歆其祀神非其族類者則民亦不脩其祀今秦晉非其族類則神不歆民不祀大子之祀必絕且夷吾雖無禮而晉國之民無罪因怒夷吾而濫及其民是失刑以晉畀秦而自絕其祀是乏祀君其更爲圖謀之君曰。諾。吾將復請。七日。新城西偏將有巫者而見我焉。許之。遂不見。及期而往。告之曰。帝許我罰有罪矣。敝於韓。新城曲沃也大子約七日之後將因巫而見狐突許之遂不見大子及過七日而往大子果憑于巫而告狐突敝敗也韓晉地在今陝西韓城縣西南獨敗惠公於韓故云罰有罪明不復以晉畀秦也林堯叟氏云爲十五年秦獲晉侯張本○愚按鬼神之事儒者所不道即有之不可以訓此何以傳焉○丕鄭之如秦也。言於

徐

秦伯曰。呂甥郤稱冀芮實爲不從。若重問以召之。臣出晉君。君納重耳。蔑不濟矣。丕鄭如秦在今年夏此傳追言之呂甥郤稱冀芮皆晉大夫三人實不欲從秦之命以五城與秦若重其聘問之幣以召此三人臣逐晉君而出之君納重耳事無不成也

○附錄冬。秦伯使泠至報問。且召三子。泠至秦大夫報丕鄭之聘〔泠〕音零郤芮曰。幣重而言甘。誘我也。遂殺丕鄭。祁舉及七輿大夫。左行共華。右行賈華。叔堅。騅歂。纍虎。特宮。山祁。皆里丕之黨也。祁舉晉大夫侯伯七命副車七乘每車一大夫主之共華以下七人即七輿大夫名〔行〕音杭〔共〕音恭〔騅〕音追〔歂〕音遄〔纍〕音羸丕豹奔秦。言於秦伯曰。晉侯背大主而忌小怨。民弗與也。伐之必出。丕豹丕鄭之子大主謂秦小怨謂里克丕鄭出出奔也公曰。失衆。焉能殺。違

禍。誰能出君。言惠公若失衆心安能殺里丕丕豹既避禍在外又安能逐出舊君杜預氏云爲明年晉殺丕鄭傳

春秋左傳註評測義卷之十 終

春秋左傳註評測義卷之十一

明吳興後學凌稚隆輯著

僖公三

【經】壬申十有一年晉殺其大夫丕鄭父。丕鄭父即丕鄭惠公以私意殺里克故其黨皆懼而爲逐君之謀稱國以殺蓋若國亂無政而殺之之詞與前殺里克稱國同○夏。公及夫人姜氏會齊侯于陽穀。無傳兩君爲會而以婦女厠於其間春秋直書以見其罪○秋八月大雩。無傳旱而禱雨以祭曰雩大雩祀及上帝非諸侯所當祭也○冬楚人伐黃。

【傳】十一年春晉侯使以丕鄭之亂來告。傳去年殺鄭而經書今年春從告也○附錄天王使召武公內史過賜晉侯命受玉惰召武公周卿士内史過周大夫晉惠公即位天子賜之命圭爲瑞惠公受玉其容惰敖周語云晉侯執玉卑拜不稽首過歸告王曰晉侯其無後乎王賜之命而惰於受瑞先自棄也已其何繼之有禮國之幹也敬禮之輿也不敬則禮不行禮不行則上下昏何以長世言王賜惠公以寵命而其容止惰傲如此是先自棄其身也豈有繼其後者夫國之有禮猶木之待幹而立禮之主敬猶人之待車而行不敬是無輿也故禮不能自行無禮是無幹也故上下昏亂又何以長永世祚乎吾所謂晉侯無後以此杜預氏云爲惠公不終傳○附錄夏揚拒泉皐伊雒之戎同伐京師入王城焚東門王子帶召之也秦晉伐戎以救周秋晉侯平戎于王揚拒泉皐皆戎邑及諸雜戎居伊水雒水之閒者同伐京師王子帶甘昭公也欲篡王位故召戎來伐平和也杜預氏云爲二十四年天王出居鄭

傳○黃人不歸楚貢冬楚人伐黃黃從齊會恃齊故不歸楚之常貢

經癸酉十有二年春王三月庚午日有食之無傳○夏楚人滅黃書伐於去年冬而書滅於今年夏所以罪齊之久而不能救也○秋七月○冬十有二月丁丑陳侯杵臼卒無傳

傳十二年附錄春諸侯城衛楚丘之郛懼狄難也郛郭也衛以二年遷楚丘諸侯爲築城至此復爲築郛杜預氏云爲明年春狄侵衛傳○黃人恃諸侯之睦于齊也不共楚職曰自郢及我九百里焉能害我夏楚滅黃黃從齊之會盟見諸侯親睦于齊故恃之以爲固郢楚國都共音供○愚按穀梁謂貫之盟管仲曰江黃遠齊而近楚楚爲利之國也若伐而不能救則無以宗諸侯桓公不聽與之盟管仲死楚伐江滅黃桓公不能救君子閔之如據左傳明年冬使管仲平戎于王史記管仲卒在僖

十五年是此時仲尚在也毋寧不爲黃討而坐○附視其滅以隳乔霸業哉說者謂穀梁之言爲信錄

王以戎難故討王子帶秋王子帶奔齊前年子帶召戎伐周故王治其罪難去聲○附錄冬齊侯使管夷吾平戎于王使隰朋平戎于晉前年戎伐周晉救周伐戎故戎與周晉不和王以上卿之禮饗管仲管仲辭曰臣賤有司也有天子之二守國高在若節春秋來承王命何以禮焉陪臣敢辭上卿天子命卿也管仲位在下卿王以齊桓翼戴之謀多出于仲故加禮以待之大國三卿二卿命於天子一卿命於諸侯國子高子天子所命爲齊守臣皆上卿也節時也言當春朝秋覲之時而國高二卿承命於王朝若我既受上卿之禮又將以何禮而待國高也陪重也爲天子臣之臣也王曰舅氏余嘉乃勳應乃懿德謂督不忘往踐乃職無逆朕命伯舅之使故云舅氏乃汝

也王功曰勳應報應也督篤厚也言我嘉女之功勳報女之美德蓋以女之功德篤厚而不可忘也女其往而就女職位無逆我之命 管仲受下卿之禮而還蓋欲令仲受上卿之禮也下卿本位也○孫應鼇氏曰仲以有國高受下卿之享上不抗君中不倍位下不逾禮 君子曰管氏之世祀也宜哉讓不忘其上詩曰愷悌君子神所勞矣讓而不敢僭上卿之位故云讓不忘其上詩大雅旱麓篇愷樂悌易也言樂易君子爲神所勞來故世祀也勞去聲○愚按管子所著書大都以魚鹽富齊爾然後知管氏所以無後於齊者而左氏謂宜世祀豈以其功德在齊宜世爲齊人所祀乎

經甲戌十有三年陳穆公元年 春狄侵衛傳在前年春 ○夏四月。葬陳宣公無傳 ○公會齊侯宋公陳侯衛侯鄭伯許男曹伯于鹹鹹衛地今北直隸開州東南有鹹城 ○秋九月大雩無傳 ○冬

公子友如齊。無傳

傳十三年。附錄春。齊侯使仲孫湫聘于周。且言王子帶。事畢。不與王言。歸復命曰。未可。王怒未怠。其十年乎。不十年王弗召也。仲孫湫齊大夫前年王子帶奔齊故桓公使湫言欲復之○愚按子帶以戎伐周逆莫大焉桓公身不能容子糾而顧欲爲王容子帶則以受其奔爲此姑息云爾霸主寧若是哉仲孫湫號多智能測王怒十年何以不能測子帶之惡終不悛耶

○夏。會于鹹。淮夷病杞故。且謀王室也。淮夷東淮也在今南直隸淮安府境王室亦有戎難故謀杞幷謀王室之難

秋。爲戎難故。諸侯戍周。齊仲孫湫致之。戍守也致諸侯之卒戍守于周爲難俱去聲

○附錄冬。晉薦饑。使乞糴于秦。穀不熟曰饑仍饑曰薦秦伯謂子桑。與諸乎。對曰。重施而報。君將

何求重施而不報。其民必攜。攜而討焉。無衆必敗。子桑卽公孫枝攜離也言我厚施於晉而晉能報施則無損於秦若厚施於晉而晉不報施則晉民必不直其君而懷攜貳之心乘其民之攜貳而討之衆旣不與必致于敗也

謂百里與諸乎。對曰。天災流行。國家代有。救災恤隣。道也。行道有福。百里卽百里奚言饑饉爲天降之災如水流行無定國家更代有之故救災以恤隣此道之當然順道而行則天必降之以福○朱子曰百里奚之言質實渾厚無計較利害之心眞賢臣也

丕鄭之子豹在秦。請伐晉。秦伯曰。其君是惡。其民何罪。十年丕豹奔秦至是欲乘晉饑伐之爲其父報怨也

秦於是乎輸粟于晉。自雍及絳相繼。命之曰。汎舟之役。輸運也雍秦都今陝西鳳翔縣絳晉都今山西絳州相繼不絕也從渭水運入河汾故云汎舟之役

【經】乙亥十有四年春諸侯城緣陵緣陵杞邑○夏六月季姬及鄫子遇于防使鄫子來朝季姬魯女爲鄫子夫人鄫國今山東嶧縣書及書使深罪之也○秋八月辛卯沙鹿崩沙鹿山名晉地在今北直隸元城縣○狄侵鄭無傳○冬蔡侯肸卒無傳

【傳】十四年春諸侯城緣陵而遷杞焉不書其人有闕也杞迫于淮夷故城之以定其遷有闕杜預氏謂器用不具城池未固而去爲惠不終也○愚按前年諸侯會于鹹以淮夷爲杞患故今城緣陵而遷杞不序諸侯者公羊所謂一事而再見則以凡舉爾傳謂不書其人有闕恐亦臆說○鄫季姬來寧公怒止之以鄫子之不朝也夏遇于防而使來朝僖公因季姬之歸責以鄫子不朝止季姬而絕之故季姬自與鄫子會遇使之來朝○愚按經文季姬不繫國是猶魯女也豈得來寧且既怒而止之不使還

鄫又何由得遇于防蓋呂大圭氏所謂許嫁于鄫而未歸于鄫故先遇之而使來請己則以僖公溺愛其女不能防閑之故事或有之信如左氏傳經何以不書來寧而於明年再書歸鄫耶恐亦失實○秋八月辛卯沙鹿崩晉卜偃曰期年將有大咎幾亾國國必依山川故崩而國幾亾期音基○附錄冬秦饑使乞糴于晉晉人弗與慶鄭曰背施無親幸災不仁貪愛不祥怒鄰不義四德皆失何以守國秦使乞糴于晉以望報也慶鄭晉大夫背秦之先施是爲無親幸秦之有災是爲不仁貪愛已物不以分災是爲不祥背施幸災貪愛以怒鄰國是爲不義施去聲虢射曰皮之不存毛將安傅虢射惠公舅先是惠公許賂秦五城以求入國已而背之故射以皮喻城以毛喻粟言既不與秦城爲怨已深今雖與之粟猶無皮而施毛亦無所附也射音亦傳音付○王繼禎氏曰晉背秦地約及饑復分之粟秦繆之所以覇有道哉然亦百里奚佐之也彼虢

射者適足以敗晉爾

慶鄭曰。棄信背鄰。患孰恤之。無信患作。失援必斃。是則然矣。言棄許城之信背借糴之惠設有患難誰復恤之且失信必見討伐失援必致死於此事理之必然也

虢射曰。無損於怨。而厚於寇。不如勿與。言秦怨已深雖與之粟不足損怨適足以資寇糧而使秦富厚耳○孫應鰲氏曰虢射不恤鄰好竟貽其君之災謀之不臧有如是者

慶鄭曰。背施。幸災。民所棄也。近猶讎之。況怨敵乎。言以若所爲雖近而吾民猶足致讎怨何況素爲怨敵如秦者乎

弗聽。退曰。君其悔是哉。

經　丙子　十有五年。蔡莊公元年

春王正月。公如齊。無傳傳例諸侯五年再相朝以脩王命古之制也

○楚人伐徐。○愚按楚既滅黃而齊莫之恤於是狄乘間而侵衞而侵鄭而伐徐霸業於是寖衰矣春秋自勝楚以後所以責桓公者皆此意

○三月。公

會齊侯宋公陳侯衛侯鄭伯許男曹伯盟于牡丘。牡丘齊地今山東東昌府有牡丘 遂次于匡。遂者急於後事之辭次其本意也匡衛地今北直隸長垣縣有匡城 公孫敖帥師及諸侯之大夫救徐。公孫敖慶父子諸侯既盟次匡皆遣大夫將兵救徐 ○夏五月。日有食之。○秋七月。齊師曹師伐厲。厲楚與國今湖廣隨州有厲鄉 ○八月。螽。無傳爲災 ○九月。公至自會。無傳 ○季姬歸于鄫。無傳 ○己卯晦。震夷伯之廟。震雷擊之也夷謚伯字魯大夫展氏祖父 ○冬。宋人伐曹。○楚人敗徐于婁林。婁林徐地今南直隸泗州有婁亭桓公合諸侯以救徐而徐卒敗于楚於是見覇業之衰中國之勢又將一變也 ○十有一月。壬戌。晉侯及秦伯戰于韓。獲晉侯。書晉侯及秦伯著晉志也不書以歸悔而卽釋未嘗以至其國也傳十五年春楚人伐徐徐即諸夏故也○三月盟于牡丘尋蔡丘之盟且救徐也蔡丘盟在九年孟穆伯帥師及諸侯之師救徐諸侯次于匡以待之孟穆伯即公孫敖○戴溪氏曰徐遠楚而近齊齊不得不救盟于牡丘謀救徐也次于匡畏楚而不敢救也使大夫往救姑爲救徐之名也故徐卒爲楚所敗○夏五月日有食之不書朔與日官失之也桓十七年不書日已有例今朔日皆不書故重發之○秋伐厲以救徐也○張洽氏曰厲在徐楚之閒欲楚之必救以解徐也然而楚卒敗徐于婁林則厲非楚之所急此不得已之下策也○震夷伯之廟罪之也於是展氏有隱慝焉言展氏有隱慝非人所見故震其廟以彰之○冬宋人伐曹討舊怨也莊十四年齊桓伐宋曹與焉故也○張洽氏曰曹方伐厲救徐而宋襄乘虛伐之尚可繼桓圖覇乎於是見桓德之衰而

襄忘之私也○楚敗徐于婁林。徐恃救也。徐恃齊之救而不至故卒爲楚所敗○姜寶氏曰見救徐之威不立伐厲之謀無補也○附錄晉侯之入也。秦穆姬屬賈君焉。且曰。盡納羣公子。晉侯烝於賈君。又不納羣公子。是以穆姬怨之。晉惠公入國在九年穆姬申生姊秦穆夫人也賈君獻公次妃賈女也穆姬以賈君爲托使善視之羣公子武獻之族以驪姬亂出奔者穆姬又使盡納之晉侯許賂中大夫。既而皆背之。晉語云夷吾謂羣公子縶曰中大夫里克與我矣吾命之以汾陽之田百萬丕鄭與我矣吾命之以負蔡之田七十萬賂秦伯以河外列城五。東盡虢畧。南及華山。內及解梁城。既而不與。河外河南畧界也華山在今陝西華州解梁在今山西解州晉惠許賂秦伯以列城五東盡虢國之界南及華山爲界內及解梁城爲界其間有五城○王樵氏曰名位公器而欲因亂入土地世守而許以賂入本既不正矣出因其資入用其寵饑食其粟而一旦倍之非推秦之觖望雖晉人固不直惠公矣然則召秦師者惠公也晉饑。秦輸之粟。秦饑。晉閉之糴。秦輸粟在十三年晉閉糴在十四年故秦伯伐晉。卜徒父筮之。吉。涉河。侯車敗。詰之。對曰。乃大吉也。三敗必獲晉君。徒父秦之掌龜卜者兼掌筮法用雜占不皆取易言是卦主秦伯之軍涉河則晉侯之車敗秦伯不解其旨疑敗在己故詰問之其卦遇蠱䷑曰。千乘三去。三去之餘。獲其雄狐。夫狐蠱必其君也。蠱之貞風也。其悔山也。歲云秋矣。我落其實而取其材。所以克也。實落材亡。不敗何待。周易巽下艮上蠱千乘以下三句卜筮書雜辭千乘諸侯之象言千乘三度敗而去三敗之後獲其狐之雄若夫狐妖媚之獸能蠱惑人而爲之雄必晉君也蠱之內卦爲貞巽風也外卦爲悔艮山也內卦爲主故以占秦外卦爲賓故以占晉然則晉山而秦風也當秋之時山木結實爲風吹落而取其材所以晉必爲秦所克也又申言其實既落而材亦亾雖欲不敗其可待乎言必敗也三敗及韓晉侯果三敗秦秦伯追及于韓晉侯謂慶鄭曰寇深矣若之何對曰君實深之可若何公曰不孫卜右慶鄭吉弗使步揚御戎家僕徒爲右乘小駟鄭入也慶鄭曰古者大事必乘其產生其水土而知其人心安其教訓而服習其道唯所納之無不如志今乘異產以從戎事及懼而變將與人易亂氣狡憤陰血周作張脉僨興外彊中乾進退不可周旋不能君必悔之弗聽君實深之謂晉君弃信幸災所以召秦而深其寇也惠公惡鄭應荅不遜故雖卜鄭得吉而弗使爲車右步揚御郤犨父小駟馬名鄭國所獻狡戾憤鬱僨

動也言古者遇有兵戎大事必乘其土地所產之馬謂其生于吾之水土而知吾之人心安吾之教訓服習吾之道路惟所用于驅馳進退無不任吾意之所使者今君乘異國所獻以從戎事及臨陳畏懼必變其常度而改易人意將見馬之亂氣狡憤於外則陰血必遍作於內其脉理張大僨動而不和外雖有彊形而內實乾竭必不能進退周旋于戎事君至此時悔之無及矣〔孫〕音遜〔乘〕如字〔張〕音帳〔乾〕音干

九月晉侯逆秦師。使韓簡視師。復曰。師少於我。鬬士倍我。公曰。何故。對曰。出因其資。入用其寵。饑食其粟。三施而無報。是以來也。今又擊之。我怠秦奮。倍猶未也。

九月今之七月也應歲云秋矣之占韓簡晉大夫韓萬之孫言惠公之出因秦之資助惠公之入因秦之寵靈晉國薦饑食秦之輸粟晉受秦之三施而不報所以秦來伐我也今不能責己求和又欲擊之我師不直故其心怠秦師懷敵故其志奮觀此秦之鬬士不止倍我也〔施〕去聲

公曰。一夫不可

狃。況國乎。遂使請戰。曰寡人不佞。能合其衆。而不能離也。君若不還。無所逃命。狃狎也言一夫尚不可狎而侮之況我有一國不可受其狎侮而不敵也離散也言寡人旣能合其衆以拒秦不能又散其衆而使之避秦也秦君以不退師我當決戰以從君命無所逃避矣○王樵氏曰兩國非有父兄之怨疆場之爭也彼涉吾地我固不得不應然獨不可先之以一介之使以禮義再三辯諭安知秦伯之不悔而還乎而惠公輒使請戰曰寡人能合其衆而不能離也躁而用罔如此烏得不敗而見獲乎秦伯使公孫枝對曰。君之未入。寡人懼之。入而未定列。猶吾憂也。苟列定矣。敢不承命。公孫枝卽子桑列位也言晉君未入國之初我寡君以君之未入爲懼晉君已入晉而未定諸侯之位爲我寡君之憂今晉君旣定君位矣敢不承順晉君請戰之命韓簡退曰。吾幸而得囚。退使畢而退也簡知晉師必敗恐死故以得囚爲幸壬戌戰于韓原晉戎馬還濘而止〈還便旋也濘泥也小駟不調故因便旋而陷于泥中〔還〕音旋〔濘〕音寗〉公號慶鄭慶鄭曰愎諫違卜固敗是求又何逃焉遂去之〈惠公急而呼慶鄭欲其救己也愎諫謂違慶鄭之言而乘小駟違卜謂卜右慶鄭吉而弗使〔愎〕音逼〉梁由靡御韓簡號射爲右輅秦伯將止之鄭以救公誤之遂失秦伯秦獲晉侯以歸晉大夫反首拔舍從之〈輅與迓同韓簡輩迎秦伯之車將獲之慶鄭誤以秦師爲晉師呼令救公遂失秦伯所在於是晉侯反爲秦師所獲執以歸秦反首謂頭髮下垂拔舍謂拔草舍止蓋壞形毀服以示憂慼而從秦師也〉秦伯使辭焉曰二三子何其慼也寡人之從君而西也亦晉之妖夢是踐豈敢以至〈使辭使人辭謝晉大夫也慼憂也君謂晉侯晉國于西方故謙言我之從晉君而西行也亦欲應汝晉國昔年夢見申生之言爾豈敢終執晉

君至於已甚也狐突不寐而與神言故云妖夢晉大夫三拜稽首曰君履后土而戴皇天皇天后土實聞君之言羣臣敢在下風穆公自言豈敢以至是有歸晉君之意也故晉大夫謝云今日之言天神地祇實聞之我衆臣在君下風亦與聞之蓋奠其言之無敗得歸晉君也穆姬聞晉侯將至以大子罃弘與女簡璧登臺而履薪焉使以免服衰絰逆且告罃郎秦康公弘其弟簡璧其姊妹皆穆姬所出古之宮閉者皆居之臺以抗絕之閨之薪以絕其出入穆姬欲自罪故率其子女登臺而履之以薪免衰絰皆遭喪之服穆姬欲自殺故使行人先服喪服以迎秦伯且告秦伯以穆姬欲自殺之意免音問衰音催絰大結反曰上天降災使我兩君匪以玉帛相見而以興戎若晉君朝以入則婢子夕以死夕以入則朝以死唯君裁之乃舍諸靈臺曰以下四

十七字考釋文及疏義皆云古本所無是後人加者不敢輒刪姑存于此大夫請以入公曰獲晉侯以厚歸也既而喪歸焉用之大夫其何有焉且晉人慼憂以重我天地以要我不圖晉憂重其怒也我食吾言背天地也重怒難任背天不祥必歸晉君大夫請執晉侯以入國秦伯言獲晉侯而歸以爲榮也夫人或自殺是以喪而歸將安用此以入大夫亦何所獲之有晉人晉大夫要刼食消任當也言晉大夫反首拔舍以示重憂指皇天后土以要刼我其慼憂如此而我不圖謀之是益其怒也我有豈敢以至之言而我自食之是我背天地也重晉怒則我難當其鋒背天地則我不祥必使晉君歸國然後可爾公子縶曰不如殺之無聚慝焉子桑曰歸之而質其大子必得大成晉未可滅而殺其君祇以成惡且史佚有言曰無始禍無

怙亂。無重怒。重怒難任。陵人。不祥。乃許晉平。公子縶秦大夫無聚慝無使復歸相聚為惡也大戚言大戚和好於晉也史佚周武王時大史名佚言無為禍首無恃人亂為已利無重人之忿怒【縶】竹立反晉侯使郤乞告瑕呂飴甥。且召之。子金教之言曰。朝國人。而以君命賞。且告之曰。孤雖歸辱社稷矣。其卜貳圉也。衆皆哭。晉於是乎作爰田。郤乞晉大夫瑕呂姓飴甥名子金字即呂甥也晉侯聞秦將許之平故使郤乞告呂甥且使來迎貳代也圉惠公大子名即懷公也時惠公無道呂甥恐國人不順故教郤乞矯稱惠公之命聚國人而賞之既賞乃假惠公之言以告國人曰孤雖得復歸晉然為君而見執已為社稷之辱矣其卜大子使代為君也哭哀君不返也爰易也分公田之稅應入公者易之於所賞之衆【飴】音怡【圉】音語呂甥曰。君亾之不恤。而羣臣是憂。惠之至也。將若君何。衆曰。何為而可對曰征繕以輔孺子諸侯聞之喪君有君羣臣輯睦甲兵益多好我者勸惡我者懼庶有益乎衆說晉於是乎作州兵呂甥旣教郤乞言又自言曰吾君喪亾在外不自憂恤而乃憂恤羣臣之匱乏而賞賜之恩之至也將何以救吾君征賦繕治也孺子卽大子圉言賦車馬治器械以輔大子諸侯聞我喪君有君人心和睦國勢彊盛則好我者有所勸勉惡我者有所畏懼庶幾有益於晉爾二千五百家爲州州因此又使州長各繕甲兵

初晉獻公筮嫁伯姬於秦遇歸妹䷵之睽䷥史蘇占之曰不吉其繇曰士刲羊亦無衁也女承筐亦無貺也伯姬卽穆姬兌下震上歸妹兌下離上睽歸妹之卦爲睽者蓋上六爻變也史蘇晉卜筮之史刲割衁血也承奉也筐方竹器貺賜也震爲長男故稱士兌爲少女故稱女刲羊士之功承筐女之職上六無應所求不獲故下刲無血上承無實不吉之象古

夫婦不能供祭祀也此葢占辭之辭[刲]刲音揆[衁]衁音荒西鄰責言不可償也歸妹之睽猶無相也震之離亦離之震為雷為火為嬴敗姬車說其輹火焚其旗不利行師敗于宗丘此下乃史蘇衍卦意而為之辭究西方也將嫁女於西西而遇西方不吉之卦故知其責讓之言不可報償此自歸妹卦言相助也輹車下縛也丘猶邑也歸妹女嫁之卦睽乖離之象故云無相上言歸妹不吉此言雖變睽睽亦不吉何也葢歸妹上卦為震上六變而為離睽之上卦為離亦能變而為震震為雷離為火秦嬴姓晉姬姓火動熾而害其母是女嫁而反害其家也故為嬴姓戰敗姬姓之象震為車歸妹上六在震之體而無其應故為脫輹之象離為火睽之上九在離之體而失其位故為焚旗之象行師必乘車建旗車敗旗焚故不利行師火還害母故敗不出國近在宗邑[責]責音債歸妹睽孤寇張之弧姪其從姑六年其逋逃歸其國而弃其家明年其死於

高梁之虛睽孤睽卦上九爻辭也弧弓矢也兄弟之子曰姪父之姊妹曰姑逋亾也家謂子圉歸懷嬴也上九處睽之極故云睽孤睽孤失位故遇寇而有弓矢之警皆不吉之象震爲木離爲火火從木生震變爲離是姪從其姑之象謂子圉質秦也數周必復易六位故知從姑六年當必逋亾逃歸晉國而弃其妻惠公死之明年文公入殺懷公于高梁高梁晉地此言歸妹變睽其兆後當如此及惠公在秦曰先君若從史蘇之占吾不及此夫韓簡侍曰龜象也筮數也物生而後有象象而後有滋滋而後有數先君之敗德及可數乎史蘇是占勿從何益不及此言免于見執之禍也天地絪縕萬物化醇故生而後有形象可言男女構精萬物化生故象而後滋生益象一生二二生三三生萬物故滋而後有數今獻公之德宜致敗已久而後有此凶數是敗已先定數其可及乎雖勿從史蘇無益於敗也詩曰下民之孽匪降自天僔沓

背憎職競由人詩小雅十月之交篇噂沓背憎也僔聚也沓重復也職主競力也言民之有邪惡非天所降多言以相說而背則相憎由人主力爲此之故因以諷惠公有以致此敗也僔尊上沓徒合反○附錄十月晉陰飴甥會秦伯盟于王城陰飴甥即呂甥食采於陰故云陰王城即西周舊城平王東遷爲秦所有秦伯曰晉國和乎對曰不和小人恥失其君而悼喪其親不憚征繕以立圉也曰必報讎寧事戎狄君子愛其君而知其罪不憚征繕以待秦命曰必報德有死無二以此不和言在下之小人恥其君爲秦所執痛其親爲秦所殺皆不以征賦治兵爲難而輔其大子圉以爲君曰必爲君親報秦之讎雖亾國而事戎狄以爲君不恤也在上之君子則愛其君而知晉國之有罪亦不以征繕爲難而待秦歸晉君之命曰必爲晉君報秦之德雖亾身而不變此心也君子小人所見不同所以不和秦伯

曰國謂君何對曰小人慼謂之不免君子恕以爲必歸小人曰我毒秦秦豈歸君君子曰我知罪矣秦必歸君貳而執之服而舍之德莫厚焉刑莫威焉服者懷德貳者畏刑此一役也秦可以霸納而不定廢而不立以德爲怨秦不其然言小人不知事理徒爲憂慼以爲惠公不免於禍君子以已之心度人之心以爲惠公必得反于國小人謂晉三施不報毒害秦國秦豈復歸吾君君子謂晉既自知其罪秦豈不許歸吾君夫其始也晉侯有二心而秦執之其繼也晉侯既知罪而秦舍之舍之則秦之德甚厚執之則秦之刑甚威由是則服秦者懷秦之德貳秦者畏秦之刑即此韓戰之一役諸侯懷德畏刑可以成霸業矣若曰秦既納惠公復執之而不安其位秦既執惠公遂廢之而不立之以爲君以納之之德變而爲廢之之怨秦穆公之心必不肯如此秦伯曰是吾心也改館

晉侯饋七牢焉（牛羊豕各一爲一牢將歸之故加之以禮）蛾析謂慶鄭曰盍行乎對曰陷君於敗敗而不死又使失刑非人臣也臣而不臣行將焉入十一月晉侯歸丁丑殺慶鄭而後入（蛾析晉大夫析以慶鄭不顧晉侯之故勸令出奔鄭謂呼而不往又誤失秦伯是我陷晉君於敗矣晉君敗而我不能死晉君歸而又使不得正誤師之刑非爲人臣之道也卽奔而入他國其誰容我蛾音蟻析音晢）是歲晉又饑秦伯又餼之粟曰吾怨其君而矜其民且吾聞唐叔之封也箕子曰其後必大晉其庸可冀乎姑樹德焉以待能者於是秦始征晉河東置官司焉（餼猶饋也唐叔晉始封之君箕子商帝乙之子紂之庶兄也冀望也言未可冀望而取之也以待能者伺其弱而取之也征賦也河東卽晉許秦河外列城五之地益至是始歸之秦置

之官
司也

春秋左傳註評測義卷之十一終

左氏傳測義

05

自十二
至十五

春秋左傳註評測義卷之十二

明吳興後學凌稚隆輯著

僖公四

【經】丁丑十有六年春王正月戊申朔隕石于宋五隕落也今河南歸德府城北有漆溝水涸時五石存焉是月六鷁退飛過宋都書是月嫌同日也鷁水鳥鷁五歷反○三月壬申公子季友卒無傳稱字賢之也○夏四月丙申鄫季姬卒無傳○秋七月甲子公孫茲卒無傳○冬十有二月公會齊侯宋公陳侯衛侯鄭伯許男邢侯曹伯于淮淮水名即今南直隸盱眙縣

【傳】十六年春隕石于宋五隕星也五石本星也隕於地而化爲石六

鷁退飛過宋都風也六鷁遇迅風逆驅之所以退飛周內史叔興聘于宋宋襄公問焉曰是何祥也吉凶焉在祥吉凶之先見者內史中大夫叔興其字對曰今兹魯多大喪明年齊有亂君將得諸侯而不終退而告人曰君失問是陰陽之事非吉凶所生也吉凶由人吾不敢逆君故也今兹是歲也是歲魯季友公孫兹卒明年齊桓公卒而齊亂宋襄公將得諸侯主覇而不以善終叔興以巳對嫌于宣露故更正言以諱之以爲陰陽順逆爲吉凶之兆而非吉凶之所由生吉凶由于人之善惡所感必先有以感之而後見于兆譏襄公不脩人事而徒問物變也○附錄

夏齊伐厲不克救徐而還十五年齊伐厲以救徐○附錄

秋狄侵晉取狐厨受鐸涉汾及昆都因晉敗也狐厨受鐸昆都皆晉邑今山西臨汾縣舊有狐亭汾水出大原南入河晉敗於

韓故國勢衰弱○附錄王以戎難告于齊齊徵諸侯而戍周。戎自十一年伐京師以來遂爲周室難○附錄冬十一月乙卯鄭殺子華。終管仲言事在七年○十二月會于淮謀鄫且東略也。鄫爲淮夷所病故謀鄫畧巡行也終九年幸孔東畧之言城鄫役人病有夜登丘而呼曰齊有亂不果城而還。齊以諸侯爲鄫築城役人遇厲氣不堪久駐故乘夜登丘而作爲訞言以恐齊然齊亂亦兆矣○金履祥氏曰齊桓尚能伐厲以救徐城鄫以制淮夷豈不能伐戎以救周乎不務德而務遠畧于斯見矣

經戊寅十有七年春齊人徐人伐英氏。英氏楚與國今爲南直隸六安州○夏滅項。項國今河南項城縣○秋夫人姜氏會齊侯于卞。卞魯邑今山東泗水縣○九月公至自會。公旣見執於秦而書至自會者諱之也

○冬。十有二月乙亥。齊侯小白卒。

傳十七年。春。齊人爲徐伐英氏。以報婁林之役也。婁林役在十五年○附錄夏。晉大子圉爲質於秦。秦歸河東而妻之。十五年秦子桒曰歸之而質其大子至是始遣子圉入質於秦又十五年秦征河東置官守至是嫁女于圉而歸晉河東地妻去聲惠公之在梁也。梁伯妻之。梁嬴孕過期。卜招父與其子卜之。其子曰。將生一男一女。招曰。然。男爲人臣。女爲人妾。故名男曰圉。女曰妾。及子圉西質。妾爲宦女焉。惠公以六年奔梁梁嬴梁女懷子曰孕卜招父梁大卜養馬者爲圉不聘者爲妾惠公因招父臣妾之言故名之如此及大子圉質于秦女亦宦事秦爲妾○師滅項。淮之會。公有諸侯之事。未歸而取項。齊人以爲討而止公。師魯師事謂會同講禮之事時僖公會諸侯于淮而季孫氏滅之齊人治其罪遂止而不使歸國○愚按公穀皆以項爲齊滅爲賢者諱故不舉國若然則滅譚滅遂曷不爲齊諱乎二傳蓋拘于內滅書取之例遂以爲非魯爾政不知當時僖公在會滅項者季孫所爲執政之臣擅權爲惡春秋方且誅之安得改滅爲取同於君父之例所以胡傳幷從左氏○秋。聲姜以公故會齊侯于卞。聲姜僖公夫人齊女也爲僖公被執之故會齊以請○高閌氏曰論其情則可矣而禮則不可也小白入魯地而會聲姜能無嫌乎○九月。公至。書曰至自會。猶有諸侯之事焉。且諱之也。猶若也諱言見執故托會以告廟若有諸侯會同之事焉○

齊侯之夫人三。王姬。徐嬴。蔡姬。皆無子。齊侯好內。多內寵。內嬖如夫人者六人。長衛姬。生武孟。少衛姬。生惠公。鄭姬。生孝公。葛嬴。生昭公。密姬。生懿公。宋華子。

生公子雍好內好女色武孟即公子無虧惠公即公子元孝公即公子昭昭公即公子潘懿公即公子商人宋華氏之女子姓故云宋華子[長]張上[少]去聲[華]去聲公與管仲屬孝公於宋襄公以爲大子雍巫有寵於衛共姬因寺人貂以薦羞於公亦有寵公許之立武孟屬托也桓公與管仲欲立孝公故先托於宋襄公而立之以爲齊大子雍人名巫字易牙共姬即長衛姬寺人閹宦名貂者有寵於桓公故易牙因之薦食味於桓公亦有寵遂爲長衛姬請立其子無虧而桓公許之管仲卒五公子皆求立冬十月乙亥齊桓公卒易牙入與寺人貂因內寵以殺羣吏而立公子無虧孝公奔宋十二月乙亥赴辛巳夜殯內寵內官之有權寵者赴赴于魯齊亂凡六十七日始殯○李琪氏曰大抵春秋之世盛衰凡三變桓公之未興與桓公之方霸及桓公之既沒世變各異也王臣下聘而不

報王師出伐而無功凡伯書伐戎強于北蔡師書敗荆盛于南鄭分許鄭宋齊鄭嗣紀小而并于齊鄭弱而偪于魯凡桓公之未興也王禁明而王臣不下聘者六十年盟會同而諸侯無私爭者三十載存績召陵而荆服矣陳旅聶北而狄退矣獻捷過魯而戎弭矣此桓公之主霸也天王出居而官守不問衛滅懿親而義師無討楚書子而主會矣狄書人而參盟矣此桓公之既沒也然桓公一人之身盛衰又凡三變圖霸之初定霸之日及成霸之後得失頗殊也伐鄭侵宋疾度未一人蔡侵鄭戎疾未殄滅遂降鄣覆事未久設施多舛遇穀盟扈閱理未熟檢防易肆蓋桓公圖霸之初也貫澤而下葵丘以前衣裳不歃血兵車無大戰仲尼稱其一匡孟子與其爲盛在是數年桓公定霸之日也九國叛而萌震矜管仲死而放繩壘城杞敗於城邢救徐息於救許伐黃則外憂起會十則家法虧此桓公成霸之後也驗春秋大勢之三變則桓公主霸而爲功即桓公一身之三變則桓公立功而不遠功過乘除齊桓之顛末可考矣

【經】己卯十有八年。齊孝公元年 春。王正月。宋公曹伯衞人邾人伐齊。（為納孝公故伐齊）○夏師救齊。（無傳救無虧也）○五月戊寅。宋師及齊師戰于甗。齊師敗績。（無虧既死曹衛邾皆罷歸故宋師獨與齊戰甗齊地）○狄救齊。（無傳救四公子也甗音言）○秋八月丁亥葬齊桓公。（辛十一月而始葬以國亂故也）○冬邢人狄人伐衛。

［傳］十八年春宋襄公以諸侯伐齊。三月齊人殺無虧。（殺無虧以悅宋）○（附錄）鄭伯始朝于楚。楚子賜之金。既而悔之。與之盟曰。無以鑄兵。故以鑄三鍾。（中國無霸故鄭始朝于楚金銅鐵之屬楚子以楚金利恐鄭伯鑄為兵器故悔而與誓使無得鑄兵文公乃以鑄三鍾）○齊人將立孝公。不勝。四公子之徒遂與宋人戰。（無虧已死故云四公子徒黨也［勝］音升）夏五月宋敗齊師于甗。立孝公而還。秋八月。

葬齊桓公。孝公立而後桓公得葬。○冬，邢人、狄人伐衛，圍菟圃。衛侯以國讓父兄子弟及朝衆曰：苟能治之，燬請從焉。衆不可，而後師于訾婁。狄師還。菟圃，衛邑。文公名。訾婁亦衛邑，今北直隷長垣縣有訾婁城。蓋衛文公以讓國激怒國人，而後出師。狄見其國和，故懼而退。杜預氏云：獨言狄還，則邢留距衛。言邢所以終爲衛所滅。菟音徒。燬音毀。訾音資。○附錄 梁伯益其國而不能實也，命曰新里。秦取之。梁伯展其國都，使之寬大，而民少不足以實，秦乘其虛而取之。

【經】庚辰 十有九年春王三月，宋人執滕子嬰齊。宋稱人，執非其罪也。○夏六月，宋公、曹人、邾人盟于曹南。無傳。曹南，曹之南鄙。杜預氏云：曹雖與盟而猶不服，不肯致餼，無地主之禮，故不以國地而曰曹南，所以及秋而見圍。鄫子會盟于邾。諸侯既罷鄫子始至故會盟于邾 巳酉。邾人執鄫子用之。書曰用之而不書所用之迹聖人所不忍言也 ○秋。宋人圍曹。○衛人伐邢。伐邢在圍曹前經書在後從赴也 ○冬。會陳人。蔡人。楚人。鄭人。盟于齊。經書楚得與會盟之始 ○梁亡。取梁者秦也亡梁者梁也故以自亡爲文所以惡梁也

傳十九年。附錄 春。遂城而居之。承前傳秦取新里而言故不復書秦 ○宋人執滕宣公。宋以滕子久不與齊盟故執之以威諸侯 ○夏。宋公使邾文公用鄫子于次睢之社。欲以屬東夷。鄫子鄫國君睢水名在河南東留縣東北時睢之水次有妖神東夷畏而祀之宋襄公使邾殺鄫子爲義牲以懼東夷欲使東夷服屬于我因以圖覇也○金履祥氏曰齊桓說始東畧宋襄繼其志欲以屬東夷而首虐滕鄫之君本欲立威不知乃所以失諸侯也 司馬子魚曰。古者六畜不相爲用。小事不

用大牲。而況敢用人乎。祭祀。以爲人也。民。神之主也。用人。其誰饗之。子魚卽目夷六畜牛馬羊犬豕雞不相爲用謂若祭馬先不用馬之類小事不用大牲謂若釁廟用羊釁門及夾室用雞之類用人殺人以祭也爲人爲民祈福也神依人而行故云民神之主主爲去聲齊桓公存三亾國以屬諸侯義士猶曰薄德。今一會而虐二國之君。又用諸淫昏之鬼將以求霸不亦難乎。得死爲幸。存三亾國謂閔元年省魯難僖元年城邢二年封衛猶曰薄德者以其欲因亂取魯緩救邢衛也此年三月以會召諸侯而執滕子今六月會盟又執鄫子故云一會而虐二君恐其亾國故以得善死爲幸○愚按用人以祭是可恐矣而他日詭曰愛重傷愛二毛也將誰欺乎○秋。衛人伐邢。以報菟圃之役。於是衛大旱。卜有事於山川。不吉。甯莊子曰。昔周饑克殷而年豐。今邢方無道。諸侯無伯。天其或者欲使衞討邢乎。從之。

師興而雨。有事祭也卜祭山川以祈雨也甯莊子衞大夫伯長也齊桓公既死諸侯無伯長以任征伐今天久不雨或者其欲使衞知天意以討邢邢罪如周之克殷乎師興得雨著伐邢合天意也○

宋人圍曹。討不服也。以曹南之盟不脩地主之禮子魚言於宋公曰。文王聞崇德亂而伐之。軍三旬而不降。退脩教而復伐之。因壘而降。詩曰。刑于寡妻。至于兄弟。以御于家邦。今君德無乃猶有所闕。而以伐人。若之何。盍姑內省德乎。無闕而後動。崇崇侯虎也壘軍壘也不增兵衆但因舊時軍壘而崇人自服詩大雅思齊篇刑儀刑也寡妻謂大似御治也言文王之德教自近而及遠也若之何言不能正已難以服人也省察也無闕而後動言已德無所闕失而後可以服人之不服者○姜寶氏曰襄公欲圖霸業不能內自省德嬰齊急於執之曹南急於爲盟及曹不服郤又急於圍曹鄫子不及會小失爾郤又使邾虐用之操心如此何以能集事乎春秋書此數端見襄公之不能成覇而致楚執伐敗傷蓋自取也

○陳穆公請脩好於諸侯以無忘齊桓之德。冬盟于齊脩桓公之好也。○梁亡不書其主自取之也。不書取梁者主名以梁自取滅亡之禍也 初梁伯好土功亟城而弗處民罷而弗堪則曰某寇將至乃溝公宮曰秦將襲我民懼而潰秦遂取梁 土功謂城築營繕之功溝鑿也言梁伯勞而弗堪則誑其民曰某處之寇盜將至又無故而鑿池環繞其宮懼民不從則又誑之曰秦人將掩我之不備於是民恐懼而逃散秦遂乘虛而取之 亟 欺去 罷 音皮

經 辛巳 二十年春新作南門 魯城南門本名稷門僖公更造而高大之改名高門

○夏郜子來朝無傳南郜也郕子蓋知宋不足恃而來朝以依魯矣郜音告○五月乙巳西宮災無傳西宮公別宮也天火曰災○鄭人入滑○秋齊人狄人盟于邢○冬楚人伐隨

傳二十年春新作南門書不時也凡啓塞從時不時謂失土功之時門户道橋之屬爲啓城郭墻塹之屬爲塞凡啓塞之處小有破敝自當隨敝隨葺不以時拘今脩餝城門非所宜亟故特書以譏其不時○滑人叛鄭而服於衛夏鄭公子士洩堵寇帥師入滑公子士鄭文公子洩堵寇鄭大夫入滑討其叛鄭也○黃震氏曰齊桓既沒中國無霸鄭首從楚稱兵周疆無忌憚甚矣○秋齊狄盟于邢爲邢謀衛難也前年衛從宋伐齊邢狄同救而去年衛遂伐邢此齊狄所以至邢而爲盟也於是衛方病邢衛自前年伐邢至今常爲邢病○家鉉翁氏曰甚哉齊孝之無知也桓公

征楚而服之已乃與之盟于國桓公攘狄而封之已乃與之盟于邢書曰厥父菑厥子乃弗肯播厥父基厥子乃弗肯堂其齊孝之謂乎 ○ 隨以漢東諸侯叛楚冬楚鬭穀於菟帥師伐隨取成而還君子曰隨之見伐不量力也量力而動其過鮮矣善敗由己而由人乎哉詩曰豈不夙夜謂行多露善成也詩召南篇言豈不欲早夜而行自量道之多露而濡己喻隨之見伐由不量力也【穀】奴口反【於】音烏【菟】音徒 ○ 附錄 宋襄公欲合諸侯臧文仲聞之曰以欲從人則可以人從欲鮮濟言屈己之欲從衆之善則可濟事屈人之情從己之事少有能濟者杜預氏云爲明年鹿上盟傳

【經】壬午二十有一年春狄侵衛無傳爲衛病邢故也前伐衛盟邢以狄有救患之善故稱人此復侵衛惡其浸以猾夏故還其本號而止稱狄 ○ 宋人齊人楚人盟

于鹿上。鹿上宋地在今山東金鄉縣南宋爲盟主故序齊楚上○夏。大旱。雩不獲雨故書旱大者久而且甚之辭○秋。宋公。楚子。陳侯。蔡侯。鄭伯。許男。曹伯會于盂。執宋公以伐宋。楚始與中國行會禮故書爵盂宋地宋公無德而爭盟爲諸侯所疾故不言楚執宋公而以諸侯共執爲文○高閌氏曰楚自是稱子而序於諸侯之上於此見中國衰而夷狄盛也○冬。公伐邾。無傳爲邾滅須句故伐之○楚人使宜申來獻捷。無傳宜申楚大夫楚執宋公以伐宋而魯不與故獻宋捷以威之杜預氏云不言宋者秋伐宋冬來獻捷事不異年從可知矣○十有二月癸丑。公會諸侯盟于薄。釋宋公。公脅於獻捷之威與五國諸侯爲會求盟于楚以請宋公而後得釋書會諸侯不予楚之專執專釋也薄史記作亳在今河南順德府東南

【傳】二十一年。春。宋人爲鹿上之盟。以求諸侯於楚。楚

人許之。公子目夷曰。小國爭盟。禍也。宋其亾乎。幸而後敗。求諸侯於楚欲借楚之令使諸侯從已也宋國小於楚故云小國幸而後敗言若敗而不亾尤爲有幸也○夏大旱。公欲焚巫尫。巫女巫主祈禱請雨者或云天惡其不誠故不雨尫瘠病之人其面上向或云天惡其形故不雨又云天哀其病恐雨入其鼻故旱未詳孰是（尫）烏黃反臧文仲曰。非旱備也。脩城郭。貶食。省用。務穡。勸分。此其務也。巫尫何爲。天欲殺之。則如勿生。若能爲旱。焚之滋甚。國家凶荒則隣國因而加兵故脩築城郭使饑民得以就食貶食謂君去盛饌省用謂減省費用務穡謂以稼穡爲先務如貸種借牛之類或云穡儉嗇也勸分謂勸借有餘以分不足何爲不能爲害也言天果欲殺之而後雨則其初何如勿生此人若使此人果能致旱焚之則逆天意將愈甚其旱耳公從之。是歲也。饑而不害。以能備旱故雖饑而民不爲害○秋諸侯會宋公于盂。子魚曰。禍其在此乎。君欲已甚。其何以堪之。楚以諸侯與宋故會宋公于盂子魚前言小國爭盟禍也故云禍其在此於是楚執宋公以伐宋。○王樵氏曰鹿上之盟固楚人將誘而致之未容有他亦恃有齊焉今之盟齊不至事可疑矣陳蔡鄭許皆楚之黨而曹又宋之讎也其見執烏乎疑冬。會于薄以釋之。子魚曰。禍猶未也。未足以懲君。子魚見宋公得釋殊無戒懼之心故云禍猶未已未足以懲君貪欲之心杜預氏云爲二十一年戰泓傳 ○附錄 任宿須句顓臾風姓也。實司大皞與有濟之祀。以服事諸夏。邾人滅須句。須句子來奔。因成風也。司主也大皞伏羲也濟濟水也任國今山東濟寧州有任城須句國今東平州有須城顓臾國今費縣有顓臾城四國皆風姓乃伏羲之後而封近於濟故世世主大皞與有濟之祭祀與諸夏同服王事成風僖公之母須句國之女〔任〕音壬〔句〕音俱〔濟〕

上聲成風爲之言於公曰。崇明祀。保小寡。周禮也。蠻夷猾夏。周禍也。若封須句。是崇皞濟而脩祀紓禍也。明祀謂大皞有濟之祀。保安也。小寡謂小國之寡弱者。指須句也。猾亂也。邾雖曹姓之國。迫近諸戎。雜用夷禮。故邾滅須句而曰蠻夷亂夏。乃周室之禍也。紓解也。言若能討邾而後興須句。是尊大皞及濟水之祀而寬解周室之禍也。杜預氏云。爲明年伐邾傳。

經 癸未 二十有二年。春。公伐邾。取須句。○張洽氏曰。僖公非有崇明祀保小寡之公心。而徒徇母之私意。故無以服邾而致升陘之寇。○夏。宋公、衞侯、許男、滕子伐鄭。○秋。八月。丁未。及邾人戰于升陘。升陘魯地。○冬。十有一月。己巳。朔。宋公及楚人戰于泓。宋師敗績。宋以二國伐鄭。而泓戰止書宋公者。蓋當時伐鄭之師既歸。而楚以救鄭不及。因遂伐宋故也。主戰在宋

故書及泓宋水

傳二十二年。春。伐邾。取須句。反其君焉。禮也。從成風之請故反其君禮謂得崇明祀保小寡之禮○三月。鄭伯如楚。如朝也夏。宋公伐鄭。子魚曰。所謂禍在此矣。宋襄公以鄭啓楚會盂而至于身見執國見伐也故因其朝楚而伐之子魚前言禍猶未故今云禍在此以其不知自反而必於報讐是適以挑楚之釁也

○附錄初平王之東遷也。辛有適伊川。見被髮而祭於野者。曰。不及百年。此其戎乎。其禮先亾矣。周幽王爲犬戎所滅平王嗣位故東遷洛邑辛有周大夫伊川周地伊水也被髮者夷狄之族今伊川被髮而祭是中國衣冠之禮先亾知其他日必爲夷狄也秋。秦晉遷陸渾之戎于伊川。允姓之國居陸渾二國誘而徙之伊川遂從戎號今爲河南嵩縣辛有之言果驗○金履祥氏曰伊洛王畿天地之

中雖曰曠土豈宜遷陸渾之戎居之秦晉之罪不○惟亂華其偪周甚矣自是伊洛之戎世爲周患

附錄晉大子圉爲質於秦將逃歸謂嬴氏曰與子歸乎對曰子晉大子而辱於秦子之欲歸不亦宜乎寡君之使婢子侍執巾櫛以固子也從子而歸棄君命也不敢從亦不敢言遂逃歸○子圉質秦在十七年嬴氏秦所妻子圉懷嬴也婢子婦女之卑稱巾以拭手櫛以理髮皆賤役言秦君以我嫁女蓋欲安固女心不使歸也不敢從恐失君臣之義亦不敢言恐傷夫婦之情此傳應史蘇逃歸其國而棄其家之占櫛側乙反○愚按懷嬴不敢從亦不敢言此一言也似乎有貞德矣而異日者與五人之列以事重耳則何以不自別焉○

附錄富辰言於王曰請召大叔詩曰協比其隣昏姻孔云吾兄弟之不協焉能怨諸侯之不睦王說王子帶自齊

復歸于京師。王召之也。富辰，周大夫。大叔，即王子帶。十二年奔齊。詩，小雅正月篇。鄰，猶近也。孔，甚。云，旋也。言王者爲政，先和比其近親，則昏姻之國甚周旋而相附也。杜預氏云，傳終仲孫湫之言，爲二十四年天王出居于鄭起。○愚按，富子論兄弟之常，可爾。乃子大叔謀奸王位，召戎以伐京師，罪死毋赦。彼其得容于齊以逃生，則桓公、管仲與有罪焉。而富子不察，區區憂兄弟之不協，爲謀而召之歸，卒致其罪必不可容，而竟不免於死，則曷若苟全之于外之爲愈乎。君子謂斯人知姑息之愛，未知國之大體也。

○邾人以須句故出師。公卑邾，不設備而禦之。邾人以魯取須句故，出師伐魯。卑，小也。臧文仲曰：國無小，不可易也。無備，雖衆不可恃也。詩曰：戰戰兢兢，如臨深淵，如履薄冰。又曰：敬之敬之，天維顯思，命不易哉。先王之明德，猶無不難也，無不懼也，況我小國乎。君其無謂邾小。蠭蠆有毒。而況國乎。弗聽。詩小雅小旻篇戰戰兢兢戒懼也如臨深淵懼其溺也如履薄氷懼其陷也又周頌敬之篇再言敬之以警成王顯明也思語辭言天有顯德其命靡常不易保也文仲解詩意言我度先王有此明德猶以爲不易保猶以爲甚可懼況魯國之小未有先王之明德其可易而忽之乎君其無謂邾小可輕也蠭蠆至微之物螫人尚猶有毒何況邾亦小國乎八月丁未。公及邾師戰于升陘。我師敗績。邾人獲公胄。縣諸魚門。僖公以不設備之故果爲邾師所敗胄兜鍪也魚門邾城名縣胄魚門以辱公也經不書敗爲國諱也縣音玄

○楚人伐宋以救鄭。宋公將戰。大司馬固諫曰。天之弃商久矣。君將興之。弗可赦也已。弗聽。固距公之孫公孫固也言大司馬以別子魚宋本商之後故言天之弃商已久君欲逆天之意而復興之必將獲罪不可赦宥也杜預氏以弗可句赦也已句言君欲興天所弃必不可不如赦楚恐未妥冬十

一月。己巳朔。宋公及楚人戰于泓。宋人既成列。楚人未既濟。司馬曰。彼衆我寡。及其未既濟也。請擊之。公曰。不可。既濟而未成列。又以告。公曰。未可。既陳而後擊之。宋師敗績。公傷股。門官殲焉。列行列也既盡也未既濟未盡渡泓水也司馬子魚也不可謂迫人於險未可謂乘人之亂門官守門之官師行則在左右殲盡也盡爲楚所殺也國人皆咎公。公曰。君子不重傷。不禽二毛。古之爲軍也。不以阻隘也。寡人雖亡國之餘。不鼓不成列。不重傷謂敵已被傷者不忍再傷之不禽二毛謂敵人之髮有二色者不忍禽之隘險也不因人在險隘而迫阻之宋商紂之後故自稱亡國之餘軍以鼓進敵未成列則我不敢擊鼓以進兵恥以詐求勝也皆自言所以不擊未既濟與不成列之故子魚曰。君未知戰。勍敵之人。隘而不列天贊我也阻而鼓之不亦可乎猶有懼焉勍强也贊助也言强敵之人厄於險隘而未得成陳乃天助我以取勝之機雖因其險阻而擊之亦可以集事然猶懼其不勝也且今之勍者皆吾敵也雖及胡耇獲則取之何有於二毛明恥教戰求殺敵也傷未及死如何勿重若愛重傷則如勿傷愛其二毛則如服焉胡耇元老之稱言今楚兵之材力强者皆欲殺害我者也雖其國之元老獲則取之何不忍於二毛此詰其不禽二毛之非耻刑戮也言明設刑戮之耻而敎之戰鬬所以求殺敵人也敵人被傷未死猶能爲害安得不再傷之此詰其不重傷之非又言設若不忍重傷則不如本不傷之設若不忍禽二毛則不如早服從之此反詰宋公愛是二者則不須戰○孫應鰲氏曰如勿傷如服子魚達權知變之論也宋公欲雪盂之耻而不度其力之不能徒假匹夫之信以自文後人乃比之文王眞可大噱三軍以利用也金

鼓以聲氣也。利而用之。阻隘可也。聲盛致志。鼓儳可

也。凡行三軍之事本以利而動也兵以鼓進以金退所以佐士衆之聲氣也夫既以利而動則雖迫於

險而伐之可也此言當擊未濟以鼓聲之盛致三軍勇戰之志則雖當其儳巖未整陳之時擊鼓而伐之

可也此言當擊未成列 ○附錄 丙子晨。鄭文夫人芈氏。姜氏。勞楚

子於柯澤。楚子使師縉示之俘馘。芈氏楚女姜氏齊女楚子救鄭伐宋

而還故文公夫人勞之柯澤鄭地師縉楚樂師名縉俘所得囚也馘所截耳也[芈]彌爾反 君子曰。

非禮也。婦人送迎不出門。見兄弟不踰閾。戎事不邇

女器。言楚鄭皆非禮也送迎賓客不出中門此統指二夫人言接見兄弟不出門限此專指芈氏言

戎事尚嚴不近婦人所御器此專指楚言 丁丑。楚子入饗于鄭。九獻。庭實

旅百。加籩豆六品。饗畢。夜出。文芈送于軍。取鄭二姫

以歸。周禮上公九獻侯伯七獻子男五獻楚本子爵以覇主自許故鄭以極禮待之九獻者九爲獻酬而禮始畢也旅數也竹器曰籩木器曰豆言庭中所陳之實品數有百籩豆所盛之物又加六品也二姬文芈所生二女叔詹曰。楚王其不沒乎。爲禮卒於無別。無別不可謂禮。將何以沒。諸侯是以知其不遂霸也。叔詹鄭大夫不沒不得壽終也言設享以禮也而取二甥以歸是終之以尊卑無別不可謂禮無禮則危楚王將何以終乎諸侯由是知其覇功之不成其後卒爲商臣所弑

春秋左傳註評測義卷之十二

春秋左傳註評測義卷之十三

明吳興後學淩稚隆輯著

僖公五

經 甲申二十有三年。春。齊侯伐宋。圍緡。緡宋邑在今山東金鄉縣南界齊侯恃宋之恩受指於楚伐國圍邑春秋所惡故書以著其惡緡音民○夏。五月。庚寅。宋公茲父卒。○秋。楚人伐陳。○冬。十有一月。杞子卒。

傳 二十三年。春。齊侯伐宋。圍緡。以討其不與盟于齊也。十九年諸侯盟于齊以無忘桓公之德而宋不會故齊侯乘宋之敗而討之○夏。五月。宋襄公卒。傷於泓故也。子魚得死爲幸之言至是果驗○愚按霸者謂其有功於尊王乃可稱焉如夏昆吾當大康時身爲盟主誅不從命以尊王室及殷之衰大彭豕韋氏復續其緒所

謂王道廢而霸業興者也齊桓九合一匡卒明王業
晉文納襄克帶翼戴天子不可謂非其人矣故丁公
著氏謂夏昆吾商大彭豕韋氏周齊桓晉文爲五霸
其言本於應劭氏而說者謬謂五霸盡出于周迺以
宋襄秦穆楚莊廁於桓文之列則彼三君者曾有一
事之善上及於尊周而可以若是班乎矧當春秋戰
國時孔子止曰齊桓公正而不譎晉文公譎而不正
則周之所謂霸者桓文之外無他族焉而孟子又曰
五霸者三王之罪人也則五霸之爲三代時諸侯何
疑哉雖然桓文而外則三君矣秦穆最賢楚莊次之
若宋襄者抑又下矣

○秋。楚成得臣帥師伐陳。討其貳於宋也。遂取焦夷。城頓而還。子文以爲之功。使爲令尹。

成得臣字子王貳於宋吳澂氏云陳從楚伐宋未見貳於宋蓋以伐宋後鄭畏而朝楚而陳未朝楚卽誣以貳於宋伐之焦一名譙夷一名城父俱宋邑今南直隸亳縣有廢譙縣廢城父縣頓小國今河南商水縣築頓城以逼陳也子文以子王爲有功使代已爲令尹

叔伯曰。子若國何。對曰。吾以

靖國也夫有大功而無貴仕其人能靖者與有幾叔伯楚大夫薳呂臣也言子玉不堪爲令尹恐於楚國有害與語詞有幾不多也子文言我以子玉爲令尹正欲安靖楚國也夫子玉有莫大之功而無顯位以處之則其人能安靖不爲亂者能有幾人也[幾]上聲○傳遜氏曰子玉非文公敵也故卒以楚敗且慮其爲亂而舉豈任人之道哉○附錄九月晉惠公卒懷公命無從亡人期期而不至無赦子圉嗣位是爲懷公亡人重耳上期約也下期朞年也言如有從重耳於外約期月不歸者皆殺之[期期]上如字下音朞狐突之子毛及偃從重耳在秦弗召偃子犯也狐突不召二子歸晉冬懷公執狐突曰子來則免對曰子之能仕父教之忠古之制也策名委質貳乃辟也今臣之子名在重耳有年數矣若又召之教之貳也父教子貳何以事

君刑之不濫。君之明也。臣之願也。淫刑以逞。誰則無罪。臣聞命矣。乃殺之。未期年而執突以不召子故質贄也辟刑法也言人臣之名書於其君之策委贄而臣事之而復有二心則加之刑法事君謂事懷公逞快志也(辟)婢亦反○郭登氏曰狐突對懷公曰子之能仕父敎之忠策名委質貳乃辟也父敎子貳何以事君必如是而後爲臣之道盡矣卜偃稱疾不出。曰。周書有之。乃大明服。已則不明。而殺人以逞。不亦難乎。民不見德。而唯戮是聞。其何後之有。周書康誥篇言君能大明則臣心服杜預氏云言懷公必無後於晉爲二十四年殺懷公張本○十一月。杞成公卒。書曰子。杞夷也。不書名。未同盟也。曲禮云其在東夷北狄西戎南蠻雖大曰子四夷之君爵不過子莊二十七年杞稱伯書子者成公行夷禮故春秋以文貶之○朱子曰杞國最小春秋所書初稱侯已而稱伯已而稱子蓋其朝覲貢賦之屬率以子男禮從事聖人因其實而書之非貶之也凡諸侯同盟死則赴以名禮也赴以名則亦書之不然則否辟不敏也赴告也敏猶審也同盟然後告以名承告然後書之策雖未同盟而以名赴則亦書名雖同盟而赴不以名則亦不書名辟書之不詳審也杜預氏云隱七年○附録已見此凡又爲國史承告而書例辟音避晋公子重耳之及於難也晋人伐諸蒲城蒲城人欲戰重耳不可曰保君父之命而享其生祿於是乎得人有人而校罪莫大焉吾其奔也遂奔狄難由驪姬事在五年保猶恃也人以祿生故曰生祿校報也言人臣恃君父之命而受其養生之祿邑故能有上而有人既得人矣乃用其人以與君父争勝負罪孰大於此也難去聲從者狐偃趙衰顛頡魏武子司空季子趙衰趙夙弟魏武子即魏犨司空季子即胥臣臼季時狐毛賈佗皆從而獨舉五人

以其賢而有大功也一說或有後先故逸之〔衰〕初危反〔頡〕奚結反狄人伐廧咎如。獲
其二女。叔隗季隗。納諸公子。公子取季隗。生伯儵叔
劉。以叔隗妻趙衰。生盾。將適齊。謂季隗、曰。待我二十
五年不來而後嫁。對曰。我二十五年矣。又如是而嫁。
則就木焉。請待子。處狄十二年而行。廧咎如狄之別種隗姓盾即趙
宣子就木死而棺也待子不嫁也重耳以五年奔狄至十六年奔齊凡十二年而去〔廧〕音墻〔咎〕音高〔取〕去
聲〔儵〕直由反〔妻〕去聲過衛。衛文公不禮焉。出於五鹿。乞食於野
人。野人與之塊。公子怒。欲鞭之。子犯曰。天賜也。稽首
受而載之。五鹿衛地今北直隸元城縣東有五鹿墟塊爲土得國之祥故以爲天賜晉語云子
犯曰天賜也民以土服又何求焉天事必象十二年必獲此土二三子志之歲在壽星及鶉尾其有此土

于天以命矣及齊。齊桓公妻之。有馬二十乘。公子安之。從者以爲不可。將行。謀於桑下。蠶妾在其上。以告姜氏。姜氏殺之。而謂公子曰。子有四方之志。其聞之者吾殺之矣。公子曰。無之。姜曰。行也。懷與安。實敗名。公子不可。姜與子犯謀。醉而遣之。醒。以戈逐子犯。四馬曰乘安之安心于齊也特狐偃之徒見齊桓既卒知孝公不足特將適他國與重耳共謀於桒木之下姜氏即齊女妻文公者姜氏恐謀泄則孝公必怒其去故殺蠶女以滅口四方之志謂遠行也無之言無欲去之志懷謂懷其所愛安謂安其所居斯二者實足以敗壞功名重耳無去志故操戈以逐子犯晉語云逐子犯曰若無所濟吾食舅氏肉其知饜乎舅犯走且對曰若無所濟吾未知死所誰能與豺狼爭食若克有成公子無亦晉之柔嘉是以耳食偃之肉腥臊將焉用之遂行及曹。曹共公聞其駢脅。

欲觀其裸。浴薄而觀之。僖負羈之妻曰。吾觀晉公子之從者。皆足以相國。若以相。夫子必反其國。反其國。必得志於諸侯。得志於諸侯。而誅無禮。曹其首也。子盍蚤自貳焉。乃饋盤飧。寘璧焉。公子受飧反璧。駢猶比也脅肋也蓋腋下肋骨合比若一也裸赤體也駢脅非裸不可見故欲觀其裸薄迫也伺其浴乃迫近而觀之僖負羈曹大夫以相用以相國也夫子謂重耳自貳自別異於曹也飧餔也臣無外交故以盤盛之置璧飧中不令人見〔羈〕音基〔飧〕音孫〔寘〕音至及宋。宋襄公贈之以馬二十乘。時宋襄獨厚遺之及鄭。鄭文公亦不禮焉。叔詹諫曰。臣聞天之所啓。人弗及也。晉公子有三焉。天其或者將建諸。君其禮焉。男女同姓。其生不蕃。晉公子。姬出也。而至于今。一也。離外之患。而天不靖晉國。殆將啓之。二也。有三士足以上人。而從之。三也。晉鄭同儕。其過子弟。固將禮焉。況天之所啓乎。弗聽。啓開也言天意所欲開導之人非人所能及也建立為君也蕃盛也古者娶妻不娶同姓買妾不知其姓則卜之若男女同姓為婚其子孫必不蕃盛今重耳乃狐姬所生與晉同姓而重耳至今猶存可觀天意之一離遭也殆庶幾也自遭患出奔以來晉國未嘗安靖天其庶幾將開導重耳使復晉國此可觀天意之二三士據國語狐偃趙衰賈佗三人皆卿材足以居人之上此可觀天意之三儕等也儕音柴過平聲及楚。楚子饗之。曰。公子若反晉國。則何以報不穀。對曰。子女玉帛。則君有之。羽毛齒革。則君地生焉。其波及晉國者。君之餘也。其何以報君。曰。雖然。何以報我。對曰。若以君之靈。得反晉國。晉楚治兵。遇於中原。其辟君三舍。若不獲命。其左執鞭弭。右屬櫜鞬。以與君周旋。子玉請殺之。楚子曰。晉公子廣而儉。文而有禮。其從者肅而寬。忠而能力。晉侯無親。外內惡之。吾聞姬姓唐叔之後。其後衰者也。其將由晉公子乎。天將興之。誰能廢之。違天必有大咎。楚子知公子賢故享而問之以觀其志波餘波也餘棄物也三十里為一舍鞭馬捶也弭弓末無緣者屬著也櫜以受箭鞬以受弓周旋相追逐也言兩君設或相遇晉其退避三舍以報君德若退三舍而不得楚止兵之命然後整軍容以與君周旋於戰陣之間蓋欲與楚爭衡決勝以成霸業也子玉惡其言不遜故請殺之楚子言廣大者易至奢僭而公子能脩之以儉文華者易至傲漫而公子能約之以禮能敬者易至褊急而從者能濟之以寬容忠誠者不能有力而從者能加之以勤力晉惠公

以忌克而無親黨之援故外而秦國內而里丕之黨
無不惡之晉爲唐叔之後其子孫必後諸侯而衰今
之能興晉室者必重耳也[辟]音辟[弭]彌上[櫜]音臯[鞬]
居言反○蘇軾氏曰楚成王知晉之必霸而不殺重
耳此盛德之事也而世之論者則以謂楚成王失于
不殺以啓亂吾以謂自有致此敗亡非不殺之故也
楚成王不用子玉雖有晉文公兵不敗○孫應
鰲氏曰楚子此言既知君又知臣又知天命

乃送諸秦。秦伯納女五人。懷嬴與焉。奉匜沃盥。既而揮之。怒曰。秦晉匹也。何以卑我。公子懼。降服而囚。

懷嬴懷公妻從
夫謚故曰懷匜盛水器沃澆水也盥洗手也既畢也
懷嬴奉匜澆水令公子洗手既畢而揮之使卻故懷
嬴以公子倨傲而怒舊注謂以濕手揮之湔汚其衣
是揮於方盥之時於既而二字難解也於是公子恐
秦伯怒已乃去上服自拘囚以謝之[與]音預[匜]音移
[盥]古緩反○愚按懷嬴已妻懷公文公何遽納之而
不辭竊詳傳所云奉匜沃盥既而揮之一節疑是文
公盥洗既畢業知其為懷公妻而揮之使去於是懷

嬴怒而文公懼禍及遂納之耳史記晉語咸載重耳
不欲受季子輩勸取之蓋即此事柳子厚云重耳之
受懷嬴不得已也有是哉他日公饗之。子犯曰。吾不如衰之文也。
請使衰從。公子賦河水。公賦六月。趙衰曰。重耳拜賜。
公子降拜稽首。公降一級而辭焉。衰曰。君稱所以佐
天子者命重耳。重耳敢不拜。文文辭也河水逸詩取河水朝宗於海海喻秦
也六月小雅篇名言吉甫佐宣王北伐以喻重耳還國佐周如吉甫也君前臣名故名重耳使拜秦賜降
降階也稽首見天子禮故秦伯降而辭六月詩云王于出征以佐天子趙衰言秦伯以此責望重耳重耳
敢不拜秦君之賜杜預氏云爲明年秦伯納之張本○郭登氏曰晉人伐蒲蒲人欲戰重耳不可曰保君
父之命而享其生祿於是乎得人有人而校罪莫大焉吾其奔也必如是而後爲臣爲子之分定其終有
晉國稱覇主豈不然哉若季隗之請待姜氏之發蠱女僖負羈妻之先見皆婦人之有識者也楚顛遠子

王之讒不殺無辜亦有君人之度焉

經乙酉二十有四年。杞桓公宋成公晉文公元年春王正月。○夏狄伐鄭。○秋七月。○冬。天王出居于鄭。襄王也特書出明其自取之也而曰居明天下皆固有也○晉侯夷吾卒。傳記惠公卒在去九月而經書於今年冬蓋文公定位而後告也

傳二十四年。附錄春王正月。秦伯納之。不書。不告入也。納重耳不告于魯故經不書及河。子犯以璧授公子曰。臣負羈紲從君巡於天下。臣之罪甚多矣。臣猶知之。而況君乎。請由此亡。公子曰。所不與舅氏同心者。有如白水。投其璧于河。子犯重耳之舅以璧授重耳意欲要君爲誓也羈馬絡首紲馬韁如白水者我心即

女心有如此水之明白也古人誓取眼前不變物以明其信如日有如日有如河之類非取義於物也投所授璧于河蓋以質信於河神也

濟河。圍令狐。入桑泉。取臼衰。二月甲午。晉師軍于廬柳。秦伯使公子縶如晉師。師退軍于郇。辛丑。狐偃及秦晉之大夫盟于郇。壬寅。公子入于晉師。丙午。入于曲沃。丁未。朝于武宮。戊申。使殺懷公于高梁。不書。亦不告也。

令狐今山西猗氏縣桑泉今臨晉縣臼衰今解州舊有臼城皆晉邑廬柳晉地晉師懷公所遣以拒重耳者受秦穆公之命而退秦師亦退而盟於郇以定納文公之約郇晉地今山西解州境武宮文公之祖武公廟也懷公奔高梁故使殺之杜預氏云再發不告者言外諸侯入及見殺亦皆須告乃書于策朱申氏云應史蘇明年死于高梁之占○愚按據左氏傳重耳使殺懷公是弒逆也孔子爲此懼而作春秋寧有不書之理如曰以不告故則弒逆而代立者誰爲自

告於鄰國趙盾實未弑君而春秋特正其名豈因告哉竊意重耳知勵名節而其從者又皆以忠肅稱當里克殺奚齊之時遣使迎立重耳尚辭不預亂而顧謂其使殺懷公此必無之事誠有之復何以令于諸侯而諸侯其誰肯輸心共戴之爲覇主哉愚故以春秋之不書而疑左氏傳必有誤非事實也或曰懷公即卓也非圉也本奚吾弑卓之事而誤言重耳爾然亦無據

○附錄

呂郤畏偪。將焚公宮而弑晉侯。寺人披請見。公使讓之。且辭焉。曰。蒲城之役。君命一宿。女即至。其後余從狄君以田渭濱。女爲惠公來求殺余。命女三宿。女中宿至。雖有君命。何其速也。夫袪猶在。女其行乎。呂甥郤芮皆惠公舊臣懼爲文公所逼害辭不見也獻公使寺人披伐蒲城在五年即日也田獵也中宿次宿也袪衣袂也伐蒲之役披斬文公衣袪故曰袪猶在 對曰。臣謂君之入也。其知之矣。若猶未也。

又將及難。君命無二。古之制也。除君之惡。唯力是視。蒲人狄人。余何有焉。今君即位。其無蒲狄乎。齊桓公置射鉤。而使管仲相。君若易之。何辱命焉。行者甚衆。豈惟刑臣。公見之。以難告。

其知之者謂君遍歷艱難必知君人之道也我前之奉命殺公者所以爲君除惡惟當盡力而行如即日至蒲中宿至狄之事理所當然也況公在獻公時則爲蒲人在惠公時則爲狄人彼時我知爲獻公惠公而已安知有君今公即位能無如蒲如狄欲爲公害者乎昔管仲射中桓公帶鉤桓公置之不問用以爲相君若變易桓公之所爲而以斬袪致怨則我將自去何必君命遺之行也若然懼罪而出奔者甚多豈惟刑臣一人已乎披奄人故稱刑臣以難告以呂郤將焚公宮[射]音石[難]去聲○眞德秀氏曰披可謂知君臣之義矣方獻惠時重耳爲公子在外公使伐馬若披有二心於重耳豈得爲忠丁公爲項羽將而私從漢王終以被戮漢景帝爲太子而召衛綰綰不

往以此見襄披惟知此義是以事獻惠時知有獻惠

而不知有文公及文公既入卽吾君也有難而不以

告又豈得爲忠乎文公見之遂免於難

非賢而能之乎凡爲人臣皆所當法也三月。晉侯潛

會秦伯于王城。己丑晦。公宮火。瑕甥郤芮不獲公。乃

如河上。秦伯誘而殺之。晉侯逆夫人嬴氏以歸。秦伯

送衛於晉三千人。實紀綱之僕。瑕甥卽呂甥嬴氏秦穆公女文嬴也秦以

文公新有呂郤之難國未輯睦故以兵衛之門戶僕隸之事皆使秦卒摠攝之○附錄初晉侯

之豎頭須。守藏者也。其出也。竊藏以逃。盡用以求納

之。及入。求見。公辭焉以沐。謂僕人曰。沐則心覆。心覆

則圖反。宜吾不得見也。居者爲社稷之守。行者爲羈

紲之僕。其亦可也。何必罪居者。國君而讎匹夫。懼者

甚衆矣。僕人以告。公遽見之。竪小吏名頭須爲文公守庫藏者當文公出奔時頭須竊其庫藏之物而逃已而盡用其所盜之資求納及入求見文公文公托以沐頭辭之頭須言低頭而沐則其心覆心既覆則其所圖謀者亦反其常宜吾求見而不得也凡羣臣居國者所以爲君保守社稷其從行者則爲御馬羈絏之僕二者皆爲事君也何必獨罪居者以國君之尊而與匹夫爲讐晉人負罪而懼者將甚衆矣遽匆遽也〔竪〕音樹〔藏〕去聲〔覆〕音福○郭登氏曰文公不讐寺人披之斬袪竪頭須之竊藏終免呂郤之難所謂能棄小怨而安衆此文公之美也○孫應鰲氏曰盡用以求納則不當復罪其竊藏而當憐其忠

○附錄

狄人歸季隗于晉而請其二子。二子伯儵叔劉狄請其進退之命而傳闕其終傅遜氏云蓋以阻無畜羣公子不召之入也文公妻趙衰。生原同屏括樓嬰。趙姬請逆盾與其母。子餘辭。姬曰。得寵而忘舊。何以使人。必逆之。固請許之。來以盾

爲才。固請于公。以爲嫡子。而使其三子下之。以叔隗爲內子。而已下之。文公女趙姬妻趙衰生三子原屏樓三子食邑盾狄女叔隗之子子餘趙衰字下卑下也卿之嫡妻曰內子杜預氏云皆非此年事蓋因狄人歸季隗遂終言叔隗妻去聲

○附錄晉侯賞從亡者。介之推不言祿。祿亦弗及。介推文公從亡微臣推曰。獻公之子九人。唯君在矣。惠懷無親。外內弃之。天未絕晉。必將有主。主晉祀者。非君而誰。天實置之。而二三子以爲己力。不亦誣乎。竊人之財。猶謂之盜。況貪天之功。以爲己力乎。下義其罪。上賞其姦。上下相蒙。難與處矣。獻公八子皆死故曰唯君在惠懷惠公懷公也無親無親黨之援誣欺罔也在下者以貪天之功爲立君之義是下義其罪在上者以立君之勳賞盜天之罪是上賞其

姦蒙欺蔽也處並居也〔處〕上聲其母曰。盍亦求之。以死誰懟。對曰。尤而效之。罪又甚焉。且出怨言。不食其食。懟怨也言不求而死將誰怨對懟者尤過也言我既以貪天功者爲過而復效其所爲其罪又浮於彼矣且我已出怨對懟之言不當更食其祿也怨言謂上下相掩蒙難與處之言其母曰。亦使知之。若何。對曰。言身之文也。身將隱。焉用文之。是求顯也。其母曰。能如是乎。與女偕隱。遂隱而死。知之欲以達于公也凡人之有言身之文采也身將隱遁而不見何必更用言之以爲文采是反求顯也〔女〕音汝晉侯求之不獲。以緜上爲之田。曰。以志吾過。且旌善人。緜上在今山西介休縣有山名介山晉侯以緜上之田爲介推田志記旌表也○呂祖謙氏曰文公反國之初從行諸臣駢首爭功推獨超然處衆紛之外是宜百世之後聞其風者猶咨嗟嘆息不能已也雖然推尤諸臣之賞功其言則是其言之所自發則非也何者推若果以從亡之臣爲不當賞則狐趙與我其不當賞均也賞者爲濫則不賞者乃理之常是文公失之於狐趙而得之於我也怨何爲而生身何爲而隱乎今旣咎文公之濫賞又咎文公之不賞此近於人情乎吾是以知推之言特借正義以泄私怨也

○鄭之入滑也滑人聽命。師還。又卽衞。鄭公子士洩堵俞彌帥師伐滑。王使伯服游孫伯如鄭請滑。鄭伯怨惠王之入。而不與厲公爵也。又怨襄王之與衞滑也。故不聽王命而執二子。王怒。將以狄伐鄭。二十年滑人叛鄭卽衞鄭入滑滑聽鄭命及鄭罷兵滑又叛鄭鄭入衞堵俞彌鄭大夫伯服游孫伯周大夫如鄭爲滑請免其伐惠王入在莊二十一年不與爵不加爵賞也與衞滑以其助衞爲滑請也富辰諫曰。不可。臣聞之大上以德撫民。其次親親以相及也。昔周公弔二叔之不咸。

故封建親戚以蕃屏周管蔡郕霍魯衛毛聃郜雍曹滕畢原酆郇文之昭也邘晉應韓武之穆也凡蔣邢茅胙祭周公之胤也弔傷也二叔謂夏商叔世咸同蕃翰屏蔽也胤嗣也厎意以鄭雖不臣而釁夢本自王深以狄伐之不可故諫之以爲上聖以德撫民無親疏之閒其次則親其所親以漸相及而至於疏也昔周公傷夏商之叔世疏其親戚以至滅亡故廣封其兄弟以爲周室之翰蔽管蔡以下十六國皆文王子文王於周爲穆穆生昭故曰文之昭邘晉以下四國皆武王子武王於周爲昭昭生穆故曰武之穆凡蔣以下六國皆周公之嗣不言昭穆者周公不敢繼文王之後也或說二叔管蔡也召穆公思周德之不類故糾合宗族于成周而作詩曰常棣之華鄂不韡韡凡今之人莫如兄弟其四章曰兄弟鬩于牆外禦其侮如是則兄弟雖有小忿不

廢懿親。召穆公周卿士名虎召禾地類善糾聚也召穆公以周厲王時兄弟道闕周德不善故合宗族于東都以親之詩小雅常棣篇蓋周公所作而召穆公述而歌之常棣棣棣也鄂鄂然外見貌不豈不也韡韡光明也言此常棣之外發者豈不韡韡而光明以興兄弟和睦則強盛而有光輝也鬩鬩爭貌言內雖不和猶禦外侮也懿美也今天子不忍小忿以棄鄭親其若之何。庸勳親親暱近尊賢德之大者也。即聾從昧與頑用嚚姦之大者也。棄德從姦禍之大者也。鄭有平惠之勳。又有厲宣之親。棄嬖寵而用三良。於諸姬爲近。四德具矣。耳不聽五聲之和爲聾。目不別五色之章爲昧。心不則德義之經爲頑。口不道忠信之言爲嚚。狄皆則之。四姦具矣。庸用也庸勳用其有勳也親親親其兄弟也暱親也暱近親其鄰近於我者尊賢尊其有賢材者此四者皆德之大即聾就其耳聾者從昧從其目昧者與頑與其心頑者用嚚用其口嚚者此四者皆姦之大棄四者之德崇四者之姦是爲禍之大者也今周之於鄭平王東遷而以鄭爲依惠王出奔而鄭爲納之是其勳所當庸也鄭之始祖桓公者周厲王之子宣王之弟是其親所當親也七年鄭殺嬖臣申侯十六年殺寵子子華而用叔詹堵叔師叔三良爲政是其賢所當尊也諸姬姓國惟鄭去周甚近是近所當暱也鄭具四德故不可棄和和諧章文章經經常也則法也狄具四姦故不可從

周之有懿德也。猶曰莫如兄弟。故封建之。其懷柔天下也。猶懼有外侮。扞禦侮者莫如親親。故以親屛周。召穆公亦云。今周德既衰。於是乎又渝周召以從諸姦。無乃不可乎。民未忘禍。王又興之。其若文武何。總結上文言以周公之時其德懿美猶謂莫如兄弟故封建同姓爲諸侯懷柔天下之道重矣猶恐有外侮謂可以禦侮者莫如親親故以同姓諸侯爲屏蔽周公作之召公歌之故曰亦云今周德不及前時而所爲之事又變易周召親兄弟之法以從狄之姦此其不可者且予頹叔帶之禍未熄而今又召狄伐鄭以興此禍其如文武之天下社稷何哉王弗聽。使頹叔桃子出狄師。二子周大夫召狄出師以伐鄭○許翰氏曰鄭執王使是無王也王啓戎師是無中國也天下何恃不亂○夏。狄伐鄭。取櫟。王德狄人。將以其女爲后。櫟鄭邑

富辰諫曰。不可。臣聞之曰。報者倦矣。施者未厭。狄固貪惏。王又啓之。女德無極。婦怨無終。狄必爲患。王又弗聽。大凡報人之施者我力雖倦而彼責我之報者其心猶未厭足也狄人取財曰惏啓開道也無終猶言久也言婦女之志我有德於人則責望之深人有怨于已則懷恨之久若以狄女爲后必爲後日之患也初甘昭公有寵於惠后。惠后將立之。未及而卒。

昭公奔齊。王復之。又通於隗氏。王替隗氏。昭公王子帶也畀食邑惠后惠王之后子帶奔齊在十二年王召子帶歸周在二十二年隗氏襄王所立狄后替廢也頹叔桃子曰。我實使狄。狄其怨我。遂奉大叔。以狄師攻王。王御士將禦之。使狄謂使狄伐鄭及其女爲后大叔即畀昭公周禮王之御士十有二人掌王之燕令以親近王故欲爲王禦大叔之師王曰。先后其謂我何。寧使諸侯圖之。王遂出。及坎欿。國人納之。先后惠后也誅大叔恐違惠后意坎欿周地在今河南鞏縣境國人納之不聽王出秋。頹叔桃子奉大叔以狄師伐周。大敗周師。獲周公忌父。原伯毛伯富辰。王出適鄭。處于氾。大叔以隗氏居于温。原毛皆采邑氾鄭邑今河南襄城縣因襄王居此而名○愚按據此王之以狄伐鄭豈其心哉蓋頹叔桃子將爲子帶謀故㗖王爲之爾有如

以不聽請滑故則入滑事在二十年曷爲越四年始出狄師而比其出也又處于鄭之氾伐鄭而又依鄭有是理耶○附錄

鄭子華之弟子臧出奔宋好聚鷸冠鄭伯聞而惡之使盜誘之八月盜殺之于陳宋之間子臧出奔以十六年殺子華之故鷸翠鳥聚翠羽以爲冠非法之服鷸音聿君子曰服之不衷身之災也詩曰彼己之子不稱其服子臧之服不稱也夫詩曰自詒伊慼其子臧之謂矣夏書曰地平天成稱也衷中也謂制度不合宜詩曹風候人篇言無德之小人不稱其服又小雅雄雉篇詒遺慼憂也言自遺憂慼于其身夏書逸書地平其化天成其施言上下相稱也○陸粲氏曰聚鷸冠微過爾矧父與子乎而以是故推刃也不道孰甚焉今舍是而區區於服之不衷是譏末哉君子之見也地平天成之語於義尤迂而不屬疑是後儒所勦入者○附錄

宋及楚平宋成公如楚

還入於鄭。鄭伯將享之。問禮於皇武子。對曰。宋先代之後也。於周爲客。天子有事膰焉。有喪拜焉。豐厚可也。鄭伯從之。享宋公有加。禮也。皇武子鄭卿先代殷也周尊先代之子孫故以客禮待之天子有宗廟之事則賜之胙天子有喪宋若來弔則王拜而謝之天子尚尊敬之如此鄭享宋公不可不豐厚其禮也有加事事加厚也禮謂得尊先代之禮○冬。王使來告難。曰。不穀不德。得罪于母弟之寵子帶。鄙在鄭地氾。敢告叔父。王引咎自責故云得罪於母弟以子帶爲惠后所寵故云寵子帶鄙野處也魯與周同姓故稱叔父臧文仲對曰。天子蒙塵于外。敢不奔問官守。天子出奔謂之蒙塵不敢斥尊但云奔問官守謂羣臣也王使簡師父告于晉。使左鄢父告于秦。二子周大夫天子無出。書曰。天王出居于鄭。

辟母弟之難也。天子凶服降名禮也。凶服素服降名稱不穀得恐懼脩省之禮鄭伯與孔將鉏石甲父侯宣多省視官具于汜。而後聽其私政禮也。三子鄭大夫鄭伯與之省視官司令具器用送之於汜而後聽其私政得先君後已之禮鉏仕居反

○附錄衛人將伐邢。禮至曰不得其守國不可得也。我請昆弟仕焉。乃往得仕。衛自十九年伐邢病邢未已至今年又將伐邢禮至衛大夫守謂守臣以兄弟往邢求仕爲衛閒諜也杜預氏云爲明年伐邢傳

春秋左傳註評測義卷之十三終

春秋左傳註評測義卷之十四

明吳興後學淩稚隆輯著

僖公六

【經】丙戌二十有五年。春王正月。丙午。衛侯燬滅邢。○夏四月癸酉。衛侯燬卒。無傳○宋蕩伯姬來逆婦。無傳伯姬魯女宋大夫蕩氏妻也姑自來逆而公主大夫之昏皆非禮也兩譏之○宋殺其大夫。無傳大夫無罪故不稱○秋。楚人圍陳。納頓子于頓。○葬衛文公。無傳○冬。十有二月。癸亥。公會衛子莒慶盟于洮。洮魯地衛稱子喪未踰年也

【傳】二十五年。春。衛人伐邢。二禮從國子巡城。掖以赴

外。殺之。二禮卽禮至兄弟掖以赴外强持其臂投之城外也正月丙午。衛侯燬滅邢。同姓也。故名。衛邢同姬姓○愚按諸侯不生名衛侯書名左氏以爲滅同姓而胡傳因之則晉之滅虞滅虢亦同姓也以璧馬假道亦二禮之詐也而或名或否雖强爲之說終不得其義朱子云經文只隔夏四月癸酉一句便書衛侯燬卒恐因是而傳寫之誤亦未可知當從朱子禮至爲銘曰。余掖殺國子。莫余敢止。○呂祖謙氏曰衛禮至行險僥倖戕人而取之國恬不知恥反勒其功於銘以章示後世所謂遺臭萬年者也○附錄秦伯師于河上。將納王。狐偃言於晉侯曰。求諸侯莫如勤王。諸侯信之。且大義也。繼文之業。而信宣於諸侯。今爲可矣。時文公有圖霸之志故子犯言求諸侯之道莫如興納王之師非獨取信於諸侯亦天下之大義也昔晉文侯仇嘗爲平王匡輔王室如欲繼文侯之功業而使信義宣布於諸侯則今日納王是爲可矣使卜偃卜之。曰。吉遇黃帝戰于阪泉之兆。公曰。吾不堪也。對曰。周禮未改。今之王。古之帝也。文公猶以爲疑故參之以卜筮黃帝與神農之後姜氏戰于阪泉之野勝之今得其兆故以爲吉文公自謂已當之故言不堪卜偃言周德雖衰而其命未改今之周王即古之黃帝自足當此帝兆非爲晉也公曰筮之。筮之。遇大有䷍之睽䷥。曰。吉。遇公用享于天子之卦。戰克而王饗。吉孰大焉。且是卦也。天爲澤以當日。天子降心以逆公。不亦可乎。大有去睽而復。亦其所也乾下離上大有兌下離上睽蓋大有九三變而爲睽也遇公用享于天子之卦此爻辭也三爲三公而得位變而爲兌兌爲說得位而說故能爲王所宴享卜筮協合孰大于此且二卦之義不繫於一爻乾爲天兌爲澤乾變爲兌而上當離離爲日日之在天垂曜在澤是天子降其心志以逆公之象也豈有不可者乎又言去睽卦還論大有本卦則乾尊離卑而乾反居下亦有此象晉侯辭秦師而下。

三月甲辰。次于陽樊。右師圍溫。左師逆王。文公辭秦師使還而以晉師順流而下蓋欲自專納王之功也時叔帶以隗氏居溫故使右師圍之襄王居氾故使左師迎之

○愚按晉文興勤王之師歸天子而誅罪人功于是乎偉矣而惜乎其不以大義自裁而一準于筮卜爲也脫占而凶者庸遂已乎於是見周之衰而君臣之倫斁矣或者曰未必非左氏因其事而鑿爲之說

○附錄夏四月丁巳。王入于王城。取大叔于溫。殺之于隰城。隰周邑隰音習戊午。晉侯朝王。王饗醴。命之宥。請隧。弗許。曰。王章也。未有代德而有二王。亦叔父之所惡也。與之陽樊。溫。原。欑茅之田。晉於是始啓南陽。宥助也王德晉除大叔既行享禮復設醴禮又加以幣帛以助歡闕地通路曰隧諸侯之葬懸柩而下晉文請隧欲擬於

王者襄王言葬禮之有隧所以表帝王若與諸侯異物也今周德雖衰天下未有代周之德者而晉欲僭用王者之禮是有二王矣不惟諸侯之所惡亦晉侯之所惡也遂與四邑以塞其請隧之意啓開也開闢其疆土也四邑在晉山南河北故曰南陽今河南脩武縣有南陽城

陽樊不服。圍之。倉葛呼曰。德以柔中國。刑以威四夷。宜吾不敢服也。此誰非王之親姻。其俘之也。乃出其民。

倉葛陽樊人言中國有禮義當以德而柔之夷狄無廉恥故以刑而威之今我乃中國也而以待夷狄者待我故不敢服且凡居此地者孰非王之親戚姻婭若何執拘之以爲俘囚也文公乃遂出其民而取其地

○秋。秦晉伐鄀。楚鬭克屈禦寇。以申息之師戍商密。秦人過析。隈入而係輿人。以圍商密。昏而傳焉。宵坎血加書。僞與子儀子邊盟者。商密人懼曰。秦取析矣。戍人反矣。乃降秦師。秦師囚申公子儀息公子邊以歸。鄀小國本在商密秦楚界上其後遷于南郡今湖廣上津縣鬭克申公子儀也屈禦寇息公子邊也因秦晉伐鄀戍以衛之析楚邑近商密今爲河南内鄉縣隈隱蔽之地二子戍商密實屯兵於析以爲之援秦以師過析不攻而往其隈處以計繫縛其輿人詐爲克析所得之囚至昬而傳其城下使商密不知因非析人復夜闕地爲坎以埋盟之餘血加盟書其上僞若已與二子結盟者商密人見縛囚疑秦已取析見盟徵疑二子已與衆叛商密旣降析戍亦敗於是秦囚二子〖隈〗烏回反〖係〗音計〖傳〗音附 楚令尹子玉追秦師。弗及。遂圍陳。納頓子于頓。頓迫于陳而出奔楚二十三年楚伐陳城頓以偪陳至是納頓子不言晉者秦爲兵主也〇附錄 冬。晉侯圍原。命三日之糧。原不降。命去之。諜出。曰。原將降矣。軍吏曰。請待之。公曰。信國之寶也。民之所庇也。得原失信。何以庇之。所亡滋多。退一舍而原降。遷原伯貫于冀。趙衰爲原大夫。狐溱爲溫大夫。原亦如陽楚之不服故圍原去解圍也諜問也出自原出也失信失三日降原之命伯貫周守原大夫狐溱狐毛之子○衛人平莒于我。十二月。盟于洮。脩衛文公之好。且及莒平也。莒以元年鄆之役怨衛文公將爲平之未及而卒成公追成父志特爲此盟故云脩衛文公之好○附錄晉侯問原守於寺人勃鞮。對曰。昔趙衰以壺飧從。徑餒而弗食。故使處原。勃鞮披也從從亡舊注徑行也於徑字句傳遜氏云從卽亡矣何用徑乎當從字句徑餒迹中饑也杜預氏云言其廉且仁不忘君也鞮丁分反○柳宗元氏曰守原政之大者也所以承天子樹覇功致命諸侯不宜謀及媟近以忝王命雖或衰之賢足以守國之政不爲敗而賊賢失政之端由是滋矣況當其時不乏言議之臣乎○眞德秀氏曰衰賢者也舉而得賢則寺人亦賢也後之議者猶以爲譏

蓋中臣之職承奉左右從容納忠可也而荐引人才則非其職矣

經　丁亥　二十有六年。衛成公元年　春王正月己未。公會莒子。衛甯速盟于向。向國莒滅而邑之甯速衛大夫莊子也　○齊人侵我西鄙。公追齊師至酅。弗及。酅齊地書侵罪齊也　○夏。齊人伐我北鄙。○衛人伐齊。公子遂如楚乞師。公子遂魯卿乞者執謙之意　○秋。楚人滅夔。以夔子歸。夔芊姓國今湖廣歸州有故夔子城楚滅同姓故書人夔無罪見滅故存其爵而不名　○冬。楚人伐宋。圍緡。緡宋邑　○公以楚師伐齊。取穀。穀齊邑　公至自伐齊。無傳

傳　二十六年。春王正月。公會莒茲丕公甯莊子。盟于向。尋洮之盟也。茲丕公莒君莒夷無謚以號爲稱前年洮之會衛欲平魯莒之怨而莒子

不親至故復爲此盟○齊師侵我西鄙。討是二盟也。二盟洮向之盟齊孝公欲繼爲霸主怒魯私自爲盟故伐之○夏齊孝公伐我北鄙。衞人伐齊。洮之盟故也。衞與魯爲洮之盟故伐齊以救魯○吳澂氏曰洮向二盟雖瀆齊何與焉而連與侵伐之師非義甚矣其致衞之伐與魯之伐皆自取之也公使展喜犒師。使受命于展禽。齊侯未入竟。展喜從之。曰。寡君聞君親舉玉趾。將辱於敝邑。使下臣犒執事。展喜魯大夫犒餉也師齊師命辭命展禽名獲食采於柳下邑謚曰惠公使展喜受其辭命於展禽以與齊侯應答趾足也不敢斥尊者故托言犒執事齊侯曰。魯人恐乎。對曰。小人恐矣。君子則否。齊侯曰。室如縣罄。野無青草。何恃而不恐。罄國語作磬言府藏空虛但有榱棟如縣磬也野無青草謂無蔬菜之物計其時必有旱荒故云縣音玄對曰。恃先王之命。昔周公大公股肱周室。夾輔成王。成王勞之。而賜之盟曰。世世子孫無相害也。載在盟府。大師職之。桓公是以糾合諸侯而謀其不協。彌縫其闕而匡救其災。昭舊職也。及君即位。諸侯之望曰。其率桓之功。我敝邑用不敢保聚。曰。豈其嗣世九年而棄命廢職。其若先君何。君必不然。恃此以不恐。周公魯祖大公齊祖世世子孫無相害此盟誓之辭載在盟書而藏于司盟之府周之大師主之爾桓公承齊之緒是以糾率諸侯有不和協者相與圖謀之有闕失者相與彌縫之有災患者相與匡救之所以若是者以欲昭顯大公之有舊職也及君即位諸侯皆仰望于齊曰庶幾其能循桓公之功我魯人用此不復聚衆保守曰齊孝公豈其嗣世方及九年而肯棄先王之命廢大公之職將如先君桓公何以此知齊君必不棄命廢職魯之君子恃此所以無恐也○孫應鰲氏曰恃先王之命一言孝公豈能上倍其親遠遠其祖齊侯乃還。○東門襄仲。臧文仲。如楚乞師。臧孫見子玉。而道之伐齊宋。以其不臣也。襄仲卽公子遂居東門故以爲氏臧孫卽文仲言其不臣于周可以是責之〔道〕音導○金履祥氏曰魯人知邾下惠之賢而不能用齊師壓境始使展喜受命焉如其言果退齊師矣而魯乞師於楚是以先王之命退齊而又自犯先王之命也○夔子不祀祝融。與鬻熊。楚人讓之。祝融高辛氏之火正楚之遠祖也鬻熊祝融之後夔楚之別封亦世紹其祀〔鬻〕音育對曰。我先王熊摯有疾。鬼神弗赦。而自竄于夔。吾是以失楚。又何祀焉。熊摯楚嫡子有惡疾不得嗣位故云鬼神弗赦其後別封夔子故云自逃竄于夔〔摯〕音至○呂祖謙氏曰夔子之答楚問正也其激怒而見滅者以氣之忿而奪言之正也秋。楚成得臣。鬭宜申。帥師滅夔。以夔子歸。成得臣令尹子玉也鬬宜申司馬子西也○宋以其善於晉侯也。叛楚即晉。二十四年宋已朝楚爲平至是自以重耳出時有贈馬之德故叛楚而即晉冬。楚令尹子玉司馬子西帥師伐宋圍緡。討其從晉也○公以楚師伐齊。取穀。凡師能左右之曰以。寘桓公子雍於穀。易牙奉之以爲魯援。楚申公叔侯戍之。桓公之子七人爲七大夫於楚。左右謂進退在已此釋經書以字之例雍本與孝公爭立故使居穀以逼齊桓公諸子皆奔楚爲大夫明孝公不能撫公族也杜預氏云爲二十八年楚子使申叔去穀張本

經戊子二十有七年春。杞子來朝。○夏六月庚寅。齊侯昭卒。○秋八月乙未。葬齊孝公。無傳○乙巳。公子遂帥師入杞。○冬。楚人陳侯蔡侯鄭伯許男圍宋。楚乇兵故書諸

矦之上家鉉翁氏云人楚子而爵諸矦不與○十有
楚子以主諸夏之盟亦以正諸矦從夷之罪

二月甲戌公會諸矦盟于宋○無傳諸矦卽上圍宋諸矦前年公乞師於楚始與通好故自往會之非後期也

傳二十七年春杞桓公來朝用夷禮故曰子公卑杞杞不共也○杞先伐之後而迫于東夷二十三年經書杞子卒傳言其夷也今復用夷禮來朝故貶其爵○夏齊孝公卒有齊怨不廢喪紀禮也○喪紀者喪事之總各前年齊再伐魯與魯有怨而弔贈之禮不廢得交隣之禮也○秋入杞責無禮也○責其來朝不共○愚按杞最小國其所操玉帛不能以矦伯禮見而以子禮見魯以是爲不共而責之非責其用夷禮也噫來朝以庇社稷也魯豈能庇杞者若之何反以儀文故輙興問罪之師杞寧心服哉魯於是失人心矣○楚子將圍宋使子文治兵於睽終朝而

畢。不戮一人。子玉復治兵於蔿。終日而畢。鞭七人。貫三人耳。楚前伐宋猶不服將復圍之治兵習號令也子文時不爲令尹故曰使子文不戮一人欲以委重子玉子玉時爲令尹故曰復治兵睽蔿皆楚邑貫耳以矢穿其耳或謂耳爲助語謬國老皆賀子文。子文飲之酒。蔿賈尚幼。後至。不賀。子文問之。對曰。不知所賀。子之傳政於子玉。曰。以靖國也。靖諸內而敗諸外。所獲幾何。子玉之敗。子之舉也。舉以敗國。將何賀焉。子玉剛而無禮。不可以治民。過三百乘。其不能以入矣。苟入而賀。何後之有。王制云有虞氏養國老於上庠蓋國之卿大夫致仕者皆賀子文以其所舉得人蓋謂子文畧而子玉詳也蔿賈字伯嬴孫叔敖父前子文使子玉爲令尹而曰以靖國也故蔿賈述其言以非之以爲子玉一時雖獲安靖於內而異日驕功生事必致喪敗於外卽有所得不足補其所喪是子舉子玉以敗國事爾又何賀焉蓋子玉之短在于恃其剛强而無禮節不可使之治民若使所將兵車過於三百乘則力小任重必至喪師亡身不能復入楚國矣苟能戰勝復入而後舉其賀典亦未爲後時也總之言子玉必不勝其任

冬。楚子及諸侯圍宋。宋公孫固如晉告急。公孫固卽二十二年大司馬固也宋服晉而楚圍之故告之於晉

先軫曰。報施救患。取威定霸。於是乎在矣。先軫晉下軍之佐原軫也言報宋贈馬之施救宋受圍之急取威重於諸侯定霸業於晉國皆在救宋之一舉○孫應鰲氏曰齊桓既沒楚蓋憑陵中國宋襄思圖之又以敗衂故晉文特起救宋之志欲制强楚曹衛背華附夷卽侵伐之然晉文實在於救宋服楚不在於侵曹伐衛

狐偃曰。楚始得曹而新昏於衛。若伐曹衛。楚必救之。則齊宋免矣。前年楚使申叔戍穀以偪齊今年楚圍宋若加兵曹衛楚愛曹衛必往救之則齊宋圍緡戍谷之事自解

矣於是乎蒐于被廬作三軍謀元帥蒐治兵也被廬晉地閔公元年晉獻公作二軍至是復大國之制爲三軍元帥中軍帥也趙衰曰郤縠可臣亟聞其言矣說禮樂而敦詩書詩書義之府也禮樂德之則也德義利之本也夏書曰賦納以言明試以功車服以庸君其試之府聚則法也衰言郤縠所喜說者禮樂之事所敦崇者詩書之文詩以美刺善惡爲義書以紀述政事爲義乃義之聚也禮以節民心爲德樂以和民情爲德乃德之法也有德有義乃利國利民之本也虞書益稷篇蓋孔子未定書之前爲夏書也賦猶取也庸用也言舜之舉賢始則取納於言而觀其志既則明試以功而考其事果有言有功矣然後錫之車服以刑之○王世貞氏曰成季佐晉他謀策未離春秋人物其薦郤縠毋論管鮑遠可與岳牧同風乃使郤縠將中軍郤溱佐之使狐偃將上軍讓於狐毛而佐之命

趙衰爲卿。讓於欒枝先軫。使欒枝將下軍先軫佐之。荀林父御戎。魏犨爲右。狐毛狐偃之兄欒枝諡貞子欒賓之孫荀林父諡桓子魏犨諡武子御戎戎車之御右車右晉侯始入而教其民。二年。欲用之。子犯曰。民未知義。未安其居。於是乎出定襄王。入務利民。民懷生矣。文公以二十四年入晉有圖霸之志乃教其民二年遂欲用之義者尊君親上之謂子犯言民無義則苟生而不安其居於是二十五年納襄王以示事君之義入國而務爲利民之事民皆懷生安居知生之可樂矣將用之。子犯曰。民未知信。未宣其用。於是乎伐原以示之信。民易資者不求豐焉。明徵其辭。宣明徵定也不二價也子犯言民無信則不明其所以爲用而交許以相傾於是二十五年伐原退一舍以示之信自後民之貨物相易者不敢求多而自重其言矣公曰。可矣乎。子犯曰。民未知禮。未生其共。於是大蒐以示之禮。作執秩以正其官。禮者少長貴賤之謂共恭敬也執秩主爵秩之官子犯言民無禮則恭敬之心不生於是今年春大蒐於被廬以順少長明貴賤於是新設執秩之官以辨羣臣之等民聽不惑而後用之。出穀戍。釋宋圍。一戰而霸。文之教也。民既知義知信知禮則聽上之命而不疑惑然後用以圖霸業如明年楚子使申叔去穀出穀戍也又使子玉去宋釋宋圍也明年又與楚戰于城濮一戰而霸由晉侯以文德教民而非專兢武力故也○金履祥氏曰晉文公勤王以示義伐原以示信大蒐以示禮所謂五霸假之也然霸圖猶有此後世併此無之矣晉文之霸子犯先軫之謀居多先軫報施救患取威定霸之說已不如管仲三不可之言惟子犯詩書義之府禮樂德之則其言爲精而又曰德義利之本則皆霸佐之心矣夫有恩則有怨救宋固報施也至于分曹國衛報怨亦已甚矣稱舍於墓一譎分曹畀宋一譎私許復曹衛一譎執宛春又一譎退旆曳柴又一譎晉文公譎而不正于此一役亟見之在軍則殺顛頡祁瞞師入則殺舟之僑此軍法所以伸戰所以勝國人所以畏文公覇業於是乎備見矣○孫應鰲氏曰布經陳獻施舍有序然晉文之欲速亟功于是見之

春秋左傳註評測義卷之十四終

春秋左傳註評測義卷之十五

明吳興後學凌稚隆輯著

僖公七

【經】己丑二十有八年。齊昭公元年春。晉侯侵曹。晉侯伐衛。此晉文公圖霸之始再書晉侯或者經文自是兩章各舉其事不相連屬傳寫多誤作一章書之爾先儒以爲譏復怨者非也○公子買戍衛。不卒戍。刺之。公子買魯大夫內殺大夫皆書刺不卒戍乃欺楚之辭史實其誣而罪自見矣楚人救衛。○三月丙午。晉侯入曹。執曹伯。畀宋人。畀與也○張洽氏曰自晉人侵曹至此春秋著文公致楚與戰之由胡氏節節爲之論非也○夏四月己巳。晉侯齊師宋師秦師及楚人。戰于城濮。楚師敗績。城濮當在鄄兆之間曹衛界上地晉獨書爵與晉以覇也楚稱人貶之也陳蔡不書以其從楚也敗稱楚師者盡其大衆皆敗也○姜寶氏曰直書城濮戰勝以至踐土會朝河陽會朝皆紀晉文攘夷尊王盛事與齊桓伐楚召陵首止葵丘會盟同○楚殺其大夫得臣。楚子少與得臣之師以取敗亡故雖稱國以殺而不去其大夫明非正刑也○衛侯出奔楚。○五月。癸丑。公會晉侯。齊侯。宋公。蔡侯。鄭伯。衛子。莒子。盟于踐土。踐土鄭地今河南滎澤縣西北有踐土臺王子虎臨盟不同歃故不書衛侯出奔叔武攝位以受盟稱子從未成君之禮也○陳侯如會。無傳○公朝于王所。無傳先書盟後書朝春秋不以天子與斯盟之辭王去踐土非京師故云王所○六月。衛侯鄭自楚復歸于衛。復其位曰復歸衛元咺出奔晉。元咺衛大夫杜預氏云雖爲叔武訟訴失君臣之節故無賢文○陳侯款卒。無傳○秋杞伯姬來。無傳歸寧也○公子遂如齊。無傳聘也○

冬。公會晉侯齊侯宋公蔡侯鄭伯陳子莒子邾子秦人于溫。○天王狩于河陽。河陽即溫今河南孟縣有河陽城以其在河之北故云河陽以大天子也○吳澂氏曰踐土是天王自來故沒而不書存君體也會溫則晉實召王故書天王自狩存臣禮也○姜寳氏曰當時晉以許不會踐土欲討許衛侯爲元咺所訟欲討衛又以溫爲王所賜地會諸侯於此以謀討貳而即欲王至其地一籍寵靈焉自嫌强大不敢入京師之意晉容有之自以地小力薄不足以待諸侯因晉侯之請有出而就之之意王亦容有之此春秋所取也故書諸侯會溫天王狩于河陽公朝王所若諸侯自相爲會王適以狩而至至而諸侯因相與朝王云爾如此則王與諸侯兩無嫌兩皆可取之辭也壬申。公朝于王所。壬申不書月上文冬字之下有闕文○晉人執衛侯。歸之于京師。受臣之訴以執其君不可以爲訓故不稱晉侯衛元咺自晉復歸于衛。自晉者因其力也○諸侯遂圍許。會溫諸侯也遂

繼事之辭 曹伯襄復歸于曹。遂會諸侯圍許。

【傳】二十八年春。晉侯將伐曹。假道于衛。衛人弗許。還自南河濟。侵曹。伐衛。正月戊申。取五鹿。伐曹從狐偃之言晉自絳由潞澤至衛曹越在衛南故假道于衛既而從汲縣南渡出衛南而東侵因回軍伐衛取其邑五鹿二月。晉郤縠卒。原軫將中軍。胥臣佐下軍。上德也。原軫郤先軫以下軍佐超將中軍以其有賢德而尊上之胥臣卽司空季子晉侯齊侯盟于斂盂。衛侯請盟。晉人弗許。衛侯欲與楚。國人不欲。故出其君以說于晉。衛侯出居于襄牛。齊侯以穀戍之迫故從晉求援斂盂衛地衛侯請受盟于晉晉侯怨其不禮又不假道故不許衛盟與楚與通好也說解說也襄牛衛地〔盂音于〕〔說〕如字○姜寶氏曰攄當時觀洛與塊晉文於曹衛雖有怨然其所以侵曹伐衛則自爲破楚之黨與

以屈楚而成霸耳即知齊桓之伐楚而侵蔡也豈專爲楚姬蕩舟之故哉故知胡氏譏復仇之説未盡

○公子買戍衛楚人救衛不克公懼於晉殺子叢以説焉謂楚人曰不卒戍也子買即子叢衛楚之昏姻晉伐衛魯欲與楚故使子買戍衛以拒晉既而楚人果如狐偃之計救衛不克魯見晉强懼討召子叢而殺之以自解説於晉飾詞以誑楚曰子叢不終戍事而歸是以殺之殺子叢在楚救衛下經在上者救衛赴後至也説如字○

晉侯圍曹門焉多死曹人尸諸城上晉侯患之聽輿人之謀曰稱舍於墓師遷焉曹人兇懼爲其所得者棺而出之因其兇也而攻之三月丙午入曹數之以其不用僖負羈而乘軒者三百人也且曰獻狀令無入僖負羈之宮而免其族報施也晉既致楚救衛復舍衛而圍曹攻曹

城門晉師多傷死者曹人陳其尸于城上晉侯患其
搖動軍心故聽衆人之計揚言師止于曹墓將發其
塚因遂移師焉曹人不勝兇兇恐懼凡晉人為其所
得者悉棺歛其尸而出之於門外蓋欲加禮於晉師
以免發塚之禍也于是晉師乘其兇懼而攻之軒大
夫車言曹棄賢濫爵故令乘軒者各獻其在位之功
狀詩所謂三百赤芾是也
官猶室也施施飡璧之施

魏犫顛頡怒曰。勞之不圖。報於何有。爇僖負羈氏。魏犫傷於胷。公欲殺之。而愛其材。使問且視之。病將殺之。魏犫束胷見使者曰。以君之靈。不有寧也。距躍三百。曲踊三百。乃舍之。殺顛頡以徇于師。立舟之僑以為戎右。

二子各有從亡之
勞故言勞苦之大
公尚不為圖謀此小惠何足以報恨公忘已而念彼
也爇燒也公欲討其違命之罪而殺之愛其有才力
使人責讓其事且視其傷束胷束縛其胷之創也不
有寧不敢以病故自安寧也距躍超越也謂距地向

前超躍越物而過凡三次勉勵而爲之曲踴跳踊也謂向上跳而折腹下亦三次勉勵而爲之百猶勵也一說百猶阡陌之陌距躍直跳也曲踴橫跳也舟之僑故虢臣閔二年奔晉文公以魏犫才故赦其罪而黜其職以舟之僑代之百音陌

宋人使門尹般如晉師告急。公曰。宋人告急。舍之則絕。告楚不許。我欲戰矣。齊秦未可。若之何。門尹般宋大夫楚人猶未解圍告急于晉文公謂舍而不救則宋與我絕告楚釋圍楚必不許則我欲與楚師戰矣而齊秦又未肯助我今何以得齊秦并力而與我戰楚也般音斑

先軫曰。使宋舍我而賂齊秦。藉之告楚。我執曹君。而分曹衛之田以賜宋人。楚愛曹衛。必不許也。喜賂怒頑。能無戰乎。先軫設計以爲今當使宋舍我晉而納賂於齊秦假借齊秦使告于楚請解宋圍我則執曹之君而以曹衛之田與宋彼曹衛乃楚之所愛者楚見宋得二國之田必不許齊秦之請如此則齊秦喜得

宋賂而怒楚之頑而不許也齊秦必將自與楚爭戰矣不言執衛侯衛侯已出故也公說。執曹伯。分曹衛之田。以畀宋人。盡如先軫之計○吳澂氏曰晉之用師於曹衛也實欲致楚而與之戰先以假道而啓衛之釁衛既不許則還師自南河濟畧侵曹境不深治曹也移師伐衛責其不假道之罪衛服罪請盟而猶不許以致其君出避魯戍逆還則楚不得不救衛矣楚既救衛猶恐其人衆先歸則又移師臨曹入其國而執其君又以曹君畀受圍之宋多方以激楚之怒則楚不得不與晉戰矣楚子入居于申。使申叔去穀。使子玉去宋。曰。無從晉師。晉侯在外十九年矣。而果得晉國。險阻艱難備嘗之矣。民之情僞。盡知之矣。天假之年。而除其害。天之所置。其可廢乎。軍志曰。允當則歸。又曰。知難而退。又曰。有德不可敵。此三志者。晉之謂矣申在方城故云入二十六年中叔戌穀今使徹戌而去二十七年楚圍宋今使徹圍而去晉文公以僖五年奔狄至二十四年歸晉凡在外十九年備嘗艱阻則志慮愈堅情僞盡知則見識愈明獻公之子九人惟文公在是天假年也惠懷呂郤俱滅是除其害也軍志兵書也信也當謂彼此相當其曰允當則歸者蓋謂齊秦既爲宋請則赦宋而歸可謂允當也其曰知難而退者蓋謂晉强難勝可以退也其曰有德不可敵者蓋謂晉侯備嘗艱難盡知情僞爲有德不可與之敵也此楚子引言三志之意也

子玉使伯棼請戰。曰。非敢必有功也。願以閒執讒慝之口。王怒。少與之師。唯西廣東宮與若敖之六卒實從之。伯棼鬬伯比之孫越椒也閒執塞止也蔿賈嘗言子玉過三百乘不能以入故欲決于一戰以止塞之楚有左右廣西廣卽右廣也楚大子有宮甲故云東宮若敖子玉之祖周禮制軍凡百人爲卒六卒子玉宗人之兵六百也蓋楚子在申遣此兵以就前圍宋之衆從子玉而戰也○愚按楚子三引軍志以料晉不可敵不可謂不明矣既而子玉不勝私忿固請一戰楚子業嘗怒其不可則曷不更命之反而乃少與之師竊念以若所料即悉師以赴猶懼不免而顧以少擊衆是欲自敗其師也抑又何昧耶城濮之戰吾於子玉乎不足深誅矣

子玉使宛春告於晉師曰請復衛侯而封曹臣亦釋宋之圍宛春楚大夫時衛成公未出竟故云請復衛曹伯見執已失位故云封曹子玉爲此言以要晉也子犯曰子玉無禮哉君取一臣取二不可失矣無禮謂無君臣之禮君指楚子以釋宋圍爲晉之惠臣指子玉以復衛封曹爲已功不可失言可伐也先軫曰子與之定人之謂禮楚一言而定三國我一言而亡之我則無禮何以戰乎不許楚言是棄宋也救而棄之謂諸侯何楚有三施我有三怨怨讎已多將何以戰不如私許復曹衛以攜之執宛春以怒楚既

戰而後圖之。輿猶許也先軫以子犯之言爲未當故云女且許之定安也言安定人國謂之禮子王以一言而復衛封曹釋宋是楚能定人三國不可謂無禮而我不許楚則晉無曹衛楚必亡宋是我以一言而亡人三國則我無禮矣以無禮敵有禮何以爲取勝之道也且楚言復曹衛而我不許是我棄宋也本以救宋而反棄之諸侯其謂我何三施指上定三國三怨指上亡三國不如以下是先軫畫策攜離也言不如私許復曹衛使告絕于楚以離其黨執子玉之使以激其怒以竢既與之戰而後定計以救宋可也○陸粲氏曰原軫言定人之謂禮似也則未知私許復曹衛與執宛春也者禮歟能爲善言而以詐詭終之曾不如子犯之語之猶近實也

公說。乃拘宛春於衛。且私許復曹衛。曹衛告絕於楚。子玉怒。從晉師。從晉師求戰也果如先軫之言

晉師退。軍吏曰。以君辟臣。辱也。且楚師老矣。何故退。子犯曰。師直爲壯。曲爲老。豈在久乎。微楚之惠不

及此。退三舍辟之。所以報也。背惠食言。以亢其讐。我曲楚直。其衆素飽。不可謂老。我退而楚還。我將何求。若其不還。君退臣犯。曲在彼矣。退三舍。以晉文而辟子玉故云君辟臣晉文過楚楚子享之且送諸秦故云微楚之惠不及此初晉文公云晉楚遇于中原其辟君三舍故今以退三舍為報食言者言而不行如食之消散也亢猶當也言背楚之惠而自食其報楚之言以當楚人之讐怨則是晉之理曲而楚之理直楚之直氣亢飽有素不可謂老也我退舍而楚兵亦歸我復何求於楚若我退舍而楚兵不歸是晉君退辟而楚臣乃不相遜如此則直在晉而曲在楚矣楚衆欲止。子玉不可。子玉獨欲戰所謂君退臣犯也○呂祖謙氏曰晉文加兵曹衛以激楚許復二國以携楚又拘子玉之使以怒楚三舍辟之示怯以誘楚其詭計如此孔子斷之曰譎豈不信哉夏四月。戊辰。晉侯。宋公。齊國歸父。崔夭。秦小子憖。次于城濮。楚師背酅而舍。晉侯患之。聽輿人之誦曰。原田每每。舍其舊而新是謀。公疑焉。子犯曰。戰也。戰而捷。必得諸侯。若其不捷。表裏山河。必無害也。國歸父崔夭齊大夫小子慭秦穆公子酅丘陵險阻之名楚兵舍於其處恃有據也文公恐衆畏險故聽其歌誦以觀其意高平曰原言原田之草每每然而美盛喻晉士卒之多而盛宜舍其舊惠而謀立新功也文公以衆不直已爲疑故子犯究勝負之數以決之表表裏山河者言晉國外河而內山猶可自守人不能害也【夭】上聲【慭】魚覲反【酅】音奚【每】音梅公曰。若楚惠何。欒貞子曰。漢陽諸姬。楚實盡之。思小惠而忘大耻。不如戰也。貞子欒枝也水北曰陽文公猶懷楚惠故貞子言姬姓諸侯在漢水之北者楚實盡滅之若思其贈遺之小惠而忘其并滅同姓之大耻非計之得也晉侯夢與楚子搏。楚子伏已而盬其腦。是以懼。

子犯曰。吉。我得天。楚伏其罪。吾且柔之矣。盬與周易幹蠱之蠱同蓋蠱之害物者文公夢與楚子以手相搏楚子伏於文公之上以手捧持其腦而撲碎之文公以巳在楚子之下爲懼子犯察見事機故權解爲吉謂晉侯向上爲得天楚子向地爲伏罪腦所以柔物者而楚子碎晉侯之腦則是我能柔之也據考工記注云腦得和眗煦之氣故柔舊注盬唼也〔盬〕音古子玉使鬭勃請戰。曰。請與君之士戲。君馮軾而觀之。得臣與寓目焉。鬭勃楚大夫子上也前伯棼請戰請於楚也令鬭勃請戰請於晉也軾車前橫木寓寄也子玉以戰爲戲馮軾寓目皆輕敵之意也〔馮〕音憑〔與〕音預晉侯使欒枝對曰。寡君聞命矣。楚君之惠。未之敢忘。是以在此。爲大夫退。其敢當君乎。既不獲命矣。敢煩大夫。謂二三子。戒爾車乘。敬爾君事。詰朝將見。在此言遲回於此而未敢決戰也大夫指子玉退謂退三舍君亦指子玉當猶敵也謙言不敢與君相敵也不獲命謂不得楚止師之命敢煩大夫又指鬬勃言二三子謂子玉子西之屬詰朝平旦也晉車七百乘。韅靷鞅靽。晉侯登有莘之虛以觀師。曰。少長有禮。其可用也。遂伐其木以益其兵。己巳。晉師陳于莘北。胥臣以下軍之佐當陳蔡。每乘甲士三人步卒七十二人共五萬二千五百人皮在背曰韅在胸曰靷在腹曰鞅在後曰靽言駕乘脩備也有莘故國名少長猶言大小伐木以益攻戰之具下文所曳柴亦是也莘北即城濮（韅羊晉反）（靷以及反）（鞅倚兩反）（靽音半）○傳遜氏曰觀子玉請戰之詞與欒枝之對晉侯之觀兵勝負已別子玉以若敖之六卒將中軍。曰。今日必無晉矣。子西將左。子上將右。子玉自誇其強故云今日必無晉子西鬭宜申也子上鬭勃也胥臣蒙馬以虎皮。先犯陳蔡。陳蔡奔。楚右師潰。子玉既輕晉而晉尤

多設譎計以圖決戰胥臣乃以虎皮蒙馬欲使馬見而懼陳蔡屬楚右師故子上所將右師亦懼而潰

狐毛設二旆而退之。欒枝使輿曳柴而僞遁。楚師馳之。原軫郤溱以中軍公族橫擊之。狐毛狐偃以上軍夾攻子西。楚左師潰。楚師敗績。狐毛將上軍設二大旗而退使若大將稍郤欒枝將下軍使衆曳柴揚塵詐爲衆走楚師見二旆先退曳柴塵起以爲晉師已走故馳而逐之公族公所率之軍

子玉收其卒而止。故不敗。子玉見左右軍皆敗收其卒而止故中軍獨不敗

晉師三日館穀。及癸酉而還。館舍也食楚軍穀三日○孫明復曰告者齊威既沒楚人復張猖狂不道欲宗諸侯與宋並爭會盂戰泓以窘宋者數矣今又圍之踰年天下諸侯莫有能與抗者晉文奮起春征曹衛夏服強楚討逆誅亂以紹威烈自是楚人屏迹不犯中國者十五年此攘夷狄救中國之功可謂不旋踵而建矣○

甲午。至于衡雍。作王

宮于踐土。衡雍鄭地今河南滎澤縣有衡雍故城襄王聞晉戰勝欲自往勞之故晉爲作行宮

鄉役之三月鄭伯如楚致其師。爲楚師既敗而懼使子人九行成于晉晉欒枝入盟鄭伯五月丙午晉侯及鄭伯盟于衡雍。鄉猶曏也城濮役之前三月致鄭國之師許以佐楚子人氏九名行成求服也丁未獻楚俘于王駟介百乘徒兵千鄭伯傅王。用平禮也已酉王享醴命晉侯宥王命尹氏及王子虎內史叔興父策命晉侯爲侯伯賜之大輅之服戎輅之服彤弓一彤矢百玈弓矢千秬鬯一卣虎賁三百人曰王謂叔父敬服王命以綏四國糾逖王慝以敵王愾故獻俘駟介四馬被甲也徒兵步卒也傅相也以周平王享晉文侯仇之禮享晉侯故云用平禮侑

助也王設享禮置醴酒命之束帛以助其歡尹氏王子虎皆周卿士叔興父周大夫周禮九命作伯王嘉晉文之功使三官以策書命晉侯為伯以龍晉也大輅金輅祭祀所乘戎輅戎車兵事所乘彤赤弓玈黑弓賜之弓矢使得專征伐也秬黑黍鬯香草卣器名蓋以香草釀黑黍為酒而實之於卣用以降神也周禮虎賁氏以虎士八百人先後於王而趨令賜晉侯以三百人逖遠慝惡也言有惡於王者當糾治而使遠于王也〔玈〕音盧〔卣〕音酉〔賁〕音奔〔逖〕音惕○孫應鰲氏曰晉文攘楚不朝于京師獻楚俘以警衆乃坐使天子下臨主盟進位侯伯後世胥天子以取九錫者將籍口於是

晉侯三辭。從命。曰。重耳敢再拜稽首。奉揚天子之丕顯休命。受策以出。出入三覲。奉揚奉承于已而揚顯于外也丕大休美也出出入猶去來也覲覲君也未受命則三辭已受命則三覲禮當如此也

衛侯聞楚師敗。懼。出奔楚。遂適陳。使元咺奉叔武以受盟。癸亥。王子虎盟諸侯于王庭。元咺

衛大夫叔武衛侯弟奉使攝君事也王庭踐土王宮之庭要言曰皆獎王室無相害也有渝此盟明神殛之俾隊其師無克祚國及而玄孫無有老幼獎助渝變殛誅隊殞也克能也言無能世祚其國家自玄孫而下無問老少皆受變盟之禍君子謂是盟也信謂晉於是役也能以德攻君子謂踐土之盟合于信義城濮之役能以文德教民而後用之○初楚子玉自爲瓊弁玉纓未之服也先戰夢河神謂己曰畀余余賜女孟諸之麋弗致也大心與子西使榮黃諫弗聽榮季曰死而利國猶或爲之況瓊玉乎是糞土也而可以濟師將何愛焉弗聽出告二子曰非神敗令尹令尹其不勤民實自敗也弁皮弁纓所以結于頷下而垂者以瓊玉爲之飾也

先戰未戰之先畀與也孟諸宋藪澤名水草之交曰麋神意謂子以弁纓與我我能賜女地利助女戰勝子玉弗致弁纓於河大心子玉子子西子玉族子玉剛復故因榮黃而諫使以弁纓投于河神榮季榮黃字從神之所求則國人必以爲陰得神助用命爭先故云可以濟師弗聽禱神而榮季以爲不勤民者蓋禱神雖無預于戰而亦足以繫屬乎民心今子玉愛惜此物不爲民禱神是無勤民之心也○陸粲氏曰楚俗信鬼故有是說而左氏又特好怪於是乎後言之以神其事亦不足辨也已

既敗王使謂之曰大夫若入其若申息之老何子西孫伯曰得臣將死二臣止之曰君其將以爲戮及連穀而死王言申息二邑子弟皆從子玉而死何以見其父老孫伯大心字二子答言得臣將自殺二臣止之欲令來就君戮及子玉反至連穀而楚王無赦命故自殺

晉侯聞之而後喜可知也曰莫余毒也已蔿呂臣實爲令尹奉己而已不在民矣

晉侯喜見於顏色言子王既死莫有爲我之毒害者蔿呂臣即孫伯代子王爲令尹但能自守其志不在民也殺得臣經在踐土盟上傳在下者說晉事畢而次及楚也

○或訴元咺於衛侯曰立叔武矣其子角從公公使殺之咺不廢命奉夷叔以入守訴猶譖也角元咺子夷叔即叔武夷謚也衛侯信叔武爲君之譖使人殺元咺之子元咺不敢以其子被殺之故廢棄衛侯之命奉夷叔以入守衛六月晉人復衛侯甯武子與衛人盟于宛濮曰天禍衛國君臣不協以及此憂也今天誘其衷使皆降心以相從也不有居者誰守社稷不有行者誰扞牧圉不協之故用昭乞盟于爾大神以誘天衷自今日以往既盟之後行者無保其力居者無懼其罪有渝此盟以相及也明神先

君是糾是殛。國人聞此盟也，而後不貳。武子名俞孔子稱其邦有道則知邦無道則愚者也特從衛侯在外宛濮地名初衛侯欲與楚國人不欲故不和衷中也養牛曰牧養馬曰圉盟言謂天降禍於衛國俾君臣不和以及此出君之禍今者天意悔禍誘掖衛人之中心使皆降心以從順也向使衛臣無居於國內者誰與守衛國之社稷無從君出行者誰與捍衛君之牧圉恐居者行者有不相安故用敢昭明信誓乞盟于爾上下神祇以誘掖其中心之天理自今既盟之後行者無以爲勞而自恃其力居者無以不出從君而懼得罪有敢變此盟而以惡相及者在盟之明神與衛國之先君必糾正其罪以誅殛之杜預氏云傳言叔武之賢甯俞之忠衛侯所以書復歸

衛侯先期入。甯子先。長牂守門。以爲使也。與之乘而入。公子歂犬、華仲前驅。叔武將沐。聞君至喜。捉髮走出。前驅射而殺之。公知其無罪也。枕之股而哭之。歂犬走出。公

使殺之。元咺出奔晉。衛侯不信叔武之不立故先期而入國甯子先衛侯而入欲救護其妄殺也長牂衛大夫時爲衛守門以甯子爲成公之使與之共載而入公子歂犬華仲並衛大夫衛侯使二大夫前驅掩甯子之未備也叔武喜倉皇出迎前驅探君意射殺之衛侯知叔武無罪枕其尸于股而哭之使以殺叔武之罪殺歂犬元咺於是奔晉愬其事[牂]子郎反[歂]市專反

○附錄

城濮之戰。晉中軍風于澤。亡大旆之左旃。祁瞞奸命司馬殺之。以徇于諸侯。使茅茷代之。中軍牛馬牡牝相誘因而走失大旆大將之旗通帛曰旃大旃所繫之通帛亦失去不知所在奸犯也祁瞞掌此二者而皆失之爲奸命[奸]音干[茷]音吠

師還。壬午。濟河。舟之僑先歸。士會攝右。舟之僑爲戎右棄其職而先歸士會隨武子士蔿之孫權令代之

秋。七月丙申。振旅。愷以入于晉。獻俘授馘。飲至大賞。徵會討貳。殺舟之僑以徇于

國。民於是大服。君子謂文公其能刑矣。三罪而民服。詩云。惠此中國。以綏四方。不失賞刑之謂也。入曰振旅整行列也軍勝之樂曰愷師出有功而愷樂入國獻所獲俘囚于大廟授謂數也馘所截耳也飲至飲酒于廟以告至也徵會徵召諸侯將冬會于溫也討貳討其不服者也殺舟之僑以棄軍先歸之故三罪謂殺顛頡祁瞞舟之僑詩大雅民勞篇言賞刑不失則中國受惠四方安靖也○愚按從亡之臣皆賞而介之推獨不及顛頡魏犨同罪而顛頡獨死文公賞刑蓋亦不能無失焉

○冬。會于溫。討不服也。許衛不服故會諸侯討之

○衛侯與元咺訟。甯武子為輔。鍼莊子為坐。士榮為大士。衛侯不勝。殺士榮。刖鍼莊子。謂甯俞忠而免之。執衛侯。歸之于京師。寘諸深室。甯子職納橐饘焉。訟謂爭殺叔武事大士治獄官周禮命夫命婦不躬坐獄訟元咺又不宜

與衛侯對坐故使鍼莊子為主又使衛之忠臣甯武子及其獄官士榮相與質正元咺蓋今長吏有罪先驗吏卒之義三子辭屈故衛侯不勝諸侯不得相治故歸之于京師深室深嚴之囚室槖衣囊所以盛衣亦可以盛食饘糜也杜預氏云言其忠至所慮者深〔鍼〕其廉反〔饘〕之然反○家鉉翁氏曰衛侯逞忿殺弟烏得無討執而歸之京師是也但因元咺訟而執衛侯則非也

元咺歸于衛立公子瑕。瑕衛公子適也元咺挾晉之令以立之

○是會也晉侯召王以諸侯見且使王狩。文公本意止欲大合諸侯共尊天子以為名義自嫌強大不欲朝周以溫去京師差近召王就會受朝因以會溫之諸侯朝于王所又避召王之名使王假稱出狩若言王自出狩諸侯因共朝王得盡臣禮此皆譎而不正之事○程子曰晉文公欲率諸侯以朝王正也懼其不能故譎以行之召王以就焉人獨見其召王之非而不見其欲朝之本心是以譎而掩其正也

仲尼曰以臣召君不可以訓故書曰天王狩于河陽。言非其地

也。且明德也。春秋一經莫非仲尼筆削而傳於河陽之狩趙盾之弒泄冶之罪此三事稱仲尼者以其變易舊例恐人不信須聖言以爲證故特稱仲尼以明之蓋天子諸侯田獵不出封內今河陽屬晉而仲尼諱書天王狩于河陽言河陽非天子巡狩之處其事實自見且隱其召君之闕欲以明周之德胡傳所謂以尊周而全晉是也一說以明周德之衰亦是

壬申。公朝于王所。執衛侯經在朝王下傳在上者告執晚也○郭登氏曰天王至踐土春秋沒而不書天王會于溫而春秋書狩於河陽此二者直吾聖人之筆削也天王不當出勞晉侯晉侯不當召王以諸侯見君屈於臣是爲失道以臣召君不可以訓雖兩書朝於王所以爲美事其朝也既非巡狩之常時又非方岳之常所變文起義不其失自見學者當於此處求聖人之心法雖不中不遠矣程子云春秋大義數十炳如日星此類也歟

○丁丑。諸侯圍許。有日無月史闕文也會溫本爲討衛許也至是許再會不至故遂伐之

晉侯有疾。曹伯之豎侯獳貨筮史使曰。以曹爲解。

豎小臣也族姓孺名貨賂也筮史晉掌卜筮之官解釋也族孺意晉侯有疾必問于卜筮故賂于筮史使以釋曹爲言齊桓公爲會而封異姓今君爲會而滅同姓曹叔振鐸文之昭也先君唐叔武之穆也且合諸侯而滅兄弟非禮也與衞偕命而不與偕復非信也同罪異罰非刑也禮以行義信以守禮刑以正邪舍此三者君將若之何此以下皆筮史爲曹解說之辭齊封異姓以齊姜姓衞曹皆姬姓也君滅同姓以晉與曹衞皆姬姓也曹始封之君振鐸文王之子也晉始封之君先君唐叔武王之子也曹與晉爲兄弟之國今晉會諸侯而滅之非主盟之禮也晉私許復曹衞今已復衞侯而曹伯至今不復非出令之信也曹衞皆有不禮晉侯之罪今晉復衞而不復曹非討罪之刑也蓋既有兄弟之義必禮意浹洽以行之既有兄弟之禮必須以誠實之意而守之無禮無信則謂之邪然後用刑以正之三者所係若

此令皆舍棄之君何以服諸侯之心也公說。復曹伯。遂會諸侯于許。曹伯不復歸國遂會諸侯圍許○愚按筮史非禮非信非刑之言晉文誠無以自解宜其說而復曹也惜乎言者[illegible]貧故聽者以[illegible]故復[illegible][illegible]以用者[illegible]皆無取焉○附錄晉侯作三行以禦狄。荀林父將中行。屠擊將右行。先蔑將左行。晉已置上中下三軍今復增置三軍以辟天子六軍名故改稱三行三行無佐

春秋左傳註評測義卷之五

左氏傳測義

06

自十六
至十八

春秋左傳註評測義卷之十六

明吳興後學凌稚隆輯著

僖公八

【經】庚寅二十有九年陳共公元年春介葛盧來介東夷國今爲山東膠州葛盧介君名○公至自圍許無傳○夏六月會王人晉人宋人齊人陳人蔡人秦人盟于翟泉翟泉今洛陽城內舊有大倉西南池水○秋大雨雹○冬介葛盧來

【傳】二十九年春介葛盧來朝舍于昌衍之上公在會餽之芻米禮也昌衍魯地在今山東曲沃縣境芻牲牲之類時公會圍許未還國魯餽以牲米之類得地主之禮○夏公會王子虎晉狐偃宋公孫固齊

國歸父。陳轅濤塗秦小子慭盟于翟泉。尋踐土之盟且謀伐鄭也。經書蔡人而傳無名氏微者也踐土盟在前年謀伐鄭者三十年傳云以其無禮於晉且試於楚也卿不書罪之也。諸侯大夫上盟王卿士是謂下陵王卿士下盟諸侯大夫是謂上替故貶諸侯大夫稱人而不名在禮卿不會公侯會伯子男可也。大國之卿公侯爵尊卿不敢敵之故不會公侯大國之卿可以當小國之君故可以會伯子男今諸侯大夫既上盟王卿士又下敵公侯故傳重發之

○秋大雨雹爲災也。周之秋今之五六七月也故爲災

○冬介葛盧來。以未見公故復來朝。禮之加燕好。燕燕禮好好貨一歲再來故加燕好介葛盧聞牛鳴。曰是生三犧皆用之矣其音云。問之而信。葛盧能識牛聲曰是牛已生三犧皆爲義用之宗廟之祭蓋其聲云然試問之牧人果如介君言周禮夷隸掌與鳥言貉隸掌與獸言注

夷隸征東夷所獲貉隸征北夷所獲介是東夷故聞牛聲而知其情

【經】辛卯三十年春王正月。○夏狄侵齊。○秋衛殺其大夫元咺及公子瑕。咺失事君之禮故以國討書有守國功故以官書公子瑕書及謂以咺故及瑕非其罪也瑕立經年未會諸侯故不稱君衛侯鄭歸于衛。衛侯初歸則殺叔武再歸則殺元咺春秋于此出奔不名而歸名之比于失國之罪以魯爲之請故從諸侯納之例○晉人秦人圍鄭。○介人侵蕭。無傳介再來魯而次年遂侵蕭求援而後舉兵也○冬天王使宰周公來聘。周公天子三公兼冢宰也公子遂如京師遂如晉。如京師報宰周公也此經書聘周之始又書聘晉之始○季本氏曰雖先周後晉然志實以晉爲急故書遂而其不虞亦可見矣

【傳】三十年春晉人侵鄭以觀其可攻與否。狄閒晉之

有鄭虞也。夏，狄侵齊。前年晉會諸侯謀伐鄭故今歲伐之齊晉與國故狄乘晉之間隙而侵齊【間去聲】○晉侯使醫衍酖衛侯。甯俞貨醫，使薄其酖，不死。衍醫名文公本欲殺衛侯而罪不及死故使醫因治疾酖之甯武子視衛侯衣食故得賂醫薄酖公為之請，納玉於王與晉侯，皆十瑴。王許之。秋，乃釋衛侯。公本與晉侯同好故為之請雙玉曰瑴【瑴音角】○愚按衛侯有罪耶不當以醫誅之衛侯無罪耶不當以王釋之二事誠然晉文於此操縱皆失其道矣及考國語晉侯執衛侯歸周請殺之王曰不可夫君臣無獄今元咺雖直不可聽也君臣皆獄父子將獄是無上下也而叔父聽之一逆矣又為臣殺其君其安庸刑有刑而不庸再逆矣一合諸侯而有再逆政余懼其無後也不然余何私于衛侯據此則衛侯之不死而得歸于衛以王之言也傳文恐未盡實云衛侯使賂周歂、冶廑，曰：「苟能納我，吾使爾為卿。」周冶殺元咺及子適、子儀。公入祀先君。周冶既服。將命。周歂先入。及門。遇疾而死。冶廑辭卿。衛侯欲歸國恐元咺距巳故賂周冶子適鄭公子瑕子儀瑕毋弟古者爵人必于祖廟示不敢專周冶既服卿服將入廟受命周歂先及門而死冶廑見周歂死而懼故辭卿不入廟受命歂音遄廑音勤○九月。甲午。晉侯秦伯圍鄭。以其無禮於晉。且貳於楚也。晉軍函陵。秦軍汜南。文公亡過鄭鄭不禮之函陵函谷之陵在今河南靈寶縣南汜南汜水之南在今河南滎陽中牟縣南皆鄭地佚之狐言於鄭伯曰。國危矣。若使燭之武見秦君。師必退。公從之。辭曰。臣之壯也。猶不如人。今老矣。無能爲也巳。公曰。吾不能早用子。今急而求子。是寡人之過也。然鄭亡。子亦有不利焉。許之。夜縋而出。之狐之武皆鄭大夫之武以老爲辭蓋怨其不早用而卑辭以拒之也縋縣城而下見秦伯曰。秦晉圍鄭。鄭既知亡矣若亡鄭而有益於君。敢以煩執事。越國以鄙遠。君知其難也。焉用亡鄭以陪鄰。鄰之厚。君之薄也。鄙邊鄙陪益也鄰謂晉言鄭在東秦在西晉居其中若欲越晉而取鄭以爲秦之邊邑君亦自知其難保則何必亡鄭以資益于晉晉之土地既增而有則秦秦之土地必以漸而弱也此言亡鄭無益於秦若舍鄭以爲東道主。行李之往來。共其乏困。君亦無所害。秦東故云東道主主人也行李行人之官乏闕也言秦若舍鄭不至滅亡以爲東道之主人凡秦之使者往來過鄭資糧屝屨有所乏困鄭爲共給之在秦君亦何所損此言舍鄭有益于秦且君嘗爲晉君賜矣。許君焦瑕。朝濟而夕設版焉。君之所知也。言前此秦嘗納晉惠公有賜於晉矣惠公許賂秦以河外焦瑕二邑朝濟河歸晉而夕已設版築而拒秦君之所素知也此言晉君背賜夫晉何厭之有。既東封鄭。又欲肆其西封。若不闕秦。將焉取之。闕秦以利晉。唯君圖之。肆大封疆也闕猶削也言晉侯志大初無厭足彼既滅鄭以削其東方之封疆則秦在晉之西彼又將大其西方之封疆也若不滅秦將何取之以大其西封乎此言晉必爲秦害秦伯說。與鄭人盟。使杞子逢孫楊孫戍之。乃還。杞子逢孫楊孫皆秦大夫秦伯背晉而私與鄭人爲盟反令三子爲鄭戍守〇孫應鰲氏曰晉乃秦之敵鄭近於晉而遠於秦秦得鄭而晉救之勢必致者故秦不但不圖而且戍鄭也子犯請擊之。公曰。不可。微夫人之力。不及此。因人之力而敝之。不仁。失其所與。不知。以亂易整。不武。吾其還也。亦去之。子犯怒秦背晉與鄭請擊之夫人謂秦穆公言因秦之力而反害秦不仁也秦不同心而誤與之同伐鄭不知也秦晉整師而出而忽自相攻擊不武也

○金履祥氏曰晉文報怨而喜功故激秦以伐鄭秦穆恃功而規利故私鄭以倍晉此一役也結怨交兵者數世晉主夏盟失秦之援而爲楚所抗自是役始春秋之所憂在楚史記之所憂在秦二者居天下之大勢矣

初鄭公子蘭出奔晉。從於晉侯伐鄭。請無與圍鄭。許之。使待命于東。鄭石甲父侯宣多逆以爲大子。以求成于晉。晉人許之。蘭即穆公蘭自以鄭爲宗國請不與圍鄭之役東謂晉東界石甲父侯宣多皆鄭大夫此言鄭穆公所以立○邵寶氏曰身從其奔而心從其宗從晉伐鄭而無與圍蘭之處茲變也其可也○王樵氏曰齊桓不從鄭子華之請而鄭伯受盟今晉文公乃以鄭公子蘭從於伐鄭何以訓乎無怪乎秦伯之先叛而又何以責鄭伯也

○冬。王使周公閱來聘。饗有昌歜。白。黑。形鹽。周公名閱昌歜昌蒲菹也白熬稻黑熬黍也形鹽形象虎也（歜）在感反

辭曰。國君文足昭也。武可畏也。則有備物之

饗以象其德。薦五味羞嘉穀鹽虎形以獻其功。吾何以堪之。薦五味卽昌歜嘉穀卽白黑鹽虎形卽形鹽言有國之君文足以昭明於人武足以畏服于人則有備物之享以象其文武之德薦五味進嘉穀刻鹽爲虎以獻其文武之功我無文武之功德何以當此盛德蓋天子三公主國待之尊於國君周公謙之過爾○東門襄仲將聘于周。遂初聘于晉。東門襄仲卽公子遂公旣命襄仲聘于周未行又命襄仲從周遂聘于晉曰初者魯始聘于晉也

【經】壬辰三十有一年。春。取濟西田。傳例凡克邑不用師徒曰取○公子遂如晉。○夏四月。四卜郊。不從。乃免牲。猶三望。龜曰卜不從不吉也免猶縱也周禮祀五帝前期十日帥執事而卜日言四卜郊者三月每旬一卜至四月上旬更一卜乃成爲四卜也四卜不吉不復爲郊牲無所用故縱放之望祭也三望謂祀分野之星及國中

名山大川也魯既廢郊天而獨脩小祀故曰猶可止之辭也○秋。七月。○冬。杞伯姬來求婦。無傳自爲其子求昏○狄圍衛。十有二月。衛遷于帝丘。帝丘衛地故帝顓頊之墟故云帝丘在今北直隸滑縣東北

【傳】三十一年。春。取濟西田。分曹地也。濟水出陶丘至汶上縣入海曹在濟之西魯在濟之東二十八年晉文討曹至是乃以其地分諸侯使臧文仲往宿於重館。重館人告曰。晉新得諸侯。必親其共。不速行。將無及也。從之。分曹地。自洮以南東傅于濟。盡曹地也。重館在山東魚臺縣境言晉文新得諸侯爲霸必親暱其恭順有禮之人若不速行則先至者受地已盡將無及於事矣魯語云臧文仲反既復命爲之請曰地之多重館人之力也臣聞之曰善有章雖賤賞也今一言而辟竟其章大矣請賞之乃出而爵之共音恭○襄仲如晉。拜曹田也。

○夏四月四卜郊不從乃免牲非禮也猶三望亦非禮也成王以周公有大勳勞於天下命魯公世世祀周公以天子之禮樂故以不郊免牲爲非禮亦以廢郊而猶三望爲非禮禮不卜常祀而卜其牲日牛卜日曰牲牲成而卜郊上怠慢也禮常祀不卜但當卜其牲之可否與日之吉凶既得吉日則牛改名曰牲蓋卜牛在卜日之前今經書曰牲則是既得吉日改牛名牲方復卜郊之可否是上之人怠慢不恭也此申言卜郊免牲爲非禮望郊之細也不郊亦無望可也郊大禮也望因郊天望而祭之故望爲郊之末事郊既不舉則望亦可止也此申言猶三望亦非禮○

附録秋晉蒐于清原作五軍以禦狄趙衰爲卿清原晉地在今山西稷山縣二十八年晉作三行今罷之更爲上下新軍二十七年命趙衰爲卿讓于欒枝今始爲新軍帥

○冬狄圍衞衞遷于帝丘卜曰三百年史記衞世家及年表

衛從此年以後累十九君積四百二十年爲秦所滅

衛成公夢康叔曰。相奪予享。公命祀相。甯武子不可。曰。鬼神非其族類。不歆其祀。杞鄫何事。相之不享於此久矣。非衛之罪也。不可以閒成王周公之命祀。請攺祀命。

康叔衛始封之君相夏后啓之孫居帝丘享祭也武子言鬼神非其族姓同類則不歆享其祭祀杞鄫二國乃夏之後彼不祀相所主何事且帝丘久不祀相非衛絕之而不祀也豈可以相而閒于成王周公之命祀乎○郭登氏曰相奪之夢疑文人好爲奇譎之談然而甯俞鬼神非其族類不歆其祀之言可以語祀典矣

○鄭洩駕惡公子瑕。鄭伯亦惡之。故公子瑕出奔楚。

洩駕鄭大夫瑕文公子林堯叟氏云傳爲三十二年楚納瑕張本

【經】癸巳三十有二年。春王正月。○夏四月。己丑。鄭伯捷卒。無傳 ○衛人侵狄。報前年狄圍衛 ○秋。衛人及狄盟。不地者盟于狄也書及罪衛也 ○冬。十有二月。己卯。晉侯重耳卒。

【傳】三十二年。附錄 春楚鬬章請平于晉。晉陽處父報之。晉楚始通。陽處父晉大夫聘于楚以報鬬章之使蓋晉楚自春秋以來始通使命 ○夏狄有亂。衛人侵狄。狄請平焉。○秋。衛人及狄盟。○冬。晉文公卒。○李廉氏曰桓文雖並稱而文固非桓匹也桓公二十餘年蓄威養晦始能問罪于楚文公一駕而城濮之功多於召陵桓公屢盟屢會遲迴晚歲始會宰周公文公再合而溫之事敏乎葵丘桓公終身與諸侯會鄄失魯盟幽失衛首止失陳文公三會而大侯小伯莫有不至其得諸侯又盛乎桓公而曰文非桓匹何也文公之功多於桓公者罪亦多於桓公也事速就乎桓公者義尤壞乎桓公者也名盛乎桓公者實衰乎桓公者也春秋不以功蓋罪不以事掩義不以事誣實此其非桓匹歟桓公得江黃而不用於伐楚文公謂非致秦則不可與楚爭楚抑而秦興矣此桓公之不肯爲也桓公會則不邇三川盟則不加王人文公會畿內則伉矣盟于虎則悖矣此桓公之不敢爲也桓公寧不得鄭不納子華懼其奬臣抑君不可以訓文公爲元咺執君則三綱五常於是廢矣此又桓公所不忍爲也夫子正譎之辨獨不深切著明哉

庚辰。將殯于曲沃。出絳。柩有聲如牛。卜偃使大夫拜。曰。君命大事。將有西師過軼我。擊之。必大捷焉。殯空之棺也曲沃有舊宮絳晉都聲自柩出故云君命大事戎事也秦居西方故云將有西師侵我蓋偃聞秦有密謀因柩有聲故設權以正衆心云

杞子自鄭使告於秦。曰。鄭人使我掌其北門之管。若潛師以來。國可得也。三十年楚使大夫杞子戍鄭鄭委任之得其管籥因謀其國

穆公訪諸蹇叔。蹇叔曰。勞師以襲遠。非所聞也。師勞力竭。遠主備之。無乃不可

乎。師知所爲。鄭必知之。勤而無所。必有悖心。且行千里。其誰不知。公辭焉。蹇叔秦大夫言勤勞兵事以掩襲遠方之國未聞能濟事者兵師勤勞其力必竭遠方之君必知之而設備鄭必不可得也我師旣知其所爲鄭國豈有不知之理士卒勞而無得必生悖戾之心害及良善且師行千里其誰不知我所爲者公辭不受其言也召孟明。西乞。白乙。使出師於東門之外。蹇叔哭之曰。孟子。吾見師之出。而不見其入也。孟明姓百里名視西乞名術白乙名丙皆秦臣孟子即孟明公使謂之曰。爾何知。中壽。爾墓之木拱矣。人生上壽百二十年中壽百年下壽八十年合手曰拱穆公怒其哭師乃使人責之以爲爾何知識爾今年巳中壽不久于生此師回汝墓之木巳拱矣言死將至也蹇叔之子與師。哭而送之曰。晉人禦師必於殽。殽有二陵焉。其南陵。夏后皋之墓也。其北陵文王之所辟風雨也。必死是間。余收爾骨焉。與師謂與在從師之數殽郎今函谷關在河南永寧縣非大阜曰陵皋夏桀之祖父殽之北陵兩山相嶔故可以辟風雨間謂南非陵之間蹇叔以其深阸故知秦師必困於此杜預氏云爲明年晉敗秦于殽傳與音預秦師遂東。鄭在秦東故鄭師東行

經甲午三十有三年。秦穆公鄭穆公元年春王二月。秦人入滑。滅而書入蓋國近于鄭雖滅之而不有其地也○秦矦使國歸父來聘。○夏四月辛巳。晉人及姜戎敗秦師于殽。姜戎姜姓之戎居晉南鄙不書戰而止書敗狄之也○癸巳。葬晉文公。○狄侵齊。○公伐邾。取訾婁。○秋。公子遂帥師伐邾。○晉人敗狄于箕。箕晉邑今山西大谷縣東有箕城○愚按晉之敗秦稱人論者謂晉背秦之惠敗而人之似矣及狄伐晉晉迎而敗之其

功足僞者而春秋亦稱人則說者又謂狄侵齊圍衛而晋不能救僅於其見伐而後勝之亦貶詞也竊意此爲人字所拘求之不得其情則曲爲之說故儒者貴乎通也朱子云春秋傳例多不可信聖人記事安有許多義例

○冬十月。公如齊。○十有二月。公至自齊。○乙巳。公薨于小寢。小寢燕息之地也○隕霜不殺草。李梅實。無傳周十二月夏之十月霜當重而不能殺草李梅再花而實非常之災也○晋人。陳人。鄭人伐許。

【傳】三十三年春。秦師過周北門。左右免胄而下。超乘者三百乘。胄兜鍪也兵車大將居中御者在左秦無大將故御者居中不但居左右者去胄而下車也超乘謂車正行之時超上車而乘之以示勇也王孫滿尚幼。觀之。言於王曰。秦師輕而無禮。必敗。輕則寡謀。無禮則脫。入險而脫。又不能謀。能無敗乎。輕超乘也無禮謂過天子門不卷甲束兵而但免冑也脫踈脫易于敵也入險郇殽有二陵也及滑。鄭商人弦高將市於周。遇之。以乘韋先。牛十二犒師。曰。寡君聞吾子將步師出於敝邑。敢犒從者。不腆敝邑。爲從者之淹。居則具一日之積。行則備一夕之衛。且使遽告于鄭。商行賈也弦姓高名四馬曰乘因以乘爲四數韋熟革也古者將獻遺於人必有薄物先之弦高知秦將襲鄭欲敗其謀故詐言君命先以四韋致十二牛以犒秦師步猶行也腆厚淹久也積謂芻米菜薪衛捍禦之具言敝邑褊小爲汝從者之久留于外若留居于鄭一日則當具一日之積若經過于鄭一宿則當備一宿之衛遽傳車也高使傳車急告于鄭令爲之備從爲並去聲鄭穆公使視客館。則束載厲兵秣馬矣。使皇武子辭焉。曰。吾子淹久於敝邑。唯是脯資餼牽竭矣。爲吾子之將行也。鄭之有原圃。猶秦之有具囿也。吾子取其麋鹿以閒敝邑。若何。杞子奔齊。逢孫楊孫奔宋。三十年秦使杞子逢孫楊孫三子戍鄭鄭穆公館之至是聞弦高之報故使人至其館視三子之所爲果見三子束矢載弓厲兵抹馬以待秦兵爲之內應皇武子鄭大夫鄭伯使致辭命於三子乾肉曰脯糧食曰資腥肉曰餼牲生曰牽原圃今河南中牟縣有圃田澤言汝三子久留鄭國我鄭國脯資餼牽已盡無以留汝爲汝之將歸秦也我鄭有原圃亦猶秦之有具囿吾子何不自取麋鹿以爲行資使鄭得閒暇免於館待之勞蓋明示三子已知其情使不得爲內應也三子知謀已洩恐所得罪不敢歸秦孟明曰。鄭有備矣。不可冀也。攻之不克。圍之不繼。吾其還也。滅滑而還。冀冀望也不繼兵少不能相繼也滅滑而還是蹇叔所謂勤而無所必有悖心者也○齊國莊子來聘。自郊勞至于

贈賄。禮成而加之以敏。國莊子卽國歸父迎來曰郊勞送去曰贈賄敏速於事也

勞去聲 臧文仲言於公曰。國子爲政。齊猶有禮。君其朝

焉。臣聞之。服於有禮。社稷之衛也。以國莊子知禮故知齊必能以禮待

隣國衛謂賴其异衛杜預氏云爲公如齊傳 ○ 晉原軫曰。秦違蹇叔而以

貪勤民。天奉我也。奉不可失。敵不可縱。縱敵患生。違

天不祥。必伐秦師。秦師還過晉境先軫謀邀而伐之奉與也言天與我以勝秦之機會

也 欒枝曰。未報秦施。而伐其師。其爲死君乎。言秦有卹文公

之施猶未能報而伐其師是以君爲死而忘其施也 先軫曰。秦不哀吾喪。而伐

吾同姓。秦則無禮。何施之爲。吾聞之。一日縱敵。數世

之患也。謀及子孫。可謂死君乎。滑與晉同姓謀及子孫言爲子孫除數世

之患不可謂背君也

遂發命。遽興姜戎。子墨衰絰。梁弘御戎。萊駒爲右。

襄公於是興甲兵以傳車起姜戎之師時公在喪故稱子兵事諱喪服故以墨染衰而加經杜預氏云因記禮所由變

夏四月辛巳。敗秦師于殽。獲百里孟明視。西乞術。白乙丙。以歸。

果如蹇叔之言

遂墨以葬文公。晉於是始墨。

始變喪服爲墨〇邵寶氏曰墨衰絰而從戎禮之變也禮變于不得已寇不于門庭而興師以襲人非不得已也不得已而墨可也非不得已而墨謂之何哉遂墨以葬可乎可墨也亦可復也

文嬴請三帥。曰。彼實構吾二君。寡君若得而食之。不厭。君何辱討焉。使歸就戮于秦。以逞寡君之志。若何。公許之。

文嬴秦穆公所妻晉文公之夫人襄公之嫡母也三帥謂孟明等文嬴詐言彼三帥實交構我二君致有今日之事若生得而食其肉猶未厭足其恨何辱晉君執而戮之使三帥得歸就戮

于秦庚幾使我秦君得逞其志耳先軫朝。問秦囚。公曰。夫人請之。吾舍之矣。先軫怒曰。武夫力而拘諸原。婦人暫而免諸國。墮軍實而長寇讎。亡無日矣。不顧而唾。舍縱也先軫知三帥歸必報晉故大怒而言我輩武夫舍死力戰僅執三帥於野乃聽婦人斯須之言遽免三帥於國彼三帥盡知晉之軍實既歸必圖報復晉之亡國不久矣先軫於是不顧君臣之分而唾之公使陽處父追之。及諸河。則在舟中矣。釋左驂。以公命贈孟明。處父自釋其所乘左驂之馬矯稱公命以贈之誘使孟明還拜謝因執之孟明稽首曰。君之惠。不以纍臣釁鼓。使歸就戮于秦。寡君之以爲戮死且不朽。若從君惠而免之。三年將拜君賜。纍囚繫也孟明知其詐遂不復還但於舟中稽首以荅之言感晉君之惠不殺我纍囚之臣取其血以塗鼓而使我歸就刑戮于秦若我秦君治我喪師之罪而刑戮之雖死此恩且不朽苟賴晋君之惠而得免於死三年之後將拜晋君之賜意欲報伐晋也秦伯素服郊次鄉師而哭曰。孤違蹇叔以辱二三子。孤之罪也。不替孟明。孤之過也。大夫何罪。且吾不以一眚掩大德。郊次待之于郊也替廢也言不廢其師而用以取敗也眚過也言吾終不以三帥一敗之小過而掩其終身之材德（鄉）音向眚（生上）○姜寶氏曰秦欲襲鄭而滅滑非晋門庭之寇也晋襄何得援伯禽故事以吉禮從金革乎趙汸氏專罪秦而不責晋非也或謂晋棄親爲讐卒不兢於楚以失秦殽之役爲之專責晋亦非也從胡氏並責秦晋爲是○狄侵齊。因晋喪也。齊晋之與國○公伐邾。取訾婁。以報升陘之役。在二十二年邾人不設備。秋。襄仲復伐邾。魯亦因晋喪以陵小國○狄伐晋。及箕。乘晋喪也八月戊子。晋侯敗狄于箕。郤缺獲白狄子。白狄狄別種子爵 先軫曰。匹夫逞志於君。而無討。敢不自討乎。免冑入狄師。死焉。狄人歸其元。面如生。逞志於君謂不顧而唾元首也面如生言其有異於人○愚按先軫不顧而唾無禮於其君既而知悔之則曷自歸於司寇而伏鈇焉已矣免冑入狄以喪其元徒益國恥爾其與自經溝瀆者何異哉 初臼季使過冀。見冀缺耨。其妻饁之。敬相待如賓。與之歸。言諸文公曰。敬德之聚也。能敬。必有德。德以治民。君請用之。臣聞之。出門如賓。承事如祭。仁之則也。季即胥臣缺即郤缺野饋曰饁冀乃其父郤芮故邑因以爲稱則法也 公曰。其父有罪。可乎。對曰。舜之罪也。殛鯀。其舉也。興禹。管敬仲。桓之賊也。實相以濟。康誥曰。父不慈。子不祇。兄不友。弟不共。不相及也。詩曰：采葑采菲，無以下體。君取節焉可也。冀芮欲弑文公在二十三年鯀堙洪水舜加之罪鯀之子禹能治水舜復舉而用之言用人不係世類也管仲射中桓公帶鉤卒相桓公以成霸業言用人不挍私怨也康誥周書篇名傳引書言不慈不祗不友不恭各以其法而治其罪不混相及不可以芮之惡不用也詩國風谷風篇葑菲俱菜名下體根也引詩言采葑菲者不可以其根之惡而并棄其莖之美故君宜取其子之善節不當以父故而棄之也文公以為下軍大夫。反自箕，襄公以三命命先且居將中軍，以再命命先茅之縣賞胥臣，曰：舉郤缺，子之功也。以一命命郤缺為卿，復與之冀，亦未有軍行。以三命命先且居以其父軫死王事故以二命命胥臣以舉郤缺故以一命命郤缺以獲白狄子故先茅晉大夫絕後故取其縣復與之冀還其父故邑也時缺雖登卿位亦未有軍列周禮三命始受位二命受服一命受職音徂行音杭○李燾氏曰晉襄初立霸業未定秦之窺鄭齊之聘魯魯皆有志於爭霸也晉襄惟外患是憂而置齊魯之交於度外故不踰年而霸事復盛春秋書敗秦敗狄如齊伐許於一年之間其晉霸絕續之會三强睥睨之秋歟

○冬公如齊朝且弔有狄師也反薨于小寢卽安也。小寢夫人寢也杜預氏云譏公就所安不終于路寢○郭登氏曰僖公享國長久無大過舉迹其無版築之勞則能愛養民力嚴宗廟之祀則能敬事先祖興閟泮之宮則能崇儒重道可謂知所本矣然公子友得政則治有可稱臧文仲竊位則事無可采至若先霸主而後周背夏盟而卽楚恣公子遂之專啓三桓之僭抑又何哉蓋可與爲善可與爲惡無所主乎中者也較之桓莊之儔則有間矣

○晉陳鄭伐許討其貳於楚也○附錄楚令尹子上侵陳蔡陳蔡成遂伐鄭。陳許介于晉楚與蔡鄭同故晉既率陳鄭伐許楚復侵陳蔡而伐鄭

將納公子瑕門于桔柣之門瑕覆于周氏之汪外

僕髡屯禽之以獻文夫人斂而葬之鄶城之下。子上（子上，鄖鬭勃。三十一年公子瑕奔楚，故楚欲納之。桔柣，鄭門名。汪，池水也。車覆於池水中。外僕，鄭之外僕。髡，髮而名屯者。殺瑕以獻鄭伯。文夫人，鄭文公夫人也。鄶城，故鄭國，今爲河南新鄭、鄭密二縣。杜預氏云：言穆公所以有國。）

○附錄

晉陽處父侵蔡，楚子上救之，與晉師夾泜而軍。（蔡與楚平，故侵之。泜水源出今河南魯山縣，入沙河。）陽子患之，使謂子上曰：吾聞之，文不犯順，武不違敵。子若欲戰，則吾退舍，子濟而陳，遲速唯命。不然，紓我老師，費財亦無益也。乃駕以待。（兩軍夾水，莫能先渡，陽子患其相持不決，故言文以綏柔爲德，因其順而犯之，非德也；武以克難爲勇，畏其難而避之，非勇也。子若欲戰，則吾當退一舍之地，待子濟泜水成陳，決戰之期，遲速唯命。子若不肯濟水，則子當退舍以緩我，使我得濟水成陳而後戰。今兩軍相持不退，老師費財，無益於事。）

也子上欲涉。大孫伯曰。不可。晉人無信。半涉而薄我。悔敗何及。不如紓之。乃退舍。大孫伯即成大心薄迫也言晉人待我半渡而來迫我必爲所敗不如退舍以緩晉使得渡水陽子宣言曰。楚師遁矣。遂歸。處父料楚必不敢涉故誘使稍却因誣以遁去而歸楚師亦歸。大子商臣譖子上曰。受晉賂而辟之。楚之耻也。罪莫大焉。王殺子上。商臣怨子上止立己故譖殺之

○附録

葬僖公。緩作主。非禮也。緩字杜注屬上句五月而葬不得言緩也宜屬下句經元年書葬二年書作主而傳贅於此簡編倒錯凡君薨。卒哭而祔。祔而作主。特祀於主。烝嘗禘於廟。凡君既葬卒哭則以新死之神祔之於祖尸柩已遠孝子思慕則造木主特設几筵而祀於寢冬祭曰烝秋祭曰嘗五歲一禘新主既特祀於寢以俟三年喪禮畢然後從吉於宗廟

左傳卷之十六　終

春秋左傳註評測義卷之十七

明吳興後學淩稚隆輯著

文公一

公名興僖公子母聲姜在位十八年謚法慈惠愛民曰文

經 乙未周襄王二十七年 元年 陳共公六年杞桓公十一年宋成公十一年晉襄公二年齊昭公七年秦穆公三十四年楚成王四十六年衛成公九年蔡莊公二十年鄭穆公二年 春王正月公卽位 無傳 ○二月癸亥日有食之 無傳不書朔官失之 ○天王使叔服來會葬 叔氏服字 ○夏四月丁巳葬我君僖公○天王使毛伯來錫公命 毛國伯爵諸侯爲王卿士者諸侯卽位天子賜以命圭合瑞爲信 ○晉侯伐衛○叔孫得臣如京師 得臣卽莊叔叔牙之

孫也○衞人伐晉。○秋。公孫敖會晉侯于戚。戚衞邑今北直隸開州有戚城此經書大夫專會諸侯之始○冬十月丁未。楚世子商臣弒其君頵。商臣稱世子以見其有父之親頵稱君以見其有君之尊聖人書此使天下後世知所以爲君臣父子之道而免于首惡之名誅死之罪也○陳傅良氏曰楚國未志其志頵何世子弒君不可以楚不志也○公孫敖如齊。

（傳）元年。春。王使內史叔服來會葬。公孫敖聞其能相人也。見其二子焉。叔服曰。穀也食子。難也收子。穀也豐下。必有後於魯國。公孫敖魯大夫慶父之子穀敖長子文伯食養生也難敖次子惠伯收送死也豐下面方而豐厚也後文伯生仲孫蔑是爲孟獻子皆如叔服之言○附錄於是閏三月。非禮也。于曆法閏當在去年誤於今年三月置閏是不歸餘於終也下文因論曆

法

先王之正時也。履端於始。舉正於中。歸餘於終。朱申氏云歷法以十一月甲子朔夜半冬至爲歷元其時月日五星皆起於牽牛初度更無餘分以此爲步占之端故云履端於始每歲有二十四氣立春驚蟄清明立夏芒種小暑立秋白露寒露立冬大雪小寒謂之節氣雨水春分穀雨小滿夏至大暑處暑秋分霜降小雪冬至大寒謂之中氣每月皆有中氣惟閏月獨無中氣閏前之月則中氣在晦日閏後之月則中氣在朔日舉中氣而正月則置閏不差矣故云舉正於中置閏之法以氣盈朔虛而歸日月之餘分周天三百六十五度四分度之一日之行也日一度自今年冬至至明年冬至方一周天實計三百六十五日更零三箇時辰而一歲十二箇月止有三百六十日有五日零三箇時辰無所歸著是爲日行之餘分每歲只均分在二十四氣上所謂氣盈者也月之行也日十一度十九分度之七常以二十九日中强而與日合於朔是每月又有半日弱無所歸著是爲月行之餘分故月不滿三十日而有大小盡焉所謂朔虛者也積日月之餘分每歲常餘十一日弱故十九年而置七箇閏月是爲一章之數故云歸餘於終履端於始。序則不愆。舉正於中。民則不惑。歸餘於終。事則不悖。朱申氏云開端不差故時序無愆過寒暑不忒故民心無疑惑置閏得宜則四時得所故作事無悖亂○夏四月。丁巳。葬僖公。僖公末年傳宜在此下○王使毛伯衛來賜公命。衛毛伯名叔孫得臣如周拜。謝賜命也○晉文公之季年。諸侯朝晉。衛成公不朝。使孔達侵鄭。伐緜訾。及匡。晉襄公既祥。使告于諸侯而伐衛。成公恨晉執辱故不朝孔達衛大夫緜訾地闕匡本衛地爲鄭所取故伐之祥小祥也及南陽。先且居曰。效尤禍也。請君朝王。臣從師。尤過也言我以衛不朝于晉而伐之而我不朝王是尤衛而效之致禍之道也從師謂以師伐衛晉侯朝王于溫。先且居胥臣伐衛。五月。辛酉朔。晉師圍戚六月戊戌取之獲孫昭子。昭子衛大夫戚其食邑○衛人使告于陳陳共公曰更伐之我辭之告于陳告成于陳也陳以見伐求和不競大甚故使報伐示强而後假辭於我以謝晉而求成也衛孔達帥師伐晉君子以爲古古者越國而謀。古謂合古之道○愚按陳爲衛謀亦曰强爲善以敬事大國可爾乃使報伐以益晉之怒而復執孔達以求成焉繆亦甚矣何貴於越國而謀哉

○秋晉侯疆戚田故公孫敖會之晉取衛田正其疆界○初楚子將以商臣爲大子訪諸令尹子上子上曰君之齒未也而又多愛黜乃亂也楚國之舉恒在少者且是人也蠭目而豺聲忍人也不可立也弗聽言成王年尚少而愛子之情不專若既立而又黜之取亂之道也舉舉以爲後也前年傳稱商臣譖殺子上正爲此既又

欲立王子職而黜大子商臣。職商臣庶弟果如子上之言商臣聞之而未察。告其師潘崇曰。若之何而察之。潘崇曰享江芊而勿敬也。從之。江芊怒曰。呼役夫宜君王之欲殺女而立職也。告潘崇曰。信矣。潘崇曰能事諸乎。曰。不能。能行乎。曰不能。能行大事乎。曰能。未察未審其實也江芊成王之妹嫁於江國者也潘崇教以享之而勿敬則江芊必怒而言其實呼發聲役夫賤者之稱指商臣也言女不知敬長如此則楚王將殺女而立王子職乃其宜也事臣之也行出奔也大事謂弒君此子上所謂忍人也冬十月。以宮甲圍成王。王請食熊蹯而死。弗聽。丁未。王縊。謚之曰靈。不瞑。曰成。乃瞑。宮甲大子宮甲僖二十八年王以東宮之卒從子玉蓋此宮甲也蹯熊掌也難熟故請食之而死冀久將得外救○愚按傳謂謚靈弗瞑改成乃瞑夫商臣忍於弑父與君而不忍其不瞑乎顯能神于謚之不美而不能神于其子之弑巳乎况君薨舉謚常在葬時安得謚于未殯之前此左氏之鑿也

穆王立。以其爲大子之室與潘崇。使爲大師。且掌環列之尹。商臣既立爲王以其爲大子之時所居室內財物僕妾盡以與潘崇環列之尹宮衛之官列兵而環衛王宮者也

○穆伯如齊始聘焉。禮也。穆伯即公孫敖文公立而初聘於齊得交鄰之禮

凡君即位卿出並聘。踐脩舊好。要結外援。好事鄰國。以衛社稷。忠信卑讓之道也。忠德之正也。信德之固也。卑讓德之基也。即位者既葬除喪即成君之吉位也踐猶履行也凡君即位之初使卿出外並行聘禮于列國踐脩舊日之好要結大國之援和好鄰近之國以并衛其國之社稷皆當以忠信卑讓之道也忠則無邪故云正信則能守故云固卑讓則善日益故云基柱顏氏云傳因此發凡以明諸侯諒闇則國事皆

用吉禮。○附錄

殽之役，晉人既歸秦帥，秦大夫及左右皆言於秦伯曰：「是敗也，孟明之罪也，必殺之。」殽役在僖三十三年。秦帥三敗帥也。秦伯曰：「是孤之罪也。周芮良夫之詩曰：『大風有隧，貪人敗類。聽言則對，誦言如醉。匪用其良，覆俾我悖。』是貪故也，孤之謂矣。孤實貪以禍夫子，夫子何罪？」復使爲政。詩大雅桑柔篇。芮良夫，周大夫，刺厲王而作。隧，蹊徑也。覆，反。俾，使也。言大風之行，毀壞衆物，所在成蹊，以喻貪人敗其族類而傷人害物也。昏庸之君得道聽塗說之言則喜而對荅，若聞典誦之言則心中如醉而不欲聞，不用良臣之言，反使我爲悖亂之事。穆公釋詩意，以爲此皆責貪人之故也。我惟先有貪心，故孟明之言由此蹊徑而入，詩之所謂貪人，正我之謂矣。夫子指孟明。

〈經〉丙申 二年 楚穆公元年 春王二月甲子，晉侯及秦師戰于彭衙。秦師敗績。彭衙秦地今陜西白水縣有彭衙城○丁丑。作僖公主。作主造木主也○三月乙巳。及晉處父盟。此經書因朝而盟之始○夏。六月。公孫敖。會宋公。陳侯。鄭伯。晉士穀。盟于垂隴。垂隴鄭地今河南滎陽縣東有隴城大夫專會諸侯自公孫敖士穀始○自十有二月。不雨。至于秋七月。無傳周七月夏五月也不雨是爲災○八月丁卯。大事于大廟。躋僖公。春秋書大祫爲大事書禘祀蒸嘗爲有事躋升也○冬。晉人。宋人。陳人。鄭人。伐秦。○公子遂如齊納幣。

【傳】二年春。秦孟明視帥師伐晉。以報殽之役。二月。晉侯禦之。先且居將中軍。趙衰佐之。王官無地御戎。狐鞫居爲右。甲子。及秦師戰于彭衙。秦師敗績。晉人謂秦拜賜之師孟明視即孟明殽役在僖三十三年狐鞫居即續簡伯伐狼瞫孟明前言三年將拜君賜故晉因其敗而嗤之鞫九六反戰於殽也晉梁弘御戎萊駒爲右戰之明日晉襄公縛秦囚使萊駒以戈斬之囚呼萊駒失戈狼瞫取戈以斬囚禽之以從公乘遂以爲右箕之役先軫黜之而立續簡伯狼瞫怒其友曰盍死之瞫曰吾未獲死所其友曰吾與女爲難瞫曰周志有之勇則害上不登於明堂死而不義非勇也共用之謂勇吾以勇求右無勇而黜亦其所也謂上不我知黜而宜乃知我矣子姑待之此下承上文狐鞫居爲右而追原狼瞫見黜之故萊駒時爲車右襄公喜狼瞫之勇遂令代萊駒爲右箕役在僖三十三年死所可死之所爲

難欲作難共殺先軫也周志周書明堂策功序德之所故周書言恃勇作亂而害其上者則爲不義之人不得升於明堂若殺先軫則必死死而不義非勇也如以死共國家之用乃可謂勇吾既以有勇故得爲車右若殺先軫則是無勇無勇被黜是得其所也吾復安得爲恨吾今所以怒者謂上不知我勇爾若殺先軫則是無勇而死宜于見黜不得言上不知我

及矣子不可作亂且待我所爲也瞫音番共音恭

彭衙既陳。以其屬馳秦師。死焉。晉師從之。大敗秦師。上文是前事此是本年事屬屬屬巳之兵陳音陣

君子謂狼瞫於是乎君子。詩曰。君子如怒。亂庶遄沮。又曰。王赫斯怒。爰整其旅。怒不作亂。而以從師。可謂君子矣。詩小雅巧言篇遄疾沮止也言君子之怒必以止亂又大雅皇矣篇言文王赫然奮怒則整師旅以討亂今狼瞫之怒不作亂以害其上而從彭衙兵以戰敗秦師可謂之勇矣○愚按先軫狼瞫死敵同而其所以死異何者先軫直諫乎襄公本無罪也

何以自討其死謬矣狠瞫見黜于先軫誠有激也欲以自効其死宜矣況先軫死狄反辱晉師不惟傷勇且無以謝襄公狠瞫死秦遂敗秦師豈特忠晉亦可以愧先軫○附錄

秦伯猶用孟明。孟明增脩國政。重施於民。孟明再敗猶用益脩政而重施欲以報晉怨也趙成子言於諸大夫曰。秦師又至。將必辟之。懼而增德。不可當也。詩曰。毋念爾祖。聿脩厥德。孟明念之矣。念德不怠。其可敵乎。成子即趙衰聞孟明脩政重施知其將必報怨詩大雅文王篇毋念念也言思念其祖考則宜述脩其德以顯之今孟明以脩德爲念矣念念在于脩德而不怠惰其可與敵乎杜預氏云爲明年秦人伐晉傳

○丁丑。作僖公主。書不時也。過葬十月故云不時

○晉人以公不朝來討。公如晉。夏四月。己巳。晉人使陽處父盟公以恥之。書曰。及晉處父盟。以厭之

也。適晉不書。諱之也。晉使大夫盟公欲以恥辱魯也厭猶損也晉以非禮盟公故經不書處父族氏以示厭損也不書公如晉爲公諱也○公未至。六月。穆伯會諸侯及晉司空士穀盟于垂隴。晉討衛故也。書士穀。堪其事也。士穀士蔿子晉人伐衛在元年以士穀堪任其事故貴而書名氏○啖助氏曰既命之卿例皆書名不論堪與不堪也陳侯爲衛請成于晉。執孔達以說。元年陳共公謂衛曰更伐之我辭之故今爲衛請成于晉陳始謂衛可以强得免今晉不聽故更執孔達以自解說于晉說如字○秋八月丁卯。大事于大廟。躋僖公。逆祀也。僖公雖爲閔公兄然繼閔公而立又嘗爲臣廟坐宜在下今居閔公上故云逆祀○姜寶氏曰逆祀者二公位次之逆非昭穆亂也若兄弟相代而即異昭穆設使兄弟四人皆爲君則祖父之廟即已從毀矣故謂坐次可也謂世次不可也於是夏父弗忌爲宗伯。尊僖公。且明見曰吾見新鬼大故鬼小先大後小順也躋聖賢明也明順禮也宗伯掌宗廟昭穆之禮弗忌欲尊崇僖公故明言其意之所見新鬼大謂僖公死時年長又爲兄故鬼小謂閔公死時年少又爲弟先大後小於理爲順僖賢聖而升之於事爲明既明且順可謂得事宗廟之禮君子以爲失禮禮無不順祀國之大事也而逆之可謂禮乎子雖齊聖不先父食久矣故禹不先鯀湯不先契文武不先不窋宋祖帝乙鄭祖厲王猶上祖也左氏既述弗忌之言又設爲君子之論以斷其非禮齊肅也聖通明也言子雖有齊聖之德不敢先父而祭因引古事證之禹雖齊聖而祭不先其父鯀湯雖齊聖而祭不先其始祖契文武雖齊聖而祭不先遠祖不窋此子孫齊聖不可先遠祖之證宋始封之君微子帝乙之子鄭始封之君桓公厲王之子二國不以帝乙厲王爲不肖而猶尊上之以爲祖此父祖不肖不可下子孫之證

此一節明僖繼閔猶子繼父申上不可躋聖賢意○邵寶氏曰宋王者之後其祖帝乙禮也鄭諸侯而祖天子謂有功也有功而廢禮可乎魯之郊禘非禮也鄭祖亦云

是以魯頌曰春秋匪解享祀不忒皇皇后帝皇祖后稷君子曰禮謂其后稷親而先帝也詩曰問我諸姑遂及伯姊君子曰禮謂其姊親而先姑也

詩魯頌閟宮篇春秋錯舉四時也忒差也皇皇大而美也后帝天也皇君也言僖公郊祭上天而以君祖后稷配之君子以爲合禮者謂后稷雖親而必以帝爲先也又詩邶風泉水篇衛女思歸不得設言得歸則先致問於諸姑然後致問於長姊君子以爲合禮者謂姊雖親而必以姑爲先也此一節引詩以明僖雖文之父爲親不可升於閔上申上不可先大後小意

仲尼曰臧文仲其不仁者三不知者三下展禽廢六關妾織蒲三不仁也作虛器縱逆祀祀爰居三不知也

仲尼獨譏文仲者以其執國之政有大知之名而爲不知之事也器謂居蔡山節藻棁也海鳥曰爰居止於魯東門文仲命祀之言文仲卑下展禽而不肯舉薦廢去六關而不設防禁妾織蒲蓆而與民爭利此三事爲不仁無其位而作虛器不知禮而縱逆祀不識鳥而祀爰居此三事爲不知〔知〕去聲

○冬。晉先且居宋公子成陳轅選鄭公子歸生伐秦。取汪及彭衙而還。以報彭衙之役。卿不書。爲穆公故尊秦也謂之崇德。秦穆悔過終用孟明故人諸大夫而不書其名以尊秦也○愚按穆公雖嘗悔過而不能改何德之可尊而崇之歷考自入春秋以來外兵非君將皆稱人即前此晉以三國伐許與明年五國伐沈皆不書大夫姓氏是崇何德哉春秋於人之一字其貶與不終無定論朱晦翁謂不當於一字上理會褒貶以求聖人之意正此之類

○襄仲如齊納幣。禮也。納幣欲娶出姜也禮謂得昏姻之禮凡君即位。好舅甥。脩昏姻。娶元妃。以奉粢

盛孝也孝禮之始也（即位除喪之即位也申好舅甥之國脩議昏姻之事娶嫡夫人以奉宗廟之粢盛）

【經】（丁酉）三年春王正月。叔孫得臣會晉人宋人陳人衛人伐沇。沇潰。（沇國在今河南汝陽縣）○夏五月王子虎卒。（不書爵天王赴也）○秦人伐晉。○秋楚人圍江。○雨螽于宋。○冬公如晉。十有二月己巳公及晉侯盟。○晉陽處父帥師伐楚以救江。

【傳】三年春莊叔會諸侯之師伐沇以其服於楚也。沇潰（以其服楚而不事晉也）凡民逃其上曰潰在上曰逃。（凡民背上而逃如積水之潰放不可止謂之潰國君棄民而走如匹夫脫身逃竄謂之逃）○附錄 衛侯如陳。

拜晉成也。二年陳侯爲衛請成于晉故往拜謝 ○夏四月乙亥王叔文公卒來赴弔如同盟禮也。文公即王子虎與僖公同盟于翟泉故文公弔之如同盟經書五月從赴也 ○秦伯伐晉濟河焚舟取王官及郊晉人不出遂自茅津濟封殽尸而還遂霸西戎用孟明也孟明既敗復受伐故奮勇而出焚舟示必死王官郊並晉地今陝西澄城縣有王官城茅津今河南陝州封殽尸埋藏殽戰死士之尸秦爲西方戎狄之覇故云霸西戎 ○姜寶氏曰史記稱穆公作誓在今取王官封殽尸之後蓋其親見殽尸露骸暴骨之慘不勝悲痛封掩之而作誓言自是遂不服東征誓言終能踐矣若敗殽作誓而復有彭衙以後等役殘民不已不悳自食其言至此 ○傅遜氏曰穆公平亂晉鄰緯乎有霸者之風焉惜乎既信燭之武之言復徇杞子之計惟利焉趨背向彌遠以至將禽師殞幾不自振雖僅收之桑榆曷克以償之君子是以知秦穆公之爲君也舉人之周也與人之壹也孟明之臣也其不解也能懼思也子桑之忠也其知人也能舉善也用人周不以一惡而棄其善與人壹不以終始而有二心不解不以敗事而生懈心懼思因恐懼而有思慮子桑公孫枝也知人知孟明之賢舉善薦于穆公而用之○李廉氏曰左氏以此役爲秦覇西戎之始且稱其舉人之周與人之壹孟明之不解子桑之知人而胡氏諸說皆以爲取者左氏得其事胡氏論其義也詩曰于以采蘩于沼于沚于以用之公侯之事秦穆有焉夙夜匪解以事一人孟明有焉詒厥孫謀以燕翼子子桑有焉詩召南采蘩篇蘩白蒿也沼沼池之方者沚小渚也言蘩雖微物猶可采之以共公侯翰穆公用人不遺小善也又大雅蒸民篇言仲山甫朝夕無所懈怠以事天子翰孟明能不懈而思懼也又大雅文王有聲篇詒遺燕安翼成也言武王遠謀及孫以安成其子翰子桑有舉善之謀也○秋雨螽

于宋隊而死也。螽隊地而死有似于雨故經書雨螽隧音墜○楚師圍江。

晉先僕伐楚以救江。先僕晉大夫杜預氏云晉救江在雨螽下故使圍江之經隨在雨螽下○冬。晉以江故告于周。王叔桓公晉陽處父伐楚以救江。門于方城。遇息公子朱而還。晉欲假天子之威以伐楚故以江故告周桓公周王叔文公之子卿士也公子朱楚大夫即伐江之師○愚按陽處父帥師救江其意實以楚不可敵也故不敢直趨江城之下而揚聲伐楚以救江夫伐楚者豈不深入其境哉而左氏云門于方城遇息公子朱而還則是兵甫至楚固已即退矣杜注子朱聞晉師起而江兵解故晉亦還竊疑楚聲方張豈爲晉師一闖其境而即肯解去乎蓋陽處父之徒藉口以退師爾觀四年書楚滅江江圍何嘗解也○晉人懼其無禮於公也。請改盟。公如晉。及晉侯盟。二年晉使處父盟公耻之今文公來朝襄公自病其前盟之非禮故請改其處父之盟晉侯饗公賦菁菁者莪莊叔以公降拜曰小國受命於大國敢不慎儀君貺之以大禮何樂如之抑小國之樂大國之惠也晉侯降辭登成拜公賦嘉樂菁菁者莪詩小雅篇名取其既見君子樂且有儀以公降拜謝其以公比君子也詩有有儀之言故云敢不慎儀大禮燕享也降辭降階辭讓也登成拜賓主俱還堂成拜禮也嘉樂詩大雅篇名取其顯顯令德宜民宜人受祿於天以祝頌晉襄也(嘉)音假

經戊戌四年春公至自晉無傳○夏逆婦姜于齊稱婦有姑之辭○狄侵齊無傳○秋楚人滅江○晉侯伐秦○衛侯使甯俞來聘○冬十有一月壬寅夫人風氏薨僖公母成風莊公妾也而稱夫人蓋薺之以夫人之禮也

傳四年附錄春。晉人歸孔達于衛。以為衛之良也。故免之。二年衛執孔達以說晉至是始歸之○附錄夏。衛侯如晉拜。謝歸孔達也○附錄曹伯如晉會正。會受貢賦之政杜預氏云傳言襄公能繼文之業所以諸侯服從○逆婦姜于齊。卿不行。非禮也。禮諸侯有故則使卿逆不書其人則必微者非卿也君子是以知出姜之不允於魯也。曰貴聘而賤逆之。君而卑之。立而廢之。弃信而壞其主。在國必亂。在家必亡。不允宜哉。詩曰。畏天之威。于時保之。敬主之謂也。文公薨而見出故云出姜允信也始不見尊貴終必不為國人所敬信公子遂納幣是使貴者聘也迎不用卿是使賤者逆也君小君也立為小君而卿不行是君而卑之不以夫人禮逆是立而廢之棄信即逆而廢之主內主也壞主即君而卑之詩周頌我將篇時是也言成王能畏天之威于是可以保守其福祿今國以君夫人爲主而魯不敬其夫人宜出姜不能保其福祿也○秋晉侯伐秦圍邧新城以報王官之役邧新城秦邑王官役在前年○楚人滅江秦伯爲之降服出次不舉過數降服素服出次辟正寢不舉去盛饌鄰國之禮有數今過之故云過數大夫諫公曰同盟滅雖不能救敢不矜乎吾自懼也矜謂矜恤之自懼自警懼也君子曰詩云惟彼二國其政不獲惟此四國爰究爰度其秦穆之謂矣詩大雅皇矣篇爰於也究度皆謀也言夏商二國其政不得人心故此四方諸侯皆懼而究度其政事君子引詩言秦穆公亦能感江之滅懼而思政也○衛甯武子來聘公與之宴爲賦湛露及彤弓不辭又不荅賦使行人私焉湛露彤弓皆小雅篇名行人掌賓客之官私私問之杜預氏云非禮之常公特命樂人以示意故言爲賦

對曰臣以爲肄業及之也昔諸侯朝正於王王宴樂之於是乎賦湛露則天子當陽諸侯用命也諸侯敵王所愾而獻其功王於是乎賜之彤弓一彤矢百玈弓矢千以覺報宴今陪臣來繼舊好君辱貺之其敢干大禮以自取戾肄習也武子許言我以爲樂工自習詩業偶及此篇不知爲宴臣而設也朝正朝王而受政教也湛露詩曰湛湛露斯匪陽不晞陽日晞乾也言露見日而乾猶諸侯稟天子之命而莫之敢違也敵猶當也愾怒覺明也言諸侯盡力敵王所怒之人王既賜之矢弓又爲歌彤弓之詩以明報功宴樂之意武子因舉天子之事故自稱陪臣貺賜干犯戾罪也蓋魯人既失所賦武子辭之則是彰其失也答賦則是當其寵也故因行人之問而私及之孔子謂其愚不可及此亦一端云○邵寶氏曰甯武子之不拜湛露彤弓禮也二詩何詩也而歌于魯侯之堂乎其言曰肄業及之忠告而婉○

冬成風薨。杜預氏云爲明年王使來含賵傳

【經】己亥五年春王正月，王使榮叔歸含且賵。榮采地叔字周大夫贈葬以珠玉曰含車馬曰賵○三月辛亥，葬我小君成風。無傳○王使召伯來會葬。召采地伯爵天子卿士○夏，公孫敖如晉。無傳○秦人入鄀。○秋，楚人滅六。六國今南直隸六安州有六城○冬十月甲申，許男業卒。無傳

【傳】五年春，王使榮叔來含且賵，召昭公來會葬，禮也。成風僖公母莊公妾也天子以夫人禮賵之杜預氏云明母以子貴故曰禮也○劉敞氏曰庶子爲君爲其母無服不敢貳尊者也妾母稱夫人王不能正又使公卿會葬何禮之有○初，鄀叛楚即秦，又貳於楚。鄀楚屬國夏，秦人入鄀。討其貳也○六人叛楚。

卽東夷（六楚屬國）秋楚成大心仲歸帥師滅六（仲歸子家也）冬楚子燮滅蓼臧文仲聞六與蓼滅曰皐陶庭堅不祀忽諸德之不建民之無援哀哉（杜注六與蓼皆皐陶後庭堅皐陶字馬永卿氏云若庭堅卽皐陶文公不應連言之似是兩人羅泌氏云六皐陶之後蓼庭堅之後頗爲近似言二國忽然而亾遂絶皐陶庭堅之祀蓋由二國之君旣不能建立明德又無大國之援致使蠻夷猾夏以滅聖賢之後豈不哀哉○郭登氏曰連書晉秦入鄀楚滅六又滅蓼西秦南楚憑陵中夏呑噬弱小而無忌憚也病乎晉襄之覇業衰矣○附錄）晉陽處父聘于衛反過甯甯嬴從之及溫而還其妻問之嬴曰以剛商書曰沈漸剛克高明柔克夫子壹之其不沒乎天爲剛德猶不干時況在人乎且華而不實怨之所聚也犯而聚怨不可

以定身。余懼不獲其利而離其難。是以去之四年衛侯如晉拜歸孔達故聘以報之衛晉邑嬴逆旅大夫初喜處父為人而從之及至晉之溫邑而嬴還故嬴妻怪而問其故商商書今周書洪範篇沉潛猶滯溺也尚書作沉潛剋能也高明猶亢爽也夫子謂處父言性深沉不暴露之人為能剛高明不闇弱之人為能柔今處父一於用剛而無沉潛之意必不得其死也天乘陽故其德為剛猶且寒暑相順不純用剛况為人而可一於用剛乎且處父為人口惠而實不至猶草木有華而不結實佹怨之所聚也夫一於用剛則犯人華而不實則聚怨以若所為必不能安定其身而遇害也我之所懼者以其華而不實則我必不獲其利而剛以犯人則我必遭其難無利有難我所以去也杜預氏云為六年晉殺陽處父傳〇附錄

晉趙成子。欒貞子。霍伯。臼季。皆卒。成子趙衰也貞子欒枝也霍伯先且居也臼季胥臣也杜預氏云為六年蒐於夷傳

春秋左傳註評測義卷之十七終

春秋左傳註評測義卷之十八

明吳興後學凌稚隆輯著

文公二

【經】庚子六年春。葬許僖公。無傳○夏。季孫行父如陳。行父季孫文子也○秋。季孫行父如晉。○八月乙亥。晉侯驩卒。○冬十月。公子遂如晉。○葬晉襄公。○晉殺其大夫陽處父。○晉狐射姑出奔狄。射姑狐偃子賈季也○高閌氏曰先書晉殺處父繼書射姑出奔則實殺處父之罪自著矣○閏月不告月。猶朝于廟。猶朝于廟者幸其不已之辭

【傳】六年附錄春。晉蒐于夷。舍二軍。前年四卿卒故蒐以謀軍帥夷晉地僖三

十二年晋作五軍今舍二軍復三軍之制使狐射姑將中軍趙盾佐之。陽處父至自溫。改蒐于董。易中軍。陽子。成季之屬也。故黨於趙氏。且謂趙盾能。曰。使能。國之利也。是以上之。射姑狐偃子代先且居盾趙衰子代其父處父往年聘衛過溫今始歸改治兵于董易中軍帥以盾爲帥使射姑佐之蓋處父嘗爲盾屬大夫所以附黨于盾之父子上之謂中軍佐推而上之使爲元帥董今山西萬泉縣宣子於是乎始爲國政。制事典。正法罪。辟獄刑。董逋逃。由質要。治舊洿。本秩禮。續常職。出滯淹。既成。以授大傅陽子與大師賈佗。使行諸晋國。以爲常法。宣趙盾謚中軍帥乃晋執政卿事國事也典常法也法罪謂輕重之罪辟猶理也董督也謂負罪逃逋者督察追捕之也由猶用也質要券契也舊洿謂洿濊不理者秩禮所以辯上下故正其本常職所以守世

業故續其後滯淹謂賢能在下位者佗○臧文仲以
昔之公族常法謂一定之法惡音烏
陳衛之睦也欲求好於陳夏季文子聘于陳且娶焉
以親衛故而幷及陳臣非君命不越竟故因聘而自爲娶○附錄秦伯任好卒以子
車氏之三子奄息仲行鍼虎爲殉皆秦之良也國人
哀之爲之賦黃鳥任好穆公名子車秦大夫以人從葬曰殉黃鳥秦國風篇言黃鳥止
於棘棗往來得其所傷三良不然也○邵寶氏曰覇以用夏變夷爲事秦穆宋襄志于覇而以夷道行之
宜其不終也穆也殉人襄也用人君子曰秦穆之不爲盟主也宜哉
言其僅覇西戎而不能爲中國之盟主者固其宜也死而弃民先王違世猶詒
之法而況奪之善人乎詩曰人之云亡邦國殄瘁無
善人之謂若之何奪之蓋善人者民之望也今殺之以殉葬是弃民之望也古者

先王將違世而死尚立法度以遺子孫何況善人乃所以輔子孫者而可奪之以爲殉乎詩大雅召旻篇人謂善人亾與無同殄絕瘁病也詩之所云邦國殄瘁乃無善人之謂也古之王者知命之不長是以竝建聖哲樹之風聲分之采物著之話言爲之律度陳之藝極引之表儀予之法制告之訓典教之防利委之常秩道之以禮則使毋失其土宜衆隸賴之而後卽命聖王同之今縱無法以遺後嗣而又收其良以死難以在上矣竝建所用非一人也聖通哲知也下卽用人之事樹立也因土地風俗而立之聲教也采章物色也旌旗衣服之采章物色各有分制也話善也爲作善言遺戒也律鍾律度度量所以治歷明時也藝準極中也貢獻多少之法陳其準限以示民也引導也表儀威儀也刑典古之遺令也防防惡利興利委任也常秩官司之常職禮則禮節法制也衆隸衆民

也卽就也言使因地之利毋失其宜衆民有所倚賴然後順正命范苑葢自古聖王無不如此難以在上卽邦國殄瘁之意

君子是以知秦之不復東征也。東征征討東土爲霸主也

○秋，季文子將聘於晉，使求遭喪之禮以行。行父聞晉侯疾故使求大夫聘而遭喪之禮以往 其人曰：將焉用之。文子曰：備豫不虞，古之善教也。求而無之，實難。過求何害。其人從者也難難卒得也孔子謂文子三思者以此

○八月乙亥，晉襄公卒。○郭登氏曰桓文既沒齊孝不能纂桓公之烈致宋楚之交爭而晉襄能繼文公之續挫三強而復霸三強者何秦強於西狄強於北楚強於南戰殽以却秦敗箕以翦狄伐許以離楚一年之內三敵悉退亦可謂有霸者之畧焉雖不及乎前人則勝齊孝爲之遠矣

靈公少，晉人以難故，欲立長君。難故內外猶未寧也 趙孟曰：立公子雍，好善而長，先君愛之，且近

於秦秦舊好也置善則固事長則順立愛則孝結舊則安爲難故故欲立長君有此四德者難必抒矣（趙盾字孟雍文公庶子杜祁所生仕秦去晉爲近迎之易也置立也抒服虔作紓緩也言好善而立之則其本固年長而事之則其理順立先君之所愛則爲孝結舊日之好情則可安今爲國家多難之故所以欲立長君能兼此四者之德必可以緩晉國之難也）賈季曰不如立公子樂辰嬴嬖於二君立其子民必安之（狐射姑字季樂亦文公庶子懷嬴所生卽辰嬴也初爲懷公妻後又納於文公故云嬖於二君以其母嬖故民安）趙孟曰辰嬴賤班在九人其子何震之有且爲二嬖淫也爲先君子不能求大而出在小國辟也母淫子辟無威陳小而遠無援將何安焉杜祁以君故讓偪姞而上之以狄故

讓季隗而已次之故班在四先君是以愛其子而仕諸秦爲亞卿焉秦大而近足以爲援母義子愛足以威民立之不亦可乎班位也言自夫人以下其位列在第九震威也言貞女不事二夫而乃嬖於二君是淫邪也雖爲先君之子不能求其大國而仕於陳是僻陋也無威望可以服人無黨援可以固位故云何安言民不與之相安也杜祁杜伯之後杜姓也偪姞姞姓之女生襄公爲世子季隗爲文公在狄時所娶故杜祁皆讓之使居已上其本班在二以讓二班故降爲四文公因此寵愛之見其賢而位尊使先蔑士會如秦逆公子雍賈季亦使召公子樂于陳趙孟使殺諸郫先蔑士伯也士會隨季也郫晉地○金履氏曰晉自文公始覇後世賴之公子雍親文公子年長而賢趙孟立之是矣而偪求穆嬴卒詐敗秦師而立靈公晉遂失覇其後靈公不君卒以欲殺趙盾見弑而盾亦卒被弑君之名見義而爲之不終惜哉

○賈季

怨陽子之易其班也而知其無援於晉也。九月。賈季使續鞫居殺陽處父。狐射姑本將中軍處父易以為佐故怨之族少多怨故無援鞫居狐氏之族食采於續書曰。晉殺其大夫侵官也。君已命帥處父易之故經不書賈季殺而書晉殺以其侵官也○張洽氏曰據左氏則若晉國之事一聽於陽處父者及考穀梁所謂漏言則是易中軍乃處父密言於襄公公不能謹而輕漏之以致射姑之殺處父春秋所以分其殺於君與大夫也○冬十月。襄仲如晉葬襄公。○十一月。丙寅晉殺續簡伯。簡伯續鞫居也賈季奔狄。宣子使臾駢送其帑。帑妻子也宣子以同官故使屬大夫送之夷之蒐。賈季戮臾駢。臾駢之人欲盡殺賈氏以報焉。臾駢曰。不可。吾聞前志有之曰。敵惠敵怨。不在後嗣。忠之道也。夫子禮於賈季。我以其寵報私怨無乃不可乎介人之寵非勇也損怨益仇非知也以私害公非忠也釋此三者何以事夫子盡具其帑與其器用財賄親帥扞之送致諸竟戮刑以辱之前志古書敵猶對也有惠於人不復望報於其子有怨於人不復致仇於其子是爲忠道夫子指趙孟禮謂送帑寵謂使送其帑介因也因人之寵用以報私仇也損除也殺其帑本以除怨宣子將復怨已是益仇也釋去扞衛也竟狄竟○閏月不告朔非禮也天子常以季冬頒來歲之月朔於諸侯諸侯受而藏之祖廟每月朔則告廟享而行之文公以閏爲附月之餘故闕不告朔怠慢政事非敬授人時之禮杜預氏云經稱告月傳稱告朔明告月必以朔也閏以正時時以作事事以厚生生民之道於是乎在矣不告閏朔棄時政也何以爲民四時盈虛漸差故置閏月以定四時而成歲斯民順四時而作事事

不失時則年豐熟而民生厚生民之道皆在閏月言其所係者重也今以閏月而不告朔上則棄天之時下則棄人之政何以爲治民之道〔爲〕如字

〔經〕辛丑晉靈公秦康公元年七年春。公伐邾。○三月甲戌。取須句。須句魯封內屬國僖公反其君之後邾復滅之書取易也遂城郚。無傳郚魯地今山東泗水縣有郚鄉城因伐邾之師以城郚備邾難也〔郚〕音吾○夏四月。宋公王臣卒。○宋人殺其大夫。不名殺者非公也○戊子。晉人及秦人戰于令狐。程子云晉不謝秦秦納不正皆罪也故稱人晉先蔑奔秦。不言出在外也○狄侵我西鄙。○秋八月。公會諸侯晉大夫盟于扈。扈鄭地○冬。徐伐莒。公孫敖如莒涖盟。

〔傳〕七年。公伐邾。閒晉難也。閒乘也時霸國有喪公因是遂侵小國○三月甲戌取須句寘文公子焉非禮也僖二十二年僖公復須句之後邾復滅之至是魯復取須句以邾文公之子叛在魯遂使守須句絕大皥之後以與叛臣故云非禮〇

夏四月宋成公卒於是公子成爲右師公孫友爲左師樂豫爲司馬鱗矔爲司徒公子蕩爲司城華御事爲司寇成莊公子友目夷子豫戴公玄孫矔桓公孫蕩桓公子以武公名廢司空爲司城御事華元父杜預氏云傳言六卿皆公族昭公不親信之所以致亂矔音貫昭公將去羣公子樂豫曰不可公族公室之枝葉也若去之則本根無所庇廕矣葛藟猶能庇其本根故君子以爲比況國君乎此諺所謂庇焉而縱尋斧焉者也必不可君其圖之親之以德皆股肱也誰敢攜貳若之何去之不

聽。昭公恐公族盛大爲已害故欲殺之公室猶木之本根公族其枝葉也葛藟王風葛藟篇豫以葛藟比王族言葛之藟蔓繁滋者猶能庇廕其根本故詩人取以喻宗族兄弟何況爲一國之君而可去公族之庇廕乎此俗語所謂籍木之庇而縱長斧以伐之者也縱放也八尺曰尋言長也○陳傅良氏曰昭公去羣公子而樂豫以公子而争之豫之言雖是而昭公固已疑之矣穆襄之族率國人以攻公殺公孫固公孫鄭于公宫。六卿和公室。樂豫舍司馬以讓公子卬。昭公卽位而葬。穆公襄公之子孫昭公所欲去者先公未發而作亂固鄭時在公宫故爲其所殺六卿謂右師華和公室言和公族之攻公者卬昭公弟豫以巳之官讓之以爲和然後宋國復安昭公卽君位而葬成公書曰。宋人殺其大夫。不稱名。衆也。且言非其罪也。經不書殺者及死者名以殺者衆死者無罪故也○秦康公送公子雍于晉。曰。文公之入也無衛。

故有呂郤之難。乃多與之徒衞。文公入在僖公二十四年穆嬴日抱大子以啼于朝。曰。先君何罪。其嗣亦何罪。舍適嗣不立。而外求君。將焉寘此。出朝則抱以適趙氏。頓首於宣子曰。先君奉此子也。而屬諸子。曰。此子也才。吾受子之賜。不才。吾唯子之怨。今君雖終。言猶在耳。而弃之。若何。穆嬴晉襄公夫人大子即靈公夷皐屬托也夫人述先君屬托之辭言大子若長成而有才能則我受宣子教訓之賜若大子長成不才則我亦惟怨宣子不教訓之過也〔屬〕音燭宣子與諸大夫皆患穆嬴。且畏偪。乃背先蔑而立靈公。以禦秦師。箕鄭居守。趙盾將中軍。先克佐之。荀林父佐上軍。先蔑將下軍。先都佐之。步招御戎。戎津爲右。

及堇陰。畏偪畏國人以大義偪已初宣子使先蔑迎公子雍故言背先蔑時秦以兵送子雍故宣子遣兵禦之先克且居子箕鄭將上軍居守故佐獨行先蔑逆公子雍前還晉故將下軍步招戎津皆晉大夫晉人始以逆雍出軍卒然受計立靈公故車右戎衛猶在職堇陰晉地○姜寶氏曰啖氏云上言背先蔑立靈公明蔑在秦也次言先蔑將下軍則是蔑又在晉也何其自相背乎啖子之辯是矣但先蔑若在秦未嘗歸則經安得書奔秦以經書奔秦則先蔑是逆雍之後還至令狐乃復在秦也惟先蔑將下軍一句明是傳悞宣子曰。我若受秦。秦則賓也。不受寇也。既不受矣。而復緩師。秦將生心。先人有奪人之心。軍之善謀也。逐寇如追逃。軍之善政也。訓卒利兵。秣馬蓐食。潛師夜起。戊子。敗秦師于令狐。至于刳首。言秦送子雍而我受之則當以賓客之禮待秦不受則當以治寇敵之法治秦今既不受子雍矣而復緩於用兵則秦必生心

爲害先人先發制人也奪心奪敵之戰心也秣飼食也蓐食早食於寢蓐也潛師使之無聲夜起掩其不備刜首晉地蓐音辱

巳丑先蔑奔秦士會從之士會同迎公子雍亦同奔也○孫應鰲氏曰是舉也夷皐不當立則不宜聽穆嬴以畏偪如當立則不必爲雍子之求所謂大臣以遇大事而能斷也卒之令狐之役既以背秦又違先蔑夷皐竟以亂國宣子終有弑名當斷不斷反受其亂有以也夫

先蔑之使也荀林父止之曰夫人大子猶在而外求君此必不行子以疾辭若何不然將及攝卿以往可也何必子同官爲寮吾嘗同寮敢不盡心乎弗聽爲賦板之三章又弗聽及亡荀伯盡送其帑及其器用財賄於秦曰爲同寮故也荀林父中行桓子也此必不行此事必不可行也將及禍將及巳也先蔑晉卿故欲大夫攝卿以往僖二十八年林父將中行先蔑將左行故云同

禎

官爲寮板詩大雅篇名其三章取芻蕘之言猶不可忽荀伯即林父○孫應鰲氏曰林父料事既明處心尤厚

士會在秦三年。不見士伯。其人曰。能亡人於國。不能見於此。焉用之。士季曰。吾與之同罪。非義之也。將何見焉。及歸。遂不見。士伯即先蔑亡人與人俱亡也焉用何用如此也士季即士會言吾與先蔑同罪而同奔非慕其義而從之士會歸在十三年杜預氏云責先蔑爲正卿而不匡諫且俱出奔惡有黨也○呂祖謙氏曰士會不以同患而親蔑可也至于絕迹不見則矯枉過直矣

○狄侵我西鄙。公使告于晉。趙宣子使因賈季問酆舒。且讓之。酆舒狄相讓責也時賈季奔狄故宣子使人因賈季介紹以問勞酆舒且責其伐魯酆舒問於賈季曰。趙衰趙盾孰賢。對曰。趙衰。冬日之日也。趙盾。夏日之日也。冬日可愛夏日可畏

○秋八月齊侯宋公衛

侯陳侯鄭伯許男曹伯會晉趙盾盟于扈晉侯立故也公後至故不書所會晉侯靈公也不書所會謂不列諸侯大夫名○愚按左氏以爲公後至故不書所會若爾當如十六年季孫行父會齊侯于陽穀齊侯不及盟之例則於義乃明不得以不序諸侯見公之後至也劉經既明稱公會諸侯晉大夫盟于扈矣又何所據而謂公獨後至乎臨川吳氏謂不列序諸國以當時無盟主而大夫强合諸侯故畧之也此說平易有理凡會諸侯不書所會後也後至不書其國辟不敏也辟不敏謂辟不敏於會事也杜預氏云此傳還自釋凡例之意○穆伯娶于莒曰戴己生文伯其娣聲己生惠叔戴己卒又聘于莒莒人以聲己辭則爲襄仲聘焉穆伯公孫敖也己莒姓戴聲皆謚文伯即穀惠叔即難以聲己辭言戴己雖死其娣聲己尚在當爲繼室也襄仲即公子遂敖之從弟冬徐伐莒莒人來請

盟穆伯如莒涖盟且爲仲逆及鄢陵登城見之美自爲娶之。莒爲徐所伐求援於魯而盟穆伯因爲襄仲逆其婦歸鄢陵莒邑仲請攻之。公將許之。叔仲惠伯諫曰臣聞之兵作於內爲亂於外爲寇寇猶及人亂自及也今臣作亂而君不禁以啓寇讎若之何公止之惠伯成之使仲舍之公孫敖反之復爲兄弟如初從之。惠伯叔牙之孫言兵起於國內爲亂兵起於國外爲寇寇猶及他人亂則自及其身而已今襄仲請攻穆伯而文公許之是自啓寇讎之禍也止從其諫也成平也平和其事也舍不娶也反還莒女也從之人皆從其請也杜預氏云爲明年公孫敖奔莒傳○

附錄晉郤缺言於趙宣子曰。日衛不睦。故取其地。今已睦矣可以歸之。日往日元年晉伐衛取戚田叛而不討何以示威。

服而不柔。何以示懷。非威非懷。何以示德。無德何以主盟。子爲正卿。以主諸侯。而不務德。將若之何。柔安也懷撫也宣子爲中軍帥故云正卿夏書曰。戒之用休。董之用威。勸之以九歌。勿使壞。九功之德皆可歌也。謂之九歌。六府三事謂之九功。水火金木土穀。謂之六府。正德利用厚生。謂之三事。義而行之。謂之德禮。無禮不樂。所由叛也夏書大禹謨篇休美董督也言人有善則戒喻而休美之人有罪則董督而威刑之然又以事之出於勉強者不能久復以九叙之歌而勸勉之使前日之九功得以久存而不壞也此以下釋書之意謂九功惟叙則其德皆可歌所以謂之九歌合六府與三事所以謂之九功水火金木土穀六者財用之所自出所以謂之六府正德利用厚生三者人事之所當爲所以謂之三事故合其宜而行之則謂之有德有禮無禮則民自不樂所以叛其上也若吾子之德莫可歌也其誰來之盍使睦者歌吾子乎吾子謂宣子睦者謂衛言宣子無德可以歌詠其誰肯親慕而歸向之子曷不使衛人歌吾子之德乎蓋諷宣子使歸戚田也宣子說之杜預氏云為明年晉歸鄭衛田傳○眞德秀氏曰此章收功全在睦者歌吾子一語蓋人之常情強軋之未必從而順導之常見聽此宣子之所以說也

【經】壬寅八年宋昭公元年春王正月○夏四月○秋八月戊申天王崩○冬十月壬午公子遂會晉趙盾盟于衡雍大夫之專盟始于此衡雍鄭地近踐土○乙酉公子遂會雒戎盟于暴雒水名蓋諸戎雜居雒水之間故云雒戎暴鄭地○公孫敖如京師不至而復丙戌奔莒奔不言出不自位出也○螽無傳為災故書○宋人殺

其大夫司馬。宋司城來奔。○石介氏曰前書宋人殺其大夫蓋言死者衆也此年書宋人殺其大夫司馬宋司城來奔蓋言官者殆盡也

傳八年。附錄春。晉侯使解揚歸匡戚之田于衞。解揚晉大夫匡本衞邑中屬鄭盾因郤缺言令鄭歸之并歸以元年取戚田且復致公壻池之封。自申至于虎牢之竟自申至虎牢之竟皆公壻池原所封之地杜預氏云傳言趙盾所以能相幼主而盟諸侯○愚按杜注公壻池晉君女壻竊疑春秋時惟有公子公孫未嘗有稱公壻者假有之趙穿亦公壻也十七年與公壻池爲質於鄭何以穿獨不稱公壻據劉氏以爲公壻楚地池其名有公壻溪見定五年此人因地爲名非晉壻也此說得之又杜注晉取衞地以封公壻池今并還衞申鄭地竊疑池封既衞地矣申與虎牢皆鄭地何緣乃以歸衞據服虔氏以爲致之于鄭而傳遜氏亦云讀傳上文晉侯使解揚歸匡戚之田于衞衞事畢矣下文且復致公壻池之封自申至於虎牢之竟非衞事矣

蓋公胥池必是楚人奔晉晉取鄭田封之今既使鄭歸衛之侵田寧不以已所侵于鄭者歸之乎傳以申與虎牢皆鄭地則還鄭已明故不復言鄭況上文杜注已言歸鄭衛田張本而此不言鄭其誤自見二說得之○附錄

夏秦人伐晉取武城以報令狐之役武城晉邑令狐之役在前年○秋襄王崩○晉人以扈之盟來討以前年盟扈公後至故

冬襄仲會晉趙孟盟于衡雍報扈之盟也遂會伊雒之戎報猶復也公子遂聞伊雒之戎將伐魯不及復於君遂專命與之盟○高誘氏曰天王崩諸侯不奔喪而盾遂皆國之正卿乃自相會盟于王畿之內惡莫大焉書曰公子遂珍之也珍貴也言遂權與戎盟得事之宜故褒稱公子以貴之○劉敞氏曰若兩稱公子爲褒公子遂如京師遂如晉則貶矣彼不謂貶何耶○穆伯如周弔喪不至以幣奔莒從已氏焉已氏莒氏也穆伯不至京師而以弔周之幣出奔莒國從前年還莒之女爲十

五年齊人歸公孫枝裘張本○宋襄夫人襄王之姊也昭公不禮焉夫人因戴氏之族以殺襄公之孫孔叔公孫鍾離及大司馬公子卬皆昭公之黨也襄夫人昭公適祖母也司馬握節以死故書以官司城蕩意諸來奔效節於府人而出公以其官逆之皆復之亦書以官皆貴之也司馬卬公子卬節國之符信握之以死示不廢命故書官不名以貴之意諸公子蕩之孫效猶致也致節於府人亦示不敢廢命卿違從大夫位魯文公賢其效節故以本官逆之復請于宋并司城宮屬來奔者皆復之亦書以官皆貴之也○愚按司馬握節而死司城效節而出大夫之常事爾而左氏謂春秋以此故書官考周官惟守邦國都鄙及出使有節六卿居官者未必有節也故啖助氏謂舊說此二人不失節故誤以節義之節爲符節也如孔父義形於色而誤爲女色爾此說爲是○邵寶氏曰前志有之大夫死命又

曰有官守者不得其職則去故司馬握節死司城效節出奔秋皆以官書死去異乎死道一去道二有去于幾者有去于遠者去于幾者與死道同去于遠與死道異○附錄

夷之蒐。晉侯將登箕鄭父、先都，而使士縠、梁益耳將中軍。先克曰：「狐、趙之勳，不可廢也。」從之。先克奪蒯得田于堇陰。故箕鄭父、先都、士縠、梁益耳、蒯得作亂。夷蒐在六年登升之于上軍也克言狐偃趙衰有從文公出亡之勳其子孫不可廢先克中軍佐七年晉禦秦師於堇陰以軍事奪其田故五人作亂皆怨先克也杜預氏云爲明年殺先克張本

【經】癸卯周頃王元年九年春，毛伯來求金。毛伯天子大夫公孫敖既不至京師魯遂不供天子之喪故毛伯於是來求金○夫人姜氏如齊。無傳歸寧也二月，叔孫得臣如京師。辛丑，葬襄王。卿共葬事禮也○晉人殺其

大夫先都。以作亂○三月。夫人姜氏至自齊。無傳○晉人殺其大夫士穀及箕鄭父姜寶氏云春秋原晉亂之本而書殺先都又書殺士穀箕鄭父葢箕鄭之死由士穀之失職士穀之死由趙盾之代其位將中軍也春秋殺稱人以見事由盾而非君意書死者不去其官以見非國討○楚人伐鄭。公子遂會晉人。宋人。衛人。許人。救鄭。○夏。狄侵齊。無傳○秋。八月。曹伯襄卒。無傳○九月。癸酉。地震。無傳杜預氏云地道安靜以動爲異故書○冬。楚子使椒來聘。杜預氏云椒不書氏史畧文○秦人來歸僖公成風之襚。杜預氏云不稱夫人從來者辭○葬曹共公。無傳

【傳】九年春王正月己酉。使賊殺先克先都等怨先克陰使賊殺之經不書不赴也乙丑。晉人殺先都梁益耳。杜預氏云乙丑正月十九日經書二

月從告○毛伯衛來求金。非禮也。天子不私求財故曰非禮不書王命。未葬也。襄王未君故不書王命義與隱三年武氏子求賻同○二月。莊叔如周。葬襄王。○三月。甲戌。晉人殺箕鄭父、士縠、蒯得。杜預氏云梁益耳蒯得不書皆非卿○范山言於楚子曰。晉君少。不在諸侯。北方可圖也。范山楚大夫楚在南故以中原爲北楚素欲馮陵諸夏所以兵久不至鄭者爲城濮之後猶懼晉霸餘威爾至是聞晉君少不能親事而趙盾又方亂國無志諸侯所以乘間而伐鄭楚子師于狼淵。以伐鄭。囚公子堅、公子尨、及樂耳。鄭及楚平。狼淵鄭地在今河南許州境三子皆鄭大夫生獲曰囚公子遂會晉趙盾、宋華耦、衛孔達、許大夫救鄭。不及楚師。卿不書。緩也。以懲不恪。華耦華父督曾孫時楚師已還故不及經不書卿名緩不及事也且以懲諸大夫奉命出會而不共恪杜預氏云公子遂獨不貶者從國史不同之于他國○陳傅良氏曰晉遂不競而楚莊霸也春秋重貶之志楚莊霸事之權輿歟○附錄夏楚侵陳克壺丘以其服於晉也壺丘陳邑○附錄秋楚公子朱自東夷伐陳陳人敗之獲公子茷陳懼乃及楚平公子朱息公也以小勝大故懼而請成杜預氏云傳言楚以晉君少陵中國明年所以有闕貉之會○冬楚子越椒來聘執幣傲越椒令尹子文從子傲不敬也叔仲惠伯曰是必滅若敖氏之宗傲其先君神弗福也楚若敖氏之後凡聘必告廟而行言辭稱先君以相接令傲慢而不敬是傲其先君神弗福之也杜預氏云爲宣四年楚滅若敖氏張本○張洽氏曰伐鄭而聘魯亦遠交近攻之意○秦人來歸僖公成風之襚禮也秦不與魯國盟無赴弔之制爲慕諸夏欲通敬於魯故追贈僖公并及成風傳以爲禮者以接好爲禮不譏其緩也

○姜寶氏曰僖公成風如惠公仲子亦是兩人兼禭當時成風死已四年僖公薨已九年無來禭之理但秦欲伐晉而假歸禭一節以觀魯之情猶楚欲圖北方而假來聘以親魯所謂遠交近攻之意也因禭成風不可無僖公禭婦人夫死從子先僖公而後成風自是史文之體當然程子云雖子母先君後夫人禮當然是也

諸侯相弔賀也雖不當事苟有禮焉書也以無忘舊好凡告相弔賀之禮雖延緩不當於事苟有禮意相接必書之于典策垂示子孫以無忘舊好也

【經】甲辰十年春王三月辛卯臧孫辰卒無傳○夏秦伐晉○楚殺其大夫宜申宜申子西也○吳澂氏曰商臣弑君父天地所不容宜申越十年而乃謀弑其義不足稱也然其謀不遂而身見戮聖人不以其當受今將之誅而以國殺大夫爲文其意深矣○自正月不雨至于秋七月無傳義與二年同○及蘇

子盟于女栗。女栗地名闕蘇子周卿士僖十年蘇子奔衛至是復見于經蓋王復之

冬。狄侵宋。無傳〇楚子蔡侯次于厥貉。厥貉地名闕將伐宋而未行故書次〔貉〕音陌

【傳】十年春。晉人伐秦。取少梁。少梁秦邑今陝西韓城縣有少梁城〇夏秦伯伐晉。取北徵。北徵晉邑今陝西澄城縣有北徵城報少梁也〇初楚范巫矞似謂成王與子玉子西曰。三君皆將強死。范邑之巫名矞似強健也無病而死謂被殺也〔矞〕尹必反〔強〕其丈反城濮之役。王思之。故使止子玉曰。毋死。不及。止子西。子西縊而縣絕。王使適至。遂止之。使為商公。城濮之役在僖二十八年成王思范巫強死之言故止子玉子西之死與得范巫之言不驗縣絕縣繩偶絕也商楚邑傳言子西所以不死沿漢泝江。將

入郢。王在渚宮，下見之。懼而辭曰：臣免於死，又有讒言謂臣將逃，臣歸死於司敗也。王使爲工尹。又與子家謀弑穆王。穆王聞之。五月，殺鬬宜申及仲歸。沿順流泝逆流郢楚都小洲曰渚司敗司寇也子西本欲爲亂見王懼而飾辭言願歸死不敢之商工尹掌百工之官仲歸子家經不書非卿也沿悅專反泝音素○秋七月，及蘇子盟于女栗，頃王立故也。頃王新立故與魯爲盟親諸侯也○陳侯、鄭伯會楚子于息。冬，遂及蔡侯次于厥貉。息國楚滅之爲縣時晉靈公少楚穆王欲與晉爭覇故陳鄭蔡三國皆從楚會于息杜預氏云陳鄭及宋麇不書者宋鄭受役於司馬麇子逃歸故不列於諸侯宋鄭猶然則陳侯必同也○季本氏曰據左傳則厥貉之次當列陳侯鄭伯而經畧不一見焉安得盡從傳文耶觀新城之盟三國皆手則其未嘗與楚可知矣說者不此之據而乃於厥貉之次附爲削三國書蔡侯之說不亦牽强之甚乎將以伐宋。宋華御事曰。楚欲弱我也。先爲之弱乎。何必使誘我。我實不能。民何罪。宋獨未從楚故將伐之御事華元之父宋大夫言楚欲弱我莫若先示之弱而服之乎何必使楚誘我共戰我實不能敵楚宋國之民何罪而死乎戰乃逆楚子。勞且聽命。遂道以田孟諸。宋公爲右孟。鄭伯爲左孟。期思公復遂爲右司馬。子朱及文之無畏爲左司馬。命夙駕載燧。宋公違命。無畏扶其僕以徇。勞勞其師道引導也孟諸宋大藪也在今河南德州境孟田獵陳名宋鄭服役于楚故分領其左右陳復遂楚期思邑公子朱無畏皆楚大夫將獵張兩甄故置左司馬二以右司馬一人當中燧取火者命諸侯從田者早爲命駕且載燧以取火宋公違此命撻其御者徇于軍以示戮扶撻也扶救栗反或謂子舟曰。國君不可戮也。子舟曰。當官而行何疆之有詩曰剛亦不吐柔亦不茹毋縱詭隨以謹罔極是亦非辟疆也敢愛死以亂官乎子舟無畏字言當官而行刑罰不當以宋爲疆而辟之詩大雅蒸民篇言雖遇强禦亦不吐而出之雖遇鰥寡亦不茹而食之又大雅民勞篇罔無極中也言禁戢詭人隨人以餙不中者此兩詩之意皆非見强禦而辟之我敢愛惜一死以亂楚官事乎杜預氏云爲宣十四年宋人殺子舟張本

厥貉之會麇子逃歸麇國今湖廣岳州府麇子會楚于厥貉恥受楚役逃楚而歸杜預氏云爲明年楚子伐麇傳麇音君○張洽氏曰傳言麇子逃歸而經不書以其逃楚也與陳鄭之逃齊晉異矣

春秋左傳註評測義卷之十八終

左氏傳測義

07

自十九
至廿二

春秋左傳註評測義卷之十九

明吳興後學淩稚隆輯著

文公三

【經】乙巳十有一年春楚子伐麇。楚侵伐書爵始此蓋聖人悼中國無盟主故不以夷狄待之也○夏叔仲彭生會晉郤缺于承匡。承匡宋地在今河南睢州境此經書大夫特相會之始○秋曹伯來朝。○公子遂如宋。○狄侵齊。○冬十月甲午叔孫得臣敗狄于鹹鹹魯地

【傳】十一年春楚子伐麇成大心敗麇師於防渚。潘崇復伐麇至於錫穴。楚伐麇討前年逃厥貉之會成大心大孫伯也以其未服故楚復伐之防渚錫穴並麇地錫穴今湖廣鄖縣○夏叔仲惠伯會晉郤缺于承

匡。謀諸侯之從於楚者。惠伯郤彭生九年陳鄭及楚平十年宋聽楚命○汪克寬氏曰晉欲謀貳國而使次卿爲會魯亦不遣執政而使惠伯往其謀之不遠而不足以郤楚方張之勢審矣○秋。曹文公來朝。即位而來見也。自此曹遂從魯○襄仲聘于宋。且言司城蕩意諸而復之。因賀楚師之不害也。八年意諸來奔故言於宋使復國前年楚將伐宋而退兵故賀楚不爲害○鄋瞞侵齊。遂伐我。公卜使叔孫得臣追之。吉。侯叔夏御莊叔。緜房甥爲右。富父終甥駟乘。鄋瞞狄國名防風之後時狄師已退故卜使追之莊叔卽得臣侯叔夏緜房甥富父終甥皆魯大夫四人共車故云駟乘〔鄋〕音搜○冬。十月。甲午。敗狄于鹹。獲長狄僑如。富父終甥摏其喉以戈。殺之。埋其首於子駒之門。以命宣伯。僑如鄋瞞之君身長三丈故名長狄獲僑如不書賤夷狄也椿猶衝也子駒魯郭門骨節非常恐後世怪之故詳其埋首之處得臣因名其子宣伯曰僑如以自志其功初宋武公之世。鄋瞞伐宋。司徒皇父帥師禦之。耏班御皇父充石。公子穀甥爲右。司寇牛父駟乘。以敗狄于長丘。獲長狄緣斯。皇父之二子死焉。宋公於是以門賞耏班。使食其征。謂之耏門。鄋瞞伐宋在春秋前皇父戴公子充石其名耏班穀甥牛父皆宋大夫亦四人同乘長丘宋地緣斯僑如之先門關門征稅也皇父與穀甥及牛父同時戰死故耏班獨受賞食關門之稅耏音而晉之滅潞也。獲僑如之弟焚如。齊襄公之二年。鄋瞞伐齊。齊王子成父獲其弟榮如。埋其首於周首之北門。衛人獲其季弟簡如。鄋瞞由是遂亡。晉滅潞在宣十五年齊襄之二年魯桓之十六年也成父齊大夫周首齊邑鄋瞞伐齊退舍至衞見獲長狄之種至此遂絕○愚按史記魯世家引此傳文作齊惠公之二年又齊世家惠公二年書長狄來王子成父後殺之十二諸侯年表亦於齊惠公二年書王子成父敗長翟三文皆同而此傳獨以惠公爲襄公蓋傳寫之誤爾不然以魯桓十六年死至魯宣十五年一百三歲其兄寧得猶在耶傳遜氏辯誤亦云然○附錄

郕大子朱儒自安於夫鍾。國人弗徇。安處也夫鍾郕邑徇順也杜預氏云爲明年郕伯來奔傳

【經】丙午十有二年春王正月。郕伯來奔。杜預氏云大子而稱爵見公以諸侯之禮逆之○杞伯來朝。○二月庚子。子叔姬卒。叔姬魯女杜預氏云既嫁成人雖見出棄猶以恩錄其卒○夏。楚人圍巢。巢小國今南直隸巢縣○秋。滕子來朝。○秦伯使術來聘。不稱氏史畧文也○冬。十有二月戊午。晉人。秦人。戰于河曲。河曲在今山西河曲縣以河水曲處得名

故云河曲〇季孫行父帥師城諸及鄆。諸今山東諸城縣鄆今鄆城縣皆魯所争之地以其遠偪外國故帥師城之〔鄆〕音運

【傳】十二年春。郕伯卒。郕人立君。大子以夫鍾與郕邽來奔。公以諸侯逆之非禮也。故書曰郕伯來奔。不書地尊諸侯也。朱儒自安於夫鍾故國別立君郕邽亦郕邑以公寵叛人故云非禮蓋既尊以爲諸侯故不書以夫鍾郕邽來奔以泯其竊地之罪〔邽〕音圭〇愚按大子嗣位未踰年尚稱子寧有身未嗣位以邑出奔而反予之以其君之尊稱者哉公羊以爲失地之君穀梁以爲爲齊所偪二說得之而左傳云大子者以其嗣位日淺或稱爲大子而左氏遂誤以爲大子出奔也至謂以諸侯禮逆之而謂之郕伯則鑿矣此得之劉原父云〇杞桓公來朝。始朝公也。且請絕叔姬而無絕昏。公許之。以其來朝晚故云始不絕昏立其娣以爲夫人也不書大歸未

笄而卒也

二月。叔姬卒。不言杞。絕也。書叔姬。言非女也。旣許其絕故經不書杞巳成婦故經不稱女○楚令尹大孫伯卒。成嘉爲令尹。羣舒叛楚。成嘉若敖曾孫卽子孔羣舒舒庸舒鳩之屬皆東夷小國今南直隸舒城縣境

夏。子孔執舒子平及宗子。遂圍巢。平舒君名宗巢二國羣舒之屬○

秋。滕昭公來朝。亦始朝公也。○秦伯使西乞術來聘。且言將伐晉。襄仲辭玉。曰。君不忘先君之好。照臨魯國。鎭撫其社稷。重之以大器。寡君敢辭玉。禮記聘義云以圭璋聘又云已聘而還圭璋今於聘禮方行而襄仲辭之者不與秦之伐晉也照臨言光寵也重申也大器圭璋也對曰。不腆敝器。不足辭也。腆厚也主人三辭。賓答曰。寡君願徼福于周公魯公以事君。不腆先君之敝器。

使下臣致諸執事以爲瑞節。要結好命。所以藉寡君之命。結二國之好。是以敢致之。主人即襄仲賓即西乞術徼要也魯公伯禽也言我君頗蒙福于魯之先公使得事魯國也圭璋傳之先世又告廟而行故稱先君之敝器節信也以圭璋爲信故云瑞節藉命者藉王而通命也襄仲曰。不有君子。其能國乎。國無陋矣。厚賄之。襄仲嘉其辭命和遜故以君子稱之無陋言無僻陋之誚也賄贈送也

○秦爲令狐之役。故冬。秦伯伐晉。取羈馬。報七年令狐之役羈馬晉邑今陝西郃陽縣境〔羈〕音邑晉人禦之。趙盾將中軍。荀林父佐之。郤缺將上軍。臾駢佐之。欒盾將下軍。胥甲佐之。范無恤御戎。以從秦師于河曲。欒盾枝之子胥甲臣之子臾駢曰。秦不能久。請深壘固軍以待之。從之。凡兵主利持久客利速決故駢

欲深溝高壘堅固軍屯以待其退而擊之秦人欲戰。秦伯謂士會曰。若何而戰。對曰。趙氏新出其屬曰臾駢。必實爲此謀。將以老我師也。趙有側室曰穿。晉君之壻也。有寵而弱。不在軍事。好勇而狂。且惡臾駢之佐上軍也。若使輕者肆焉。其可。晉士會七年奔秦臾駢乃趙盾之屬大夫新出而佐上軍側室支子名穿趙夙庶孫弱年少也不在軍事未嘗涉軍事也輕輕兵也肆暫往而退也言秦若使輕敵者掩襲晉兵暫往而速退則趙穿必怒可得一戰○陸粲氏曰傳稱隨武子之德甚盛然其奔秦也避罪而已軍旅之事辭勿與知可也遽以國情輸之而爲籌畫焉此其所見視公山不狃尚遠不逮仁者固如是乎秦伯以璧祈戰于河。以璧玉質信禱河求勝十二月戊午。秦軍掩晉上軍。趙穿追之。不及。反怒曰。裹糧坐甲。固敵是求。敵至不擊。將何俟焉。軍吏曰。將有待也。穿曰。我不知謀。將獨出。乃以其屬出。秦從上會之計以輕兵掩襲晉之上軍上軍不動趙穿獨以其屬追之秦兵暫往而速退故追之不及裹糧包裹餱糧也坐甲戰士被甲不得復卧坐而待戰也有待待其可擊而擊之也○金履祥氏曰秦晉亟戰而楚霸矣晉主夏盟而君幼國偷軍謀不一其始見於河曲之戰其甚見於泌之敗宣子曰。秦獲穿也。獲一卿矣。秦以勝歸。我何以報。乃皆出戰。交綏。時趙穿雖卿不在軍帥之列者報報秦以雪耻也司馬兵不為人敗而自退為綏綏之為言安也兩軍有備不戰但交綏而退秦行人夜戒晉師曰。兩君之士。皆未憖也。明日請相見也。憖缺也言秦晉之戰士皆未有勝負明日請以軍禮相見(憖)魚覲反臾駢曰。使者目動而言肆。懼我也。將遁矣。薄諸河。必敗之。目動心不安也言肆中情怯也薄迫也胥甲趙穿當軍門呼曰。死傷未收而弃之，不惠也。不待期而薄人於險，無勇也。乃止。言晋兵有死傷者未曾收恤而棄之，非恩也。不待明日約戰之期而追秦於險，非勇也。晋兵以謀泄，故遂止，不薄秦師。杜預氏云爲宣元年放胥甲傳。秦師夜遁。復侵晉，入瑕。瑕，晋邑。秦師果夜遁，如臾駢所料。○城諸及鄆，書時也。

【經】丁未 十有三年春王正月。○夏五月壬午，陳侯朔卒。無傳。○邾子蘧蒢卒。蘧音渠。蒢音除。○自正月不雨至于秋七月。無傳。○大室屋壞。大廟之室。大音泰。○冬，公如晉。衛侯會公于沓。沓地闕。○狄侵衛。無傳。○十有二月己丑，公及晉侯盟。○公還自晉，鄭伯會公于棐。棐，鄭地。

傳十三年附錄春。晉侯使詹嘉處瑕。以守桃林之塞。詹嘉晉大夫桃林即潼關在今河南靈寶縣晉慮秦要結外援東西圖已故使守此阨塞欲斷其來往也塞去聲○附錄晉人患秦之用士會也。夏六卿相見於諸浮。晉知士會前謀故患之諸浮晉地六卿在朝而相見於諸浮者將欲密謀慮其漏泄故出就外野趙宣子曰。隨會在秦。賈季在狄。難日至矣。若之何。隨會即士會六年賈季奔狄難去聲中行桓子曰。請復賈季。能外事。且由舊勳。中行桓子即荀林父僖二十八年將中行故爲氏言季本狄人能知外竟之事且狐偃之子有舊勳勞由用也郤成子曰。賈季亂。且罪大。不如隨會。能賤而有耻。柔而不犯。其知足使也。且無罪。成子即郤缺六年賈季爲亂擅殺陽父故云其罪大不如士會能處卑賤而有廉耻雖若柔順而不可犯以不義而又有知能可以任使且以迓于雍之故而出奔非其罪也乃使魏壽餘僞以魏叛者以誘士會。執其帑於晉。使夜逸。請自歸于秦。秦伯許之。履士會之足於朝。壽餘畢萬之後守魏邑者晉使僞壽餘詐以其邑降秦因以計誘士會使之歸晉帑妻子也僞執其妻子於晉使秦不疑許許受其邑也履士會足使知已意而行也秦伯師于河西。魏人在東。壽餘曰。請東人之能與夫二三有司言者。吾與之先。秦師河西將以取魏魏人皆在河東詐爲降秦之勢壽餘欲得會而詐言於秦伯欲使東方之人素有才能堪與彼魏邑二三有司言降秦之事者吾與先行以告喻之度必遣會也使士會。士會辭曰。晉人。虎狼也。若背其言。臣死。妻子爲戮。無益於君。不可悔也。士會言晉人虎狼之性不可輕信設使我既入魏而晉人背約不以魏降則臣必死于晉妻子又必被戮于秦無補於君也如此雖悔亦無及矣會知其謀故先以已無去心要言於秦伯秦伯曰。若背其言。所不歸爾帑者。有如河。指河爲誓示必歸其妻子蓋士會妻子在秦秦恐背約歸晉秦必殺其妻子故僞辭不行以探秦伯之心而秦伯信之以爲實然故隨其計也乃行。繞朝贈之以策。曰。子無謂秦無人。吾謀適不用也。繞朝秦大夫策馬檛也蓋朝知士會有歸志與秦伯言留之而不克故贈之以策使之策馬以歸示已已知其情也楊愼氏云策書策也旣濟。魏人譟而還。秦人歸其帑。其處者爲劉氏。譟而還喜得士會也秦以前誓歸其帑其處秦不歸者別爲劉氏蓋士會堯後劉累之孫故士會別族復累之姓○孔穎達氏曰此傳尋討上下其文不類深疑此句或非本旨蓋漢室初興損弃古學左氏不顯於世先儒無以自申揷註此辭將以媚世爾

○邾文公卜遷于繹。繹邾邑今山東鄒縣有繹山史曰。利於民而不利於君。邾子曰。苟利於民。孤之利也。天生

民。而樹之君。以利之也。民既利矣。孤必與焉。史邾大史掌卜者不利于君以爲當死也（與）去聲左右曰。命可長也。君何弗爲。邾子曰。命在養民。死之短長時也。民苟利矣。遷也。吉莫如之。遂遷于繹。左右言不遷都則君命可長君何不爲長壽之計蓋左右以一人之命爲言而文公以百姓之命爲主故云吉莫如之五月。邾文公卒。君子曰。知命。死生有命文公以利民爲急而不以死生二其心所謂知命也○秋七月。大室之屋壞。書不共也。大室國之所尊朽而不繕遂至傾頹不共之甚故特書之（共）音恭○冬。公如晉朝。且尋盟。尋八年衡雍之盟衛侯會公于沓。請平于晉。公還。鄭伯會公于棐。亦請平于晉。公皆成之。鄭衛貳于楚畏晉故因公請平明年衛鄭遂得盟新城鄭伯與公宴于棐。子家賦鴻鴈。

季文子曰寡君未免於此文子賦四月子家賦載馳之四章文子賦采薇之四章鄭伯拜公荅拜子家即歸生鴻鴈小雅篇名詩云之子于征劬勞于野爰及矜人哀此鰥寡言鄭國寡弱欲使魯公還晉恤之也季文子即季孫行父未免若言魯君亦同有此憂也四月小雅篇名詩云四月維夏六月徂暑先祖匪人胡寧忍予言巳思歸祭祀不欲更復還晉也載馳鄘風篇名詩云控于大邦誰因誰極言控告魯而與晉平也采薇小雅篇名詩云豈敢定居一月三捷言與鄭請平不敢寧也○汪克寬氏曰文公朝晉而承筐沓棐相繼爲會也明年新城之盟服楚之國皆弃異而即同則輔覇之功魯亦不爲無助于晉焉

【經】戊申十有四年陳靈公楚莊王元年春王正月公至自晉無傳○邾人伐我南鄙叔彭生帥師伐邾叔彭生即惠伯○夏五月乙亥齊侯潘卒○六月公會宋公陳侯衛侯鄭伯許

男曹伯晉趙盾。癸酉。同盟于新城。新城宋地在今河南夏邑縣境○秋七月。有星孛入于北斗。光芒偏指曰彗光芒四出曰孛既見而移入非斗非常所有故書之○公至自會。無傳○晉人納捷菑于邾。弗克納。○九月。甲申。公孫敖卒于齊。既許復之故從大夫例書卒○齊公子商人弒其君舍。舍即位未踰年而成之爲君者穀梁謂成舍之爲君所以重商人之弒也○宋子哀來奔。○冬。單伯如齊。單伯周卿士爲曾如齊故書張洽氏云單伯自莊元年至今八十餘年未必一人或者子若孫歟○齊人執單伯。諸侯無執王使之義故不依行人例○齊人執子叔姬。前書弒君者商人若止於商人一身而此兩稱齊人則以見齊人皆黨商人爲逆至于如此○愚按傳例稱伯姬叔姬者先君之女時君之姐妹也伯叔姬稱子者時君之女所以別夫先君之女也今日子叔姬則爲文公之女無疑然文公逆婦姜于齊纔十年爾豈遽有女爲昭公妃而又即生子舍可立爲君乎故說者因疑爲僖公之女也竊謂子叔姬之爲僖女爲文女固不可知若非寸字之誤則叔姬于齊其逆其歸當有脫簡朱子謂其間極有無定當難處置處其此類歟

傳 十四年。附錄 春頃王崩。周公閱與王孫蘇爭政。故不赴。凡崩薨。不赴。則不書。禍福不告。亦不書。懲不敬也。禍謂奔亾福謂歸復不赴告于諸侯皆不書于策欲使怠慢者知所懲戒也 ○邾文公之卒也。公使弔焉。不敬。邾人來討。伐我南鄙。故惠伯伐邾。文公卒在前年○家鉉翁氏曰小國安敢責禮於大國亦爲須句故而修怨爾 ○子叔姬妃齊昭公。生舍。叔姬無寵。舍無威。妃配也叔姬不得寵故舍亦無威望 妃一作配 公子商人驟施於國。而多聚士。盡其家貸於公有司以繼之。商人桓公妾密姬之子驟急數也言急施恩惠於國人而多聚心腹之士既竭盡其家財不足又貸於公家有司而繼之夏五月。昭公卒。舍即位。○附錄邾文公元妃齊姜生定公。二妃晉姬生捷菑。文公卒。邾人立定公。捷菑奔晉。二妃次妃也○六月。同盟于新城。從於楚者服。且謀邾也。因宋陳鄭皆服故同盟復謀納捷菑○附錄秋七月。乙卯夜。齊商人弒舍而讓元。元曰。爾求之久矣。我能事爾。爾不可使多蓄憾。將免我乎。爾爲之。元桓公少衞姬之子即惠公也元言商人懷篡志已久不得國其怨必蓄將不免復弒我請爾自爲之○有星孛入于北斗。周内史叔服曰。不出七年。宋齊晉之君皆將死亂。後三年宋弒昭公五年齊弒懿公七年晉弒靈公傳遜氏云叔服但言事徵而不論其占固非末學所能詳○晉趙盾以諸侯之師八百乘納捷菑于邾。邾人辭曰齊出貜且長宣子曰辭順而弗從不祥。乃還。言八百乘明其力有餘也貜且定公名齊姜所生位居嫡長貜音钁○王樵氏曰無名興師氣先不壯又聞邾人之言直故消沮而還陽爲爲義其實慮納之而終不能定故不得不已爾○附錄周公將與王孫蘇訟于晉。王叛王孫蘇。而使尹氏與聃啓訟周公于晉。趙宣子平王室而復之。訟理其曲直也王匡王叛不與也尹氏周卿士聃啓周大夫復之復使周公與王孫蘇和好也○傳遜氏曰王旣知曲直所在曷不能正而乃求晉理○附之其倒而授之也甚矣○錄楚莊王立。子孔潘崇將襲羣舒。使公子燮與子儀守而伐舒蓼。二子作亂。城郢而使賊殺子孔。不克而還。八月。二子以楚子出。將如商密。盧戢梨及叔麇誘之。遂殺鬬克及公子燮。莊王穆王之子守謂守國舒蓼即羣舒時莊王幼弱子燮爲傅子儀爲師作亂不克而刼王以出商密漢爲丹水縣後廢盧楚邑在今湖廣襄陽府城南戢梨邑大夫叔麇其佐鬬克子儀名誘之誘使至盧也

初鬬克囚于秦。秦有殽之敗。而使歸求成。成而不得志。公子燮求令尹而不得。故二子作亂。克囚秦在僖二十五年秦敗殽在僖三十三年不得志無賞報也追言二子作亂之由杜預氏云傳言楚莊幼弱國內亂所以不能與晉競

○穆伯之從巳氏也。魯人立文伯。穆伯生二子於莒而求復。文伯以爲請。襄仲使無朝聽命。復而不出。三年而盡室以復適莒。從巳在八年文伯穆伯子穀也穆伯雖以淫奔而魯復立其子故求復歸襄仲以奪妻故怨穆伯遂不許朝錮之于家穆伯急於復國因聽命不出朝既歸三年而

盡挈其家以再適莒國文伯疾而請曰。穀之子弱。請立難也。許之。文伯卒。立惠叔。穆伯請重賂以求復。惠叔以爲請。許之。將來。九月。卒于齊。告喪請葬。弗許。穀子名蔑是爲孟獻子難穀之弟惠伯也請葬請歸葬于魯○宋高哀爲蕭封人。以爲卿。不義宋公而出。遂來奔。蕭宋附庸國高哀初仕蕭爲封疆之官還宋升爲卿以宋公不義出而待放從放所來奔故云遂書曰。宋子哀來奔。貴之也。貴其不居亂邦愛身以存道也○齊人定懿公。使來告難。故書以九月。商人實以七月弒舍而齊人未服懿公三月而後位定始來告魯故以九月書于經齊公子元不順懿公之爲政也。終不曰公。曰夫巳氏。子元惡其簒位不順其爲政凡與人言終不謂之爲公而曰夫巳氏甲巳俱是名猶言某甲也○襄仲使告于王。請以王寵求昭姬于齊。曰。殺其子。焉用其母。請受而罪之。昭姬卽子叔姬其子卽舍也冬。單伯如齊請子叔姬。齊人執之。又執子叔姬。齊人恨魯以王命臨已故執王使又執叔姬以辱魯

經己酉周匡王元年十有五年。齊懿公元年春季孫行父如晉。○三月。宋司馬華孫來盟。不稱使專行無君也○夏曹伯來朝。○齊人歸公孫敖之喪。○六月辛丑朔。日有食之。鼓用牲于社。○單伯至自齊。○晉郤缺帥師伐蔡。戊申。入蔡。書戊申於伐蔡之下見其不服然後入之○秋齊人侵我西鄙。魯無得罪于齊齊之興師無名故書侵季孫行父如晉。○冬十有一月。諸侯盟于扈。○十有二月。齊人來歸子叔姬。○齊侯侵我西

郜。遂伐曹。入其郛。

傳十五年春。季文子如晉。爲單伯與子叔姬故也。爲齊執單伯與子叔姬故往訴于晉請于齊以釋之○三月。宋華耦來盟。其官皆從之書曰。宋司馬華孫。貴之也。華耦卽華孫司馬主兵之官杜預氏云古之盟會必備威儀崇贄幣賓主以成禮爲敬華孫能率其屬以從古典所以敬事而自重故特書司馬而不名○劉敞氏曰周之禮經其使介有常數矣不聞其官皆從以爲典也公與之宴。辭曰。君之先臣督得罪於宋殤公。名在諸侯之策。臣承其祀。其敢辱君。請承命於亞旅。魯人以爲敏。耦華督曾孫策史策也督弒殤公在桓二年亞旅上大夫耦自以罪人子孫不敢辱君親爲禮待請承燕飲之命于上大夫○愚按華耦既自以承罪人之祀不敢辱君則曷不辭于出使之日而及夫既使而宴也乃無故而揚其先人之惡于隣國是舉也不惟辱親且辱君命而魯人猶以爲敏者何居○夏曹伯來朝。禮也。諸侯五年再相朝以脩王命。古之制也。十一年曹伯來朝今十五年復來朝合古五年之制杜預氏云傳爲冬齊侯伐曹張本○齊人或爲孟氏謀曰。魯爾親也。飾棺寘諸堂阜。魯必取之。從之。卞人以告。惠叔猶毀以爲請。立於朝以待命。許之。取而殯之。齊人送之。書曰。齊人歸公孫敖之喪。爲孟氏且國故也。孟氏公孫敖家慶父爲長庶故或稱孟氏飾棺表其爲尊者喪也寘堂阜而不殯亦無所歸也卞人魯卞邑大夫前年穆伯卒惠叔請葬至今期年而哀毀猶未已魯哀其志得殯于孟氏之寢終叔服難也牧子之言大夫喪還不書因魯感子以赦父敎公族之義故書葬視共仲。聲已不視。帷堂而哭。襄仲欲勿哭。惠伯曰。喪親之終也。雖不能始。善終可也。史佚有言曰。兄弟致美救乏賀善弔災祭敬喪哀。情雖不同。毋絕其愛。親之道也。子無失道何怨於人。襄仲說。帥兄弟以哭之。共仲即慶父葬敖之制如慶父皆以罪降也聲已敖之妻雜記朝夕哭則不帷聲已怒敖棄已從莒女故朝夕哭仍帷堂以自隔襄仲忿敖取其妻故勿哭惠伯即叔彭生親之終謂親戚終天之別不能始襄仲與敖始不相能也因引史佚言兄弟之義相致其美好相救其困乏有善則賀有喪則弔祭盡其敬喪盡其哀情雖不相和同至此數事乃天性之愛有不能絕者此則兄弟相親之道也子無失道何必於他人之舊事為怨乎○孫應鰲氏曰惠伯於此始而能止襄仲之攻今又能勸襄仲之哭他年其二子來。孟獻子愛之。聞於國。或譖之曰。將殺子。獻子以告季文子。二子曰。夫子以愛我聞。我以將殺子聞。不亦遠於禮乎。

遠禮不如死。一人門于句鼆。一人門于戾丘。皆死。二子敖在莒所生者他年來歸魯國孟獻子愛之國人皆知獻子愛此二子或譖二子將殺孟獻子二子謂與其生而遠於親親之禮不如死以明此心之無他句鼆戾丘皆魯邑時有寇攻門二子禦之而死句占候反鼆莫幸反〇愚按二子之死固以明志然獻子賢者也而又愛之二子辭獻子必辯焉何遽自輕若是不亦益遠於禮乎春秋之世士不聞道而輕死以爲名高如斯人者何可數也〇六月。辛丑朔。日有食之。鼓用牲于社。非禮也。事同莊二十五年前稱非禮謂非常鼓之月此得常鼓之月而於社用牲爲非禮日有食之。天子不舉。伐鼓于社。諸侯用幣于社。伐鼓于朝。以昭事神。訓民事君。示有等威。古之道也。不舉不舉樂伐猶擊也擊鼓於社以責羣陰也社尊於諸侯故諸侯請救而不敢責鼓於朝以自責也言用幣見用牲者爲非禮也總結上文言天子不舉諸侯用幣所以昭

明事神之道天子伐鼓于朝尊卑異制所以訓民知禮有上下等威之別古先之道也

○齊人許單伯請而赦之使來致命齊以單伯執節不移且畏晉故許而赦之使單伯來會致歸子叔姬之命書曰單伯至自齊貴之也單伯爲齊拘執既釋而不廢禮終來致命故貴之而書至自齊○愚按單伯既書被執迺其後已解脫而不書其至則疑至死而不得釋也此記事之體宜然恐無貴之之義

○新城之盟蔡人不與晉郤缺以上軍下軍伐蔡曰君弱不可以怠戊申入蔡以城下之盟而還新城盟在前年郤缺兼帥二軍以討其不會盟之故弱幼弱也怠懈也

凡勝國曰滅之獲大城焉曰入之此傳已發凡例襄十三年復發傳云用大師曰滅弗地曰入蓋用大師起大衆因而有之故曰勝國通以滅爲文也雖獲大城得而弗有故直以出入爲辭曰入之而已

○秋齊人侵我西鄙故季文子告

于晉○冬十一月晉侯宋公衛侯蔡侯陳侯鄭伯許男曹伯盟于扈尋新城之盟且謀伐齊也齊人賂晉侯故不克而還於是有齊難是以公不會書曰諸侯盟于扈無能為故也齊執王使且數伐魯故謀伐之魯國方有齊難故公不與盟經不序諸侯惡其受賂不能討齊無能為後也○愚按晉盟主也春秋不曰晉侯會諸侯盟而曰諸侯盟不成乎霸之辭也○汪克寬氏曰此年盟扈欲討齊而不果十七年會扈欲討宋而不能皆以賂而棄討賊之義故皆畧諸侯而不序左氏一則曰無能為一則曰無功皆謂其廢天討而縱亂賊也凡諸侯會公不與不書諱君惡也與而不書後也凡諸侯為議事聚會而公不與則不歷書諸國為君諱其不會之過也若公實與會而亦不書諸國為公後期而至也即七年扈之盟是也今晉於此會受賂舍罪致使魯有齊難公既不與非公之罪經與後期文同似為公諱故傳

發例以明之。○齊人來歸子叔姬。王故也。前年魯襄仲請以王寵求子叔齊人姬以王命之故許單伯請而來歸子叔姬。○齊侯侵我西鄙，謂諸侯不能也。遂伐曹，入其郛，討其來朝也。不能不能討已也曹伯朝在此年夏

季文子曰：齊侯其不免乎。已則無禮，而討於有禮者，曰：女何故行禮。禮以順天，天之道也。已則反天，而又以討人，難以免矣。不免不得善終也無無禮謂執王使而伐無罪有禮謂諸侯相朝以小事大畏天者也故云順天禮乃自然之理故云天之道反天天反逆天理也言已反逆天理而又以討他人之順天天者違天天之道必不能保位而免禍也

詩曰：胡不相畏，不畏于天。君子之不虐幼賤，畏于天也。在周頌曰：畏天之威，于時保之。不畏于天，將何能保？以亂取國，奉禮以守，猶懼

不終多行無禮弗能在矣詩小雅雨無正篇胡何也言今凡百君子何爲其不相畏是不畏于天也因釋詩以爲君子不以長雲幼以貴雲賤乃所畏于天也又詩周頌我將篇是時也言人君能以天威爲可畏于是能保其福祿今齊侯不知畏天將何以保其齊國乎弗能在言必不能久在人上也杜預氏云爲十六年齊弒商人張本

春秋左傳註評測義卷之十九終

明吳興後學凌稚隆輯著

文公四

【經】庚戌十有六年。楚文公元年春。季孫行父會齊侯于陽穀。齊侯弗及盟。及與也○夏。五月。公四不視朔。諸侯每月必告朔聽政因朝于廟今公自二月至五月不視朔○六月。戊辰。公子遂及齊侯盟于郪丘。郪丘齊地【郪】音西○秋。八月。辛未。夫人姜氏薨。僖公夫人文公母也毀泉臺。泉臺即郎臺○楚人。秦人。巴人滅庸。庸楚屬國今湖廣竹山縣有庸山○冬。十有一月。宋人弒其君杵臼。

【傳】十六年春王正月。及齊平。公有疾。使季文子會齊侯于陽穀請盟齊侯不肯曰請俟君間齊兩侵魯魯不得已受弱而與齊平齊將有所要也故托以公不在而辭之間疾瘳也請俟君疾瘳而後盟也間如字○夏五月公四不視朔疾也○高閌氏曰前此未有書不視朔者若其有疾則亦常事爾此特書者見公之非有疾而然也○公使襄仲納賂于齊侯故盟于郪丘以齊侯不肯盟故以賂請○郭登氏曰齊爲魯弱既執其親戚命使又伐其邊隅與國文公不敢與之抗衡求與之和又恐不利于己故托疾而使大夫莅其事齊侯不肯文公愈懼故使公子遂納賂要盟于郪丘春秋於此數事牽聯而書見文公之怠政實則畏齊稱疾而不敢出也○有蛇自泉宮出入于國如先君之數泉宮即泉臺魯自伯禽至僖公十七君蛇妖亦十七故云如先君之數○秋八月辛未聲姜薨毀泉臺魯人以蛇見妖而聲姜薨故壞泉臺○楚大饑戎伐其西南至于阜山師于大

林。又伐其東南至于陽丘。以侵訾枝。庸人帥羣蠻以叛楚。麇人率百濮聚於選。將伐楚。於是申息之北門不啓。戎山夷也阜山在今湖廣房山縣境與大林陽丘訾枝皆楚邑百濮濮地諸夷皆叛楚聚而伐之選楚地啓開也申息二邑北接中國有寇比從北來於是楚人謹備中國不敢開申息之北門楚人謀徙於阪高。蔿賈曰。不可。我能往。寇亦能往。不如伐庸。夫麇與百濮。謂我饑不能師。故伐我也。若我出師。必懼而歸。百濮離居。將各走其邑。誰暇謀人。阪高楚險地楚人欲遷國于此以避寇蔿賈孫叔敖之父伯嬴也言庸爲羣蠻之倡若我出師先伐之庸必恐懼而歸百濮又無屯聚見難則星散而各保其邑豈能謀人乃出師。旬有五日。百濮乃罷。自廬以往。振廩同食。次于句澨。使廬戢黎侵庸及庸方城罷散也廬楚邑往往伐庸也振廪發倉廪也同食上下無異餼也句澨楚地戢梨廬大夫方城庸地今竹山縣有方城山句音勾澨音筮庸人逐之囚子楊窻三宿而逸曰庸師衆羣蠻聚焉不如復大師且起王卒合而復進窻戢梨之官屬逸走也楊窻被囚逸歸欲復就句澨之大師合兵復進王卒楚王卒也師叔曰不可姑又與之遇以驕之彼驕我怒而後可克先君蚡冒所以服陘隰也師叔楚大夫潘尫也庸屢勝故驕楚屢敗故怒蚡冒楚武王父據史記世家爲兄未詳陘隰地名蚡音粉陘音刑又與之遇七遇皆北唯裨鯈魚人實逐之庸人曰楚不足與戰矣遂不設備北敗也裨鯈魚庸之三邑見楚師屢敗遂輕楚但使三邑之人逐之鯈音紬楚子乘馹會師于臨品分爲二隊子越自石溪子貝自仞以

伐庸。秦人。巴人。從楚師。羣蠻從楚子盟。遂滅庸。駟傳車臨品地名時楚王次于句澨至是乃會戰梨之師隊部也公爲二道以攻之子越鬭椒也子貝闕石溪仞皆入庸之道羣蠻本屬庸庸至是叛庸與楚盟故楚遂滅庸杜預氏云傳言楚有謀臣所以興○金履祥氏曰楚莊初年内有鬬克公子燮之亂外有庸麇之難而卒以覇禍患之有益于大國如此〔題〕音日○宋

公子鮑禮於國人。宋饑。竭其粟而貸之。年自七十以上。無不饋詒也。時加羞珍異。無日不數於六卿之門。國之材人。無不事也。親自桓以下。無不恤也。鮑昭公庶弟文公也乘昭公無道而厚施於國人以傾之宋饑盡貸以私家之粟言鮑能恤民也詒遺羞薦也宋之老者無不遺以飲食若有四時珍異之物又加進之言鮑能養老也數頻造也無日不造請於六卿之門其有賢才者皆師事之言鮑能尊賢也親族自曾祖桓公以下子孫無不賑恤之言鮑能親親也公子

鮑美而豔。襄夫人欲通之。而不可。乃助之施。昭公無道。國人奉公子鮑以因夫人。於是華元爲右師。公孫友爲左師。華耦爲司馬。鱗矔爲司徒。蕩意諸爲司城。公子朝爲司寇。襄公夫人鮑適祖母。不可。鮑以禮自防閉也。國人惡昭公。故奉公子鮑以因襄夫人。華元督曾孫。公孫友目夷子。矔桓公孫。意諸公孫壽子。矔音貫。初司城蕩卒。公孫壽辭司城。請使意諸爲之。既而告人曰。君無道。吾官近。懼及焉。棄官則族無所庇。子。身之貳也。姑紓死焉。雖亡子。猶不亡族。壽。蕩之子。近。近君。及。禍及也。貳。副。姑。且。紓。緩也。言子爲司城。雖有死亡之禍。而我身尚在。猶不亾其宗族也。○陸氏曰。異哉公孫壽之爲人也。愛其官而弗愛其子。世衰道微。士之懷寵而不知去就也。噫。乃至此乎。既夫人將使公田孟諸而殺之公知之盡以寶行蕩意諸曰盡適諸侯公曰不能其大夫至于君祖母以及國人諸侯誰納我且既爲人君而又爲人臣不如死盡以其寶賜左右而使行大夫謂公子鮑等君祖母諸侯祖母之稱謂襄夫人自言得罪於上下也使行使逃去以避難也夫人使謂司城去公對曰臣之而逃其難若後君何若後君何言無以事後君也冬十一月甲寅宋昭公將田孟諸未至夫人王姬使帥甸攻而殺之蕩意諸死之書曰宋人弑其君杵臼君無道也襄夫人周襄王妹故稱王姬帥甸郊甸之帥周制王城二百里曰甸宋先代之後故有天子之制經稱人以殺言昭公無道也○金履祥氏曰春秋弑君之罪自宋昭至齊莒書法皆變蓋自其君無道而亂臣賊子皆有所因也文公即位使母弟須

爲司城。華耦卒。而使蕩虺爲司馬。文公即公子鮑　蕩虺意諸之弟

經　辛亥　十有七年。宋文公元年　春。晉人。衞人。陳人。鄭人。伐宋。○夏四月癸亥。葬我小君聲姜。○齊侯伐我西鄙。杜預氏云西當爲北　蓋經誤　六月癸未。公及齊侯盟于穀。穀齊地　○諸侯會于扈。○秋。公至自穀。無傳　○冬。公子遂如齊。

傳　十七年春。晉荀林父。衞孔達。陳公孫寧。鄭石楚。伐宋討曰。何故弒君。猶立文公而還。卿不書。失其所也。襄夫人使甸弒昭公。公子鮑雖未與弒。然不能討賊而立乎其位。亦篡也。列國之卿。不能致討。成其亂立鮑而還。是失其所討之義也。故經書人不書卿。○姜寶氏曰。高氏以爲始無弒君之謀。終無弒君之逆。而或有其情。列國之卿不探其情而無所委罪焉。春秋所以貶之者是也。所謂探其情未必情之實。然所謂

委罪焉者亦謂當廢鮑而不立而已矣此說乃不易之斷案○夏四月癸亥葬聲姜有齊難是以緩踰五月之制○齊侯伐我北鄙襄仲請盟六月盟于穀齊猶以公不親盟來討而脅公出盟自此魯遂專事齊矣○晉侯蒐于黃父遂復合諸侯于扈平宋也公不與會齊難故也書曰諸侯無功也黃父晉地一名黑壤傳不列諸侯而言復合則如十五年會扈之諸侯可知也時齊伐魯西鄙故云齊難經不列序諸國以諸國不能平亂也於是晉侯不見鄭伯以爲貳於楚也晉不能平宋亂復濫焉以責鄭貳鄭子家使執訊而與之書以告趙宣子曰寡君即位三年召蔡侯而與之事君九月蔡侯入于敝邑以行敝邑以侯宣多之難寡君是以不得與蔡侯偕十一月克減

侯宣多而隨蔡侯以朝于執事子家公子歸生也執訊執其通問之人鄭穆三年魯文之二年也時蔡莊侯叛晉鄭爲召之君謂晉襄行朝晉也侯宣多晉大夫逆穆公於晉而立之恃寵作亂減損而未靖遂汲汲以隨朝傳言蔡之事晉皆鄭之功十二年六月歸生佐寡君之嫡夷以請陳侯于楚而朝諸君十四年七月寡君又朝以蕆陳事十五年五月陳侯自敝邑往朝于君往年正月燭之武往朝夷也八月寡君又往朝此下十二十四十五年蓋魯文之十一十三十四年也歸生子家自稱名也夷大子名陳侯將朝晉而畏楚故歸生輔我鄭大子往請于楚楚既許往乃朝于晉蕆勑也勑成陳國前日之好也此陳侯陳靈公也朝夷相大子夷朝晉也傳言陳之事晉皆鄭之功蕆勑展反以陳蔡之密邇於楚而不敢貳焉則敝邑之故也雖敝邑之事君何以

不免總承上文言陳蔡之比近于楚而不敢有貳心於晉則以敝邑彌縫相助之功又言雖敝邑之事晉君不敢不盡其心何故不免於罪戾在位之中一朝于襄而再見于君夷與孤之二三臣相及於絳雖我小國則蔑以過之矣今大國曰爾未逞吾志敝邑有亡無以加焉一朝於襄謂三年朝襄公再見于君謂十四年往年朝靈公孤謂鄭伯不云寡君而云孤蓋鄭伯身自對晉當爾孤歸生因卽以孤言其君也二三子謂燭之武輩絳晉國都大國謂晉國逞快也承上言鄭事晉之禮如此晉尚以為未足則雖利害係國存亡亦不能再加其禮也古人有言曰畏首畏尾身其餘幾又曰鹿死不擇音小國之事大國也德則其人也不德則其鹿也鋌而走險急何能擇命之罔極亦知亡矣將悉敝賦以待於鯈唯執事命之古人

言人之一身既畏其首又畏其尾則其中不畏者不多杜注音與蔭同謂所庥蔭之處非也服虔氏云鹿得美草呦呦相呼困迫不暇復擇善音急之至矣莊子獸死不擇音注意亦同蜓疾走貌言以小國而事大國大國以德加我則我以人道相事苟不以德而以兵則我亦如鹿之疾走而趨于險欲一鬪以死不暇擇音而鳴之惡耳且晉之命令過苛無有窮極則鄭亦自知不免於滅亡將盡起鄭國之兵待于境上以拒晉也

文公二年六月壬申朝于齊四年二月壬戌爲齊侵蔡亦獲成於楚居大國之間而從於彊令豈其罪也大國若弗圖無所逃命

鄭文公二年魯莊公之二十三年其四年則莊公二十五年也成於楚鄭與楚成也令號令也言鄭介居於晉楚之間而從於大國之號令蓋出於不得已非可執以爲罪也今晉若不圖恤鄭國無所逃于見討之命言將叛晉也

晉鞏朔行成於鄭趙穿公壻池爲質焉

鞏朔趙穿公壻池皆晉大夫以二人爲質於鄭以見

晋之無敢事而脩業之象也 ○附錄 秋。周甘歜敗戎于邥垂。乘其飲

酒也 甘歜周大夫邥垂周地今爲河南新安縣杜預氏云爲成元年晋侯平戎於王張本〔歜〕音觸〔邥〕音審

○附錄 冬。十月。鄭大子夷石楚爲質于晋。夷靈公也石楚鄭大夫

○襄仲如齊。拜穀之盟。復曰。臣聞齊人將食魯之麥。以臣觀之。將不能。齊君之語偷。臧文仲有言曰。民主偷必死。食魯麥言將伐魯偷猶苟且也

〔經〕壬子 十有八年。春。王二月。丁丑。公薨于臺下。○汪克寬氏曰或謂因隕而薨不能順受其正雖莫得其詳然經書薨于臺下失正終之道矣 ○秦伯罃卒。無傳穆公以前卒不書喪紀之交未及於魯也康公繼修晋怨歸襚來聘於是告喪弔贈之使始行焉〔罃〕音鶯

○夏。五月。戊戌。齊人弒其君商人。書齊人以誅亂賊之黨書弒其

君罪齊人既以爲君而弑之也○六月癸酉葬我君文公○秋公子遂叔孫得臣如齊○冬十月子卒○夫人姜氏歸于齊○季孫行父如齊無傳○愚按書二卿如齊于子卒之前夫人歸齊于子卒之後終之以行父如齊而殺適立庶謀成計定本末皆備矣○莒弑其君庶其

傳十八年春齊侯戒師期而有疾醫曰不及秋將死戒師期將以伐魯公聞之卜曰尚無及期公以齊將伐魯之故卜齊侯之死期尚庶幾也言庶幾齊侯先師期死也惠伯令龜卜楚丘占之曰齊侯不及期非疾也君亦不聞令龜有咎令龜以卜事告龜也楚丘魯卜大夫非以疾言終將見弑也君亦不聞言魯君先齊侯死不及聞其死之事也有咎亦有凶兆也杜預氏云爲惠伯死張本二月丁丑公薨果如楚丘之言○郛登氏曰文公安於宴息荒怠政事逆

祀崇而君臣之分瀆世室壞而宗廟之敬衰公孫敖遠命而不能刑齊商人侵辱而不能抗又使寵妾匹嫡强臣擅政尸未及寒而冢嗣戕賊是不足以保其妻子也魯道於是乎衰矣○齊懿公之爲公子也。與邴歜之父爭田弗勝。及卽位乃掘而刖之。而使歜僕納閻職之妻。而使職驂乘。懿公怨歜父時已死乃斷其手足僕御也驂乘陪乘也[歜]音觸[刖]音月夏五月公游于申池二人浴于池。歜以扑抶職。職怒。歜曰人奪女妻而不怒。一抶女庸何傷。職曰與刖其父而弗能病者。何如。申池齊城申門之池扑箠扶擊也何如言猶愈于刖父而不能病者二人各以所恨相感激而弑君[抶]勑乙反乃謀弑懿公納諸竹中。歸舍爵而行。二人謀弑懿公納其尸于申池之竹中歸舍飲酒訖置爵而後去蓋齊人惡懿公而不討賊故二人得從容無所畏也[舍]音赦齊人立公子元桓公子惠公也前辭商人之請今卒得國○六月葬文公○秋襄仲莊叔如齊惠公立故且拜葬也襄仲賀齊惠公新立莊叔謝齊來會葬○王樵氏曰杜氏云書二卿以兩事行非相爲介蓋襄仲專爲謀立宣公托以一卿賀立君一卿拜葬而已以大事陰謀欲面見齊侯而決蓋身在使外而托以使行耳○文公二妃敬嬴生宣公敬嬴嬖而私事襄仲宣公長而屬諸襄仲襄仲欲立之叔仲不可仲見于齊侯而請之齊侯新立而欲親魯許之二妃次妃也屬托也叔仲惠伯也仲謂襄仲惡乃齊甥齊許廢惡立宣公者以宣非嫡得國必感已也○冬十月仲殺惡及視而立宣公書曰子卒諱之也惡大子夫人出姜所出視其母弟也先君既葬則稱君惡不稱君者魯人諱弒君故以未成君書子若言猶在喪而自卒也殺視不書賤之也仲以君命召惠伯其

宰公冉務人止之曰。入必死。叔仲曰。死君命可也。公冉務人曰。若君命可死。非君命何聽。弗聽。乃入殺而埋之馬矢之中。公冉務人奉其帑以奔蔡。既而復叔仲氏。惡雖已死未告外人故襄仲詐以子惡之命召惠伯使入公冉務人疑其宮內有變謂非子惡之命故云人必死復叔仲氏不絕其後○邵寶氏曰伍尚君于楚平惠伯召于宣公皆君命也皆死尚往以父質也惠伯何居宣公與聞乎殺惡之謀其召惠伯蓋欲成其謀爾而惠伯以君命故竟蹈其難好仁不好學其敝也愚惠伯之謂矣是故伍尚死以成孝惠伯之死愚哉○夫人姜氏歸于齊。大歸也。姜氏惡視之母出姜也大歸歸而不返也將行。哭而過市曰。天乎。仲爲不道。殺適立庶。市人皆哭。魯人謂之哀姜。終不允於魯之言[適]音嫡○莒紀公生大子僕。又生季佗。愛季佗而黜僕。且多行無禮於國。僕因國人以弒紀公。以其寶玉來奔。納諸宣公。紀公莒君之號○愚按左氏稱僕因國人以弒其君是僕既通乎國人矣復何所憚而不自立而顧來奔魯乎則春秋書法亦當如楚世子商臣弒其君頵而又何以書國弒乎吳臨川氏疑僕因國人之下以字當作之字謂僕因國人之弒君懼弁及禍而來奔也則季文子必欲出諸竟大史克業已稱爲弒君父又何耶以經證傳傳必有誤 公命與之邑。曰。今日必授季文子使司寇出諸竟。曰。今日必達。必授者必授莒僕以邑必達者必出莒僕於竟杜預氏云未見公而文子出之故經不書來 公問其故。季文子使大史克對曰。先大夫臧文仲教行父事君之禮行父奉以周旋。弗敢失隊。曰。見有禮於其君者。事之如孝子之養父母也。見無禮於其君者。誅之。如鷹鸇之逐鳥雀也。魯大史名克以其有文采知典故使之代文子以對故稱文子之名有禮其君謂盡忠者無禮其君謂弑逆者鸇音旃○孫應鷟氏曰養父母逐鳥雀但形容眞愛眞惡先君周公制周禮曰。則以觀德。德以處事。事以度功。功以食民。則法也以法則觀人順之爲吉德逆之爲凶德有德則任之以事事治則考量其功功成則舉以養民引此以明善必用包下文吉德意○孫應鷟氏曰此篇凡二段前段引周禮誓命以明莒僕之不可不去後斷引元愷四凶以明莒僕之不可不誅作誓命曰。毀則爲賊。掩賊爲藏。竊賄爲盜。盜器爲姦。主藏之名。賴姦之用。爲大凶德。有常無赦。在九刑不忘。誓要信也毀壞掩匿也藏隱物之名姦姦惡也言壞法者爲賊若人掩匿此賊者爲藏此自人言竊物者爲盜若人用所盜器者爲姦此自物言賴利也用器用也言主爲藏匿罪人之名利賴姦人所盜之用爲極大之凶德有常刑必誅無赦此誓命在九刑之書終不遺忘其書今亾引此以明惡必去包下文凶德意行父還觀莒僕莫可則也。孝敬忠信爲吉德盜賊藏姦爲凶德夫莒僕則其孝敬則弑君父矣則其忠信則竊寶玉矣其人則盜賊也其器則姦兆也保而利之則主藏也以訓則昏民無則焉不度於善而皆在於凶德是以去之還觀反覆觀之也器寶玉也兆端也言論其人則有盜賊之行論其器則爲姦邪之端今若保其人而利其物則又掩賊主藏之名者也以周書之訓而則此昏德之人無一事可爲民之則者蓋其所行不居於孝敬忠信之吉德而皆在於盜賊姦兆之凶德是以逐去莒僕而不容少緩也還音旋

昔高陽氏有才子八人蒼舒隤敳檮戭大臨龍降庭堅仲容叔達齊聖廣淵明允篤誠天下之民謂之八愷高辛氏有才

子八人。伯奮仲堪叔獻季仲伯虎仲熊叔豹季貍忠肅共懿宣慈惠和天下之民謂之八元此十六族也世濟其美不隕其名以至於堯堯不能舉舜臣堯舉八愷使主后土以揆百事莫不時序地平天成舉八元使布五教於四方父義母慈兄友弟共子孝內平外成。高陽帝顓頊之號八人其苗裔也即垂益禹皐陶之倫齊肅聖睿廣大淵深明哲允信也言八人有此八德之善故謂之愷愷和也謂其和於物也高辛帝嚳之號八人亦其苗裔也即稷契朱虎熊羆之倫共敬懿美宣徧也言八人有此八德之美故謂之元元者善之長也濟成隕墜也后君也天稱皇天故地稱后土時禹作司空平水土揆度也百事謂土地之衆事時是也序次序也平治也言水土既平萬物得以生成也契作司徒敬敷五教在寬義慈友共孝五教也內平五教行於家也外成五教行于國也

此舉八愷八元而獨言禹契事舉其大以見其餘也
隤音頹　歆五才反　檮音桃　戭音演　尨音厖　降音抗

昔帝鴻氏有不才子。掩義隱賊。好行凶德。醜類惡物。頑嚚不友。是與比周。天下之民謂之渾敦。少皥氏有不才子。毀信廢忠。崇飾惡言。靖譖庸回。服讒蒐慝。以誣盛德。天下之民謂之窮奇。顓頊氏有不才子。不可教訓。不知話言。告之則頑。舍之則嚚。傲很明德。以亂天常。天下之民謂之檮杌。此三族也。世濟其凶。增其惡名。以至于堯。堯不能去。縉雲氏有不才子。貪于飲食。冒于貨賄。侵欲崇侈。不可盈厭。聚斂積實。不知紀極。不分孤寡。不恤窮匱。天下之民以比三凶。謂之饕饕。舜臣堯，賓于四門，流四凶族，渾敦、窮奇、檮杌、饕餮，投諸四裔，以禦螭魅。帝鴻黃帝也掩不用也隱庇也醜類凶醜之類惡物羣惡之物不友不善也比近周密也言與醜惡頑嚚不善之人相親密也渾敦不開通之貌即驩兜也少皞金天氏之號毀壞廢棄也崇尊尚也飾修整也言毀弃忠信之言而於惡言反尊崇而修整之也靖安譖毀庸用回邪也服奉行也蒐索也慝隱慝也言用譖謗回邪者行其讒言索人隱事以誣罔盛德之人也窮奇者其行窮其好奇即共工也顓頊即高陽氏話善也告以德義則頑不入於心所以不可教訓舍其忠信則嚚常出於口所以不知話言傲慢很暴也傲很明德言害有德之人也檮杌頑凶無儔匹之貌即鯀也縉雲黃帝氏官名冒猶貪也盈滿厭足也實蓄實也不分謂不分惠不恤謂不賑恤縉雲非黃帝子孫故云以比三凶貪財爲饕貪食爲餮即三苗也據山海經呂氏春秋所紀渾敦窮奇檮杌饕餮俱惡獸名故取以爲四凶之號賓于四門謂開闢四方之門以賓接賢者流放也案四凶罪狀而流放之也投棄也裔遠文云衣裾也裾即衣邊也言遠意螭山神魅怪物也言弃之四遠使當螭魅之爲民害者舜流共工於幽州北裔也放驩兜於崇山南裔也竄三苗於三危西裔也殛鯀于羽山東裔也【嚚】音銀【渾】上聲【敦】屯上【杌】音兀【螭】音離【魅】音媚○孔頴達氏曰宣公不能去莒僕而行父能去之恐宣公以不去之爲耻行父以去之爲專史克方以宣公比堯行父比舜故言堯朝有四凶堯亦不能去須賢臣而除之所以雪宣公不去之耻解行父專擅之失也

是以堯崩而天下如一。同心戴舜以爲天子。以其舉十六相。去四凶也。故虞書數舜之功曰。慎徽五典。五典克從。無違教也。曰納于百揆。百揆時序。無廢事也。曰賓于四門。四門穆穆。無凶人也。舜有大功二十而爲天子。

慎謹徽美也五典即上文五教從順也言其不違逆而從教以明舜舉八元之功言無廢事以明舜舉八愷之功穆穆和也言無凶人以明舜流四凶之功大功二十舉

十六相去四凶也○傳遜氏曰高辛子八人堯兄弟也堯豈不知而待舜且八愷主后土以揆百事地平天成伯禹之任八元使布五教契之任元愷八人既同心且同職何別無任乎若爲長佐同主一事則不宜曰十六相也且與書文亦異此非文子見聞之繆則左氏之誇恐不足爲據也

今行父雖未獲一吉人去一凶矣於舜之功二十之一也庶幾免於戾乎

史克激揚而言舜之事堯以辯宣公之惑以解行父之志故其言善惡有大過之辭如言禹則云世濟其美言鯀則云世濟其凶非其實也蓋事勢宜然耳○朱申氏曰宣公以簒得國而行父不討顧乃逐一莒僕歷數其罪而不少假借是托莒僕以劫持宣公也彼宣公果人也固宜羞愧汗下無措躬之所矣三家擅權蓋始于此○眞德秀氏曰行父歷數莒僕之罪當矣而不知襄仲之惡近在目前而不能正反與之先後如齊以求昏與會焉是陷身于盜賊之黨而不自知也且其言曰見無禮于君者猶鷹鸇之逐鳥雀也如襄仲者其有禮乎其無禮乎梟獍在前而不知逐顧區區以去鳥雀爲能而曰

此舜功二十之一也豈不可哂也哉

○附錄宋武氏之族。道昭公子。將奉司城須以作亂。道開也司城須文公之弟十二月。宋公殺母弟須及昭公子。使戴莊。桓之族。攻武氏於司馬子伯之館。遂出武穆之族。使公孫師爲司城。公子朝卒。使樂呂爲司寇。以靖國人。戴族華樂也莊族公孫師也桓族向魚鱗蕩也司馬子伯華耦也武族作亂穆族黨武氏故併出之公孫師莊公之孫樂呂戴公曾孫杜預氏云爲宣三年宋師圍曹傳

春秋左傳註評測義卷之二十　終

春秋左傳註評測義卷之三十一

明吳興後學淩稚隆輯著

宣公一

公名倭一名接文公子母敬嬴在位十八年謚法善問周達曰宣

經 癸丑周匡王五年 元年 陳靈公六年杞桓公二十九年宋文公三年晉靈公十三年齊惠公元年秦共公元年楚莊王六年衛成公二十七年蔡文公四年鄭穆公二十年 春王正月。公即位。無傳○公子遂如齊逆女。卿爲君逆也杜預氏云不譏喪娶者不待貶責而自明也三月。遂以夫人婦姜至自齊。書以不當以也○婦有姑之辭夏季孫行父如齊。○晉放其大夫胥甲父于衛。放者有罪當刑而不忍刑之寛其罪而放棄之也○公會齊侯于平州。平州齊地在今山東新泰縣境○公子遂如齊。○六月。齊人取濟西田。魯人致賂以免討而書齊人取家鉉翁氏以爲此所謂盜竊之取其罪有大於侵伐之取也○秋。邾子來朝。無傳○楚子。鄭人。侵陳。遂侵宋。○晉趙盾帥師救陳。傳言救陳宋○宋公。陳侯。衛侯。曹伯。會晉師于棐林。伐鄭。此晉師卽上趙盾所帥救陳之師蓋一事兩見承上省言也棐林鄭地在今河南榮陽中牟二縣境○冬。晉趙穿帥師侵崇。崇國今爲陝西鄠縣○晉人。宋人。伐鄭。

【傳】元年春王正月。公子遂如齊逆女尊君命也。諸侯之卿出入稱名氏所以尊君命也三月。遂以夫人婦姜至自齊尊夫人也。公子當時之寵號遂不稱公子替其寵號所以成小君之尊也○劉敞氏曰左氏稱族尊君命舍族尊夫人非也若然公子結遂及齊宋盟非受命亦稱族歸父豹意如其往也氏其至也不氏無有夫人居間也何以舍族耶○姜寶氏曰不稱公子以一事而再見故單稱名非別有意義也○夏季文子如齊。納賂以請會。宣公簒立納賂齊國請列於位○晉人討不用命者。放胥甲父于衛。而立胥克。先辛奔齊。文十二年戰河曲胥甲父趙穿當軍門呼至是始治其罪克甲之子辛甲之屬大夫○愚按河曲之役及今八年矣而始討不用命者且趙穿之罪浮於胥甲而獨放一胥甲則皆執政者之私也故先儒曰放胥甲者弒夷皐之兆○會于平州。以定公位。春秋之世諸侯簒立則鄰國討之若諸侯旣與之會成其爲君則臣子不得復討故宣公與齊會而位乃定○東門襄仲如齊拜成。襄仲居東門故以稱今山東曲阜縣有襄仲臺拜成拜謝得列于會也○六月。齊人取濟西之田。爲立公故。以賂齊也。僖三十一年晉文以曹濟西地分魯○宋人之弒昭公也。晉荀林父以諸侯之師伐宋。宋及晉平宋文公受盟于晉又會諸侯于扈將爲魯討齊皆取賂而還鄭穆公曰晉不足與也遂受盟于楚陳共公之卒楚人不禮焉陳靈公受盟于晉宋人弑昭公在文十六年晉伐宋在文十七年會諸侯討齊在文十五年二扈之盟皆受賂陳共公卒在文十二年秋楚子侵陳遂侵宋○姜寶氏曰齊桓侵蔡而遂伐楚以蔡近而楚遠有事於楚道先由蔡也楚莊侵陳而遂侵宋以陳近而宋遠有事于宋道先由陳也侵蔡伐楚蓋齊桓圖覇之舉侵陳侵蔡蓋楚莊圖覇之舉也晉趙盾帥師救陳宋會于棐林以伐鄭也楚蔿賈救鄭遇于北林囚晉解揚晉人乃還晉師救陳宋諸侯往會之因共伐鄭北林在鄭北解揚晉大夫○王樵氏曰據經文盾實未嘗救宋左氏意之爾上書楚子侵陳遂侵宋則楚師已在宋矣盾始帥師救陳又自陳而卽次于棐林會四國以伐鄭必不及尾楚師而至於宋

也遂以爲名而左氏誤信之經安得書救宋哉○晉欲求成於秦趙穿曰我侵崇秦急崇必救之吾以求成焉冬趙穿侵崇秦弗與成崇爲秦之與國故秦人急於援崇○王樵氏曰秦强國與晉又深讐也以好結之猶未易成乃伐崇以怒之而曰以求成不亦遠于爲謀乎○晉人伐鄭以報北林之役報因解揚於是晉侯侈趙宣子爲政驟諫而不入故不競於楚侈驕侈也驟數也急也競强也杜預氏云爲明年鄭伐宋張本○金履祥氏曰趙宣子輔幼君不爲置賢師傅而徒强諫此宣子之失也

【經】甲寅二年春王二月壬子宋華元帥師及鄭公子歸生帥師戰于大棘宋師敗績獲宋華元大棘宋地今河南寧陵縣有大棘城傳側得大夫生死皆曰獲此經書大夫帥師之始也○秦師伐晉○夏晉

人宋人衛人陳人侵鄭杜預氏云晉趙盾興諸侯之師將爲宋報耻畏楚而還失霸者之義故貶稱人○秋九月乙丑晉趙盾弒其君夷皋趙穿弒君而春秋以趙盾當首惡者以穿之弒盾實主之也靈公不君故稱名○冬十月乙亥天王崩無傳

傳二年春鄭公子歸生受命于楚伐宋宋華元樂呂御之二月壬子戰于大棘宋師敗績囚華元獲樂呂及甲車四百六十乘俘二百五十人馘百人經書獲華元不書樂呂非元帥也傳言囚華元獲樂呂以明華元生獲故得見贖而還馘取左耳也[御]音御[馘]古獲反狂狡輅鄭人鄭人入于井倒戟而出之獲狂狡狂狡宋大夫輅迎也戟鎗鏑狂狡迎擊鄭鄭人避入于井狂狡自倒其戟以聽鄭人之出反爲鄭人所獲[輅]音迓

君子曰失禮違命宜其爲禽也戎昭果毅以聽之之謂禮殺敵爲果致果爲毅易之戮也言狂狡失即戎之禮違殺敵之命曲法以拯鄭人宜其爲禽也戎兵事也昭明果敢也殺必行也聽敬從也言兵戎之事明此果毅以從之之謂禮能殺敵人是名爲果能致果敢于敵人乃名爲毅易反之也言反易此道如倒戟之類軍制所必誅也將戰華元殺羊食士其御羊斟不與及戰曰疇昔之羊子爲政今日之事我爲政與入鄭師故敗食享也疇昔猶前日也子謂華元爲政猶言爲主言前日分羊有無之權在子今日御車進退之權在我此節追叙華元所以致敗之故君子謂羊斟非人也以其私憾敗國殄民於是刑孰大焉詩所謂人之無良者其羊斟之謂乎殘民以逞殄盡也詩小雅角弓篇義取不良之人相怨以亾殘民以逞言殘害宋國之民

以快其志也宋人以兵車百乘文馬百駟以贖華元于鄭。
半入華元逃歸立于門外告而入見叔牂曰子之馬
然也對曰非馬也其人也既合而來奔文馬馬之毛色有文采者
四馬爲駟鄭人以宋納賂之故寬其防守故華元乘
亂逃歸立于宋門之外告而後入言不苟也叔牂羊
斟也叔牂卑賤故得先歸華元見而安慰之曰往奔
入鄭軍者子之馬使然非子之罪叔牂自任其罪乃
對元曰非馬也其人也言是已爲之合猶會也叔牂
既會華元即來奔魯一說以子之馬然也爲叔牂之
語對曰以下爲華元之語牂子郎反○陸粲氏曰羊
斟飲食之人君子無譏焉然既喪三軍陷元帥則非
華氏之讐國之賊也執而戮之其誰曰不可元也詭言逸賊誠近厚矣無乃非直乎宋城華元
爲植巡功城者謳曰睅其目皤其腹弃甲而復于思
于思弃甲復來。植將主也巡功巡視功作也睅目出也皤大腹也弃甲亾師也于思多鬚貌一曰白頭貌[睅]音環[皤]音婆使其驂乘謂之曰。牛則有皮。犀兕尚多。弃甲則那。犀兕皆野獸名那猶何也言牛與犀兕之皮尚多皆可用以為甲弃之何害役人曰。從其有皮。丹漆若何。言從使有皮可以為甲其如所飾丹漆之費何華元曰。去之。夫其口衆。我寡。去之使其驂乘勿復與答也夫謂役人言我一人之口不足以當役夫之衆口也杜預氏云傳言華元不吝其咎寬而容衆○秦師伐晉。以報崇也。遂圍焦。伐崇在前年焦晉河外邑○夏。晉趙盾救焦。遂自陰地。及諸侯之師。侵鄭。以報大棘之役。陰地晉地大棘役在今二月楚鬬椒救鄭。曰。能欲諸侯而惡其難乎。遂次于鄭。以待晉師。言既欲諸侯從楚不得惡救鄭禦晉之難也[難]乃旦反趙盾曰。彼宗競于楚。殆將斃矣。姑益其疾。乃去之。競强也鬬椒若敖之族世爲令尹盾言物盛則衰彼宗強甚殆將斃于禍矣吾且示弱而益其驕盈之疾以速其斃也杜預氏云傳言趙盾所以稱人且爲四年楚滅若敖氏張本○愚按以全晉之盛合諸侯之師乃遇一鬬椒遂不敢交綏而去豈事理哉蓋盾本無欲戰之心而又蓄弑逆之謀故姑托爲之辭以解於衆於是楚遂益張明年且有問罵之舉皆盾致之也

○晉靈公不君。厚斂以彫牆。從臺上彈人。而觀其辟丸也。不君失君道也彫畫也丸彈丸也觀人善辟與否以資笑噱也今山西絳州西非有靈公臺〔辟〕音避宰夫胹熊蹯不熟。殺之。寘諸畚。使婦人載以過朝。趙盾士季見其手。問其故而患之。胹煑也熊蹯卽熊掌煑之難熟不熟則有毒畚以草索爲之不欲令人知故使婦人載以過朝士季卽士會〔胹〕音而〔畚〕音本將諫。士季曰。諫而不入。則莫之繼也。會請先。不入。則子繼之。上季以盾位尊令與俱諫而不聽則莫能繼其後會請先往諫俟其不聽然後子繼之三進及溜而後視之曰吾知所過矣將改之稽首而對曰人誰無過過而能改善莫大焉詩曰靡不有初鮮克有終夫如是則能補過者鮮矣君能有終則社稷之固也豈唯羣臣賴之又曰袞職有闕唯仲山甫補之能補過也君能補過袞不廢矣溜簷下水溜之處言士季入門伏而公不省起而更進三進三伏而及于君之屋溜言追於公之前也公知欲諫故佯不視及至偪近然後視之詩大雅蕩篇又大雅烝民篇袞君之上服闕過也袞不廢者言袞職無闕可以常服此袞也溜留去猶不改宣子驟諫驟諫追從之謂言不能含容諷諫也元年傳言宣子驟諫而不能入者以此公患之使鉏麑賊之晨往寢門闢矣盛服將朝尚早坐而假寐麑退歎而言曰不忘恭敬

民之主也。賊民之主，不忠；弃君之命，不信。有一於此，不如死也。觸槐而死。鉏麑晉力士闘開也不解衣冠而睡曰假寐以其盛服坐睡故云不忘恭敬有一於此者言殺之則不忠不殺則不信二者必有一于此不如自死以免二者之罪槐庭樹也鉏鉏仕俱反麑麑音迷○柳宗元氏曰麑之死固善矣然而宣子為政之良諫君之直麑胡不聞之乃以假寐為賢使不及其假寐也則固以殺之矣是宣子大德不見赦而以小敬免也

秋九月，晉侯飲趙盾酒，伏甲將攻之。其右提彌明知之，趨登，曰：「臣侍君宴，過三爵，非禮也。」遂扶以下。公嗾夫獒焉，明搏而殺之。盾曰：「弃人用犬，雖猛可為。」闘且出。提彌明死之。右盾車右也登謂登臺禮侍君小飲則三爵而退玉藻所謂三爵而油油以退是也彌明見事急故假為此辭以責宣子而遂扶之下堂而去嗾使犬也夫語助爾雅云犬四尺為獒說文云犬知人心

可使者公乃嗾使之嗾指明即彌明鬬且出與公之甲士且鬬而且出也初宣子田於首山舍于翳桑見靈輒餓問其病曰不食三日矣食之舍其半問之曰宦三年矣未知母之存否今近焉請以遺之使盡之而爲之簞食與肉寘諸橐以與之既而與爲公介倒戟以禦公徒而免之問何故對曰翳桑之餓人也問其名居不告而退遂自亡也田獵也首山晉地在今山西蒲州東南境舍止也翳桑桑之多蔭翳者今絳州北有餔饑坂靈輒晉人宦學也言出外宦學也近謂去家近簞竹器之圓者橐無底囊也以簞食與肉納諸橐中使留與母也介甲士也至是靈輒亦在宮中伏兵內乃倒用其戟反禦伏兵使宣子得出名居姓名與所居也不告而退不望報也時宣子出奔輒亦亡去〔食〕音嗣〔與〕爲音預乙丑趙穿攻靈公於桃園宣子未

出山而復。穿趙盾之從父昆弟子時盾已出奔未出晉境之山聞公遇弒而還大史書曰。趙盾弒其君。以示於朝。宣子曰。不然。對曰。子為正卿。亡不越竟。反不討賊。非子而誰。宣子曰。烏呼。我之懷矣。自詒伊慼。其我之謂矣。大史董狐也言宣子為晉之正卿出奔而不踰晉竟之山此其反國又不討伐弒君之罪如此則弒君者雖非子而實出于子之心也詩邶風雄雉篇我之懷矣自詒伊阻阻即感也蓋即此詩杜謂逸詩非也宣子引詩而言我因懷戀晉國以及於憂正如此詩之謂孔子曰。董狐。古之良史也。書法不隱。趙宣子。古之良大夫也。為法受惡。惜也。越竟乃免。時孔子未生蓋後聞其事而追論之言董狐可謂史官之良者以其不隱趙盾之罪而直書之趙宣子可謂大夫之良者善其為史法而受弒君之惡名惜乎其所見之不審也蓋盾亡不越竟似實與弒君之謀而僞出以逃其惡名者若盾越晉竟適他國則穿之弒君盾不與知乃可免弒君惡名耳○愚按靈公之立非盾本心公寧不知之而及公既立盾又當國二十餘年國人皆知有盾而不知有公公積不能堪而欲殺之非一日矣盾不勝危懼而求以自固於是借侵崇之名授穿以兵柄以爲弒公地而及穿既弒公也盾未出山而復不惟不能討而又使穿迎立新君以爲周恩地然則盾弒君之心豈不昭然可見哉而左氏繆爲夫子之言曰惜也越竟乃免是使賊臣僞爲遠遁而返以苟脫其罪也而可乎○金履祥氏曰此非夫子之言也方靈公欲殺趙盾至于伏甲攻之盾力鬬而出于是出亡而趙穿攻靈公于後穿何怨于公而爲此是必有所受命矣君非果奔也故未出山實使穿也故不討賊夫子書法因董狐之舊豈又爲是言乎而反爲趙盾謀也目盾成弒君之惡矣縱使越竟又何免于弒逆之罪乎以是知決非夫子之言也○鄭玉氏曰靈公欲殺趙盾盾乃謀弒靈公遂使趙穿攻于桃園者情也謀既定則出奔以待其舉事既遂則復國以成其亂者賾也盾蓋主謀穿特從之耳故大史書曰趙盾弒其君誅首惡也

宣子使趙穿逆公

子黑臀于周。而立之。壬申。朝于武宮。黑臀晉文公少子〔臀〕徒門反

〇附録 初麗姬之亂。詛無畜羣公子。自是晉無公族。晉麗姬之亂在僖四年詛盟誓也奚齊卓子以庶篡嫡晉國創其爲亂乃設此詛非麗姬自爲詛也無公子故廢公族之官及成公即位。乃宦卿之適。而爲之田。以爲公族。又宦其餘子。亦爲餘子。其庶子爲公行。晉於是有公族餘子公行。宦仕也成公不立同姓爲公族乃使卿之嫡子受田入仕以掌公之宗族餘子嫡子之母弟也又使其餘子亦入仕以掌餘子之政庶庶子妾子也又使妾子亦入仕以掌公之戎行凡三官皆卿之子趙盾請以括爲公族。曰。君姬氏之愛子也。微君姬氏。則臣狄人也。公許之。括趙盾異母弟趙姬中子也趙姬文公女故云君姬氏盾狄女叔隗所生姬氏逆之以爲嫡事在僖二十四年冬。趙盾爲旄車之

族使屏季以其故族爲公族大夫。旄車卽公行也公車必建旄故云旄車之旄本衰之嫡子其子當爲公族乃自處於旄使其子爲旄子之官而以公族讓括使爲衰之嫡以故族人屬之屏括食邑季其字也○傳遜氏曰此三家分晉之本也自拔其枝葉而使本根一無所庇故異姓之臣世竊權寵擭奪詐謀而瓜分其國

【經】乙卯周定王元年 三年。晉成公元年 春王正月。郊牛之口傷。改卜牛。牛死。乃不郊。猶三望。○葬匡王。無傳 ○楚子伐陸渾之戎。○夏。楚人侵鄭。○秋。赤狄侵齊。無傳赤狄隗姓在山西潞州以北 ○宋師圍曹。○冬。十月。丙戌。鄭伯蘭卒。○葬鄭穆公。無傳

【傳】三年。春。不郊而望。皆非禮也。牛雖傷死當更改卜其吉者今廢郊不祀

而又望星辰山川二者皆非禮也望。郊之屬也。不郊。亦無望可也。杜預

氏云已有例在僖三十一年復發傳嫌牛死與卜不從異○附錄晉侯伐鄭。及郔。鄭

及晉平。士會入盟。郔鄭地杜預氏云爲夏楚侵鄭傳○楚子伐陸渾

之戎。遂至于雒。觀兵于周疆。陸渾之戎僖二十二年秦晉所遷于伊川者楚

至伊雒而觀兵于周室之疆界將以脅周也定王使王孫滿勞楚子。楚子

問鼎之大小輕重焉。王孫滿周大夫禹之九鼎三代相傳猶後世之有傳國璽也楚

子問鼎示欲偪周取天下對曰。在德不在鼎。昔夏之方有德也。遠

方圖物。貢金九牧。鑄鼎象物。百物而爲之備。使民知

神姦。故民入川澤山林。不逢不若。螭魅罔兩。莫能逢

之。用能協于上下。以承天休。若順也螭山神魅怪物罔兩水神也言禹方有

盛德之時遠方之國皆圖山川奇異之物而獻之使九州之牧各貢其金鑄爲九鼎象所圖物各著其上鬼神百物之形無不具備使民盡知鬼神姦邪之情狀故民入川澤山林不遇妖怪不順之物螭魅罔兩民皆辟之莫能相遇用此故民無災害而上下和協以承上天之休祐○陸粲氏曰諸言禹鑄鼎其事不經見故儒者疑之其信有焉殆亦紀治水之迹若其貢賦之名數以視後人耳何至迂怪如漢所云哉或曰鼎啓鑄也

桀有昏德鼎遷于商載祀六百商紂暴虐鼎遷于周德之休明雖小重也其姦回昏亂雖大輕也

載取更始之義祀取祭祀之義皆年之別名休美回邪也言三代君德休明之時鼎非加大也而不可遷移其勢若增重然桀紂姦回昏亂之時鼎非加小也而湯武遷之其勢若遂輕然

天祚明德有所厎止成王定鼎于郟鄏卜世三十卜年七百天所命也周德雖衰天命未改鼎之輕重未可問也

厎致

也郟鄏卽雒陽武王遷之成王定之言天祚明德之君自有極致之時昔成王定鼎于郟鄏卜世當傳三十卜年當七百今周德雖衰微而成王所卜之年世尚未艾鼎之輕重未可遽然而問也〇夏楚人侵鄭鄭卽晉故也春鄭及晉平〇宋文公卽位三年殺母弟須及昭公子武氏之謀也使戴桓之族攻武氏於司馬子伯之館盡逐武穆之族武穆之族以曹師伐宋宋文公卽位三年魯文公之十八年也武氏謀亂事在文十八年此因圍曹而重敘前事秋宋師圍曹報武氏之亂也〇冬鄭穆公卒初鄭文公有賤妾曰燕姞夢天使與巳蘭曰余爲伯儵余而祖也以是爲而子以蘭有國香人服媚之如是旣而文公見之與之蘭而御之辭曰妾不才幸而有子將不

信敢徵蘭乎公曰諾生穆公名之曰蘭姞南燕姓伯儵南燕祖蘭香草而汝也言天命以蘭爲之子也國香須國之香媚愛也言使人服汝子愛汝子如此蘭也御薦寢御也徵蘭者懼將不見信故欲以賜蘭之月即爲懷子月之徵也以文公賜蘭符燕姞之夢故名其子曰蘭文公報鄭子之妃曰陳嬀生子華子臧子臧得罪而出誘子華而殺之南里使盜殺子臧於陳宋之間鄭子子儀也漢律淫季父之妻曰報子臧出奔宋誘殺子華在僖十六年南里鄭地盜殺子臧在僖二十四年又娶于江生公子士朝于楚楚人酖之及葉而死葉楚地今爲河南葉縣又娶于蘇生子瑕子俞彌俞彌早卒洩駕惡瑕文公亦惡之故不立也蘇周寰內諸侯洩駕鄭大夫公逐羣公子公子蘭奔晉從晉文公伐鄭石癸曰吾聞姬姞

耦其子孫必蕃姞吉人也后稷之元妃也今公子蘭
姞甥也天或啓之必將爲君其後必蕃先納之可以
亢寵與孔將鉏矦宣多納之盟于大宮而立之以與
晉平文公盡逐羣公子蘭亦見逐故奔晉從晉伐鄭在僖三十年石癸鄭大夫耦宜爲配耦也姞姞姓
之女爲后稷妃周是以興故云吉人亢極也言可以極持其寵愛也大宮鄭祖廟(大)音泰穆公有
疾曰蘭死吾其死乎吾所以生也刈蘭而卒穆公言我以夢
蘭而生若此蘭死吾必與之俱死乃自刈其蘭而死此傳因穆公之後盛於鄭而追紀其始見天所啓也
【經】丙辰陳靈公元年四年春王正月公及齊矦平莒及郯莒
人不肯公伐莒取向郯今爲南直隸海州二國相怨故公與齊侯共平之書不肯書
取所以著齊魯之罪向莒邑(郯)音談○秦伯稻卒無傳○夏六月乙酉鄭

公子歸生弑其君夷。○赤狄侵齊。無傳○秋公如齊。公至自齊。無傳○冬楚子伐鄭。

【傳】四年春公及齊侯平莒及郯。莒人不肯。公伐莒取向非禮也。非與人爲平之禮平國以禮不以亂伐而不治亂也以亂平亂何治之有無治何以行禮。言平國之道當以禮遜不以兵亂今公用伐而不以禮治之是以亂平國也二國本亂魯人又以亂平之其亂何由而治既不能治何以行其平國之禮○楚人獻黿於鄭靈公。公子宋與子家將見。子公之食指動以示子家曰他日我如此必嘗異味。及入宰夫將解黿相視而笑。公問之子家以告。及食大夫黿召子公而弗與也。子公怒染指於鼎嘗之而出。公怒。欲殺子公。子公與子家謀先。子家曰。畜老猶憚殺之。而況君乎。反譖子家。子家懼而從之。夏弑靈公。黿似鼈而大靈公穆公太子夷也子宋即子公子家即歸生食指第二指也如此謂食指動相視而笑以爲指動果效也食大夫分賜諸大夫召而弗與子公欲使指動無效也子公恐公殺已故與子家謀欲先公作難畜六畜也黿音元書曰。鄭公子歸生弑其君夷。權不足也。子公實弑而書子家以子家無應變之才懼讒而從子公故書以首惡○陸淳氏曰子公弑君之賊也其惡易知子家縱其爲逆罪莫大焉書之以爲首惡與趙盾之弑義同○汪克寬氏曰十年傳載鄭人討幽公之亂斲歸生之棺而逐其族則鄭人當時已以歸生爲首罪矣君子曰。仁而不武。無能達也。子家初稱畜老憚殺仁也後不討子公是不武也故不能自通于事機以蒙弑君之首惡凡弑君稱君。君無道也。稱臣。臣之罪也。杜預氏云

稱君者謂惟書君名而稱國以弒言衆所共絕也稱臣者謂書弒者名以示來世終爲不義也

鄭人立子良。辭曰。以賢則去疾不足。以順則公子堅長。乃立襄公。子良穆公庶子去疾子良名公子堅即襄公

襄公將去穆氏而舍子良。子良不可。曰。穆氏宜存。則固願也。若將亡之。則亦皆亡。去疾何爲。乃舍之。皆爲大夫襄公以子公弒君故將去穆氏以子良讓已故特舍之不逐何爲言雖獨留也〔舍〕音赦○郤寶氏曰已留而族亡子良何以爲心故欲與族借亡而卒存其族亦豈子良有心於要之哉讓國禮也借亡禮也借存亦禮也雖然子良於穆之族有義不同天者焉知權者當有以處之矣而區區於存亡之借何居

○附錄

初楚司馬子良生子越椒。子文曰。必殺之。是子也。熊虎之狀。而豺狼之聲。弗殺。必滅若敖氏矣。諺曰。狼子野心。是乃狼

也。其可畜乎。子良不可。子文以爲大慼。及將死。聚其族曰。椒也知政。乃速行矣。無及於難。且泣曰。鬼猶求食。若敖氏之鬼。不其餒而。子文子良之兄皆敖氏之後野心言心在山野不可馴服也不其豈不也餒不祀也而語助 及令尹子文卒。鬬般爲令尹。子越爲司馬。蔿賈爲工正。譖子揚而殺之。子越爲令尹。已爲司馬。子越又惡之。乃以若敖氏之族圄伯嬴於轑陽而殺之。遂處烝野。將攻王。王以三王之子爲質焉。弗受。師于漳澨。般子文之子子揚也子越即子越椒工正百工之長圄囚也伯嬴蔿賈也轑陽楚邑蔿賈爲子越譖子揚故子越得爲令尹而已得爲司馬子越既得令尹又惡蔿賈偪已乃以其私族囚蔿賈於轑陽而殺之烝野楚邑三王文成穆也漳澨漳水之邊 般音班 轑音遼 澨音筮 秋。

七月戊戌。楚子與若敖氏戰于皐滸。伯棼射王。汰輈。及鼓跗。著於丁寧。又射。汰輈以貫笠轂。皐滸楚地伯棼郎越椒汰過也輈車轅也跗所以架鼓者丁寧鉦也言箭過車轅及鼓架而止于鉦兵車無蓋尊者則邊人執笠依轂而立以禦寒暑名曰笠轂又射過車轅及王之蓋　滸音虎　射音石　跗音膚　著直略反　師懼退。王使巡師曰。吾先君文王克息。獲三矢焉。伯棼竊其二。盡於是矣。鼓而進之。遂滅若敖氏。師見椒發矢異常故懼王設爲之辭以強其心遂奮而克之　初若敖娶於䢵。生鬬伯比。若敖卒。從其母畜於䢵。淫於䢵子之女。生子文焉。䢵夫人使弃諸夢中。虎乳之。䢵子田。見之。懼而歸。夫人以告。遂使收之。楚人謂乳穀。謂虎於菟。故命之曰鬬穀於菟。以其女妻伯比。實爲令尹子文。若敖楚之八世祖邧國郧同畜養也邧夫人邧女之毋夢澤名今湖廣雲夢縣有於菟鄉田獵也楚之方言呼乳爲穀又呼虎爲於菟因命子文之名爲穀於菟謂其幼時乳飼於虎也女即伯比所淫者子文穀於菟字(邧)音云(穀)乃茍反(於)音烏(菟)音徒其孫箴尹克黃使於齊。還及宋。聞亂。其人曰。不可以入矣。箴尹曰。棄君之命。獨誰受之。君。天也。天可逃乎。遂歸復命而自拘於司敗。箴尹官名克黃子揚之子司敗即司寇王思子文之治楚國也。曰。子文無後。何以勸善。使復其所。改命曰生。復其所任箴尹之官而改其名曰生明更生之也○邵寶氏曰箴尹知無所逃之義申生之流也雖然申生必死箴尹不必死其無無逃同其所以無逃異○冬。楚子伐鄭。鄭未服也。前年楚侵鄭不獲成故楚又伐之

左傳註評測義卷二十一

春秋左傳註評測義卷之二十二

明吳興後學凌稚隆輯著

宣公二

【經】丁巳五年秦莊公鄭襄公元年春。公如齊。○夏。公至自齊。○秋九月。齊高固來逆叔姬。○叔孫得臣卒。無傳○冬。齊高固及子叔姬來。○楚人伐鄭。○愚按高閌氏謂去冬之伐稱楚子與其討弑君之罪也今稱人又罪其數犯中國也如以其數犯中國則鄭弑君之罪固在何緣而輒爲褒貶其辭乎竊疑去冬或楚子自將今則命之微者春秋據實而書殊無意義

【傳】五年春。公如齊。高固使齊侯止公。請叔姬焉。高固齊大夫固欲求昏于公故使齊侯留公請叔姬強委禽焉○夏。公至自齊。書過也。凡公

行還書至常也公旣見止連昏其臣始得歸公
不以爲耻亦復告廟飲至故書之以示公過也○秋

九月齊高固來逆女自爲也故書曰逆叔姬卿自逆

也適諸侯遣臣來逆則稱逆女適大夫自來逆則稱
所逆之字所以别尊卑也此言逆叔姬蓋以卿自

逆非爲
君逆也○冬來反馬也禮送女適于夫氏留其所送
之馬謙不敢自安于夫若被
出弃則乘之以歸至三月廟見夫婦之情旣固則夫
家遣使反其所留之馬以示與之偕老不復歸也杜
預氏云高固遂與叔姬俱寧故經傳具見以示譏○
高閌氏曰高固之娶叔姬之嫁齊許之來魯與之來
皆非
禮也○楚子伐鄭陳及楚平晉荀林父救鄭伐陳陳
見
楚伐鄭故請平于楚杜預
氏云爲明年晉衛侵陳傳

經戊
午六年春晉趙盾衛孫免侵陳○夏四月○秋八
月螽無
傳○冬十月

〔傳〕六年春。晉衛侵陳。陳即楚故也。陳前年及楚平。○附録 夏。定王使子服求后于齊。子服，周大夫。○附録 秋。赤狄伐晉。圍懷及邢丘。晉侯欲伐之。中行桓子曰。使疾其民。以盈其貫。將可殪也。周書曰。殪戎殷。此類之謂也。懷在今河南武陟縣。邢丘在今懷慶府城東。皆晉邑。以繩穿物曰貫。秦誓所云商罪盈貫是也。殪，盡也。言使赤戎驕而數戰。爲民所疾。以盈滿其貫。則民莫爲用。一舉而滅。將可盡也。周書，康誥也。義取周武王以兵伐殷。盡滅之。皆待赤狄之道也。杜預氏云。爲十五年晉滅赤狄傳。〔殪〕於計反。○附録 冬。召桓公逆王后于齊。召桓公，王卿士。○附録 楚人伐鄭。取成而還。後傳所稱厲之役，蓋此。○附録 鄭公子曼滿與王子伯廖語。欲爲卿。二子，鄭大夫。〔曼〕音萬〔廖〕音聊 伯廖告人曰。無德而貪。其在周易豐䷶之離三三弗過之矣。離下震上豐豐上六變而爲純離也其爻辭曰豐其屋蔀其家闚其戶閴其無人三歲不覿凶義取無德而大其屋不過三歲必滅亡也閒一歲。鄭人殺之。

經己未七年春。衛侯使孫良夫來盟。○夏。公會齊侯伐萊。萊國今山東黃縣有萊城○秋。公至自伐萊。無傳○大旱。無傳○冬。公會晉侯宋公衛侯鄭伯曹伯于黑壤。序諸侯廢幾中國之猶有霸也黑壤晉地

傳七年春。衛孫桓子來盟。始通。且謀會晉也。桓子卽良夫公卽位衛始通好且謀與晉相會○夏。公會齊侯伐萊。不與謀也。魯從齊命伐萊魯不與始謀也與音預凡師出與謀曰及。不與謀曰會。杜預氏云與謀者謂同志之國相與講議利害計成而後行之故以相連及爲文若不與謀不得已而應命則以外

合爲文皆據魯而言○附錄

赤狄侵晉。取向陰之禾。此傳無秋字闕文也向陰晉地晉用桓子謀故縱狄○鄭及晉平。公子宋之謀也。故相鄭伯以會。去年鄭子宋弒靈公懼晉討故謀從晉而相之以會諸侯冬。盟于黑壤。王叔桓公臨之。以謀不睦。王叔桓公周卿士銜天子之命監臨諸侯以謀不相親睦者晉侯之立也。公不朝焉。又不使大夫聘。晉人止公于會。盟于黃父。公不與盟。以賂免。故黑壤之盟不書。諱之也。晉成公立在二年黃父即黑壤經書會不書盟諱公執止之辱也○愚按宣公專於朝齊而不事晉黑壤之執蓋自取之也雖然晉不討其弒君之大惡而僅僅以不朝之小過責之又卒以取賂而免安在其爲霸主哉

【經】庚申八年春。公至自會。無傳義與五年公至自齊書過同○夏。六月。

公子遂如齊。至黃乃復。無傳蓋有疾不能將事而廻也杜預氏云大夫受命而出雖死以尸將事遂以有疾還非禮也○辛巳有事于大廟。仲遂卒于垂。有事祭也不稱公子陳氏以爲蒙上文也垂齊地盖遂先卒于垂至有事之日始聞其訃也仲遂本不當書卒以事之變而書之也杜預氏云畧書有事爲繹張本○壬午猶繹。萬入。去籥。猶者可止之辭繹者祭之明日以賓尸也萬舞名籥管也内舞去籥惡其聲聞也○戊子夫人嬴氏薨。無傳宣公母也○汪克寬氏曰春秋既書夫人姜氏薨又書夫人風氏薨則知哀姜爲莊公夫人而成風乃妾也既書夫人姜氏歸于齊又書夫人嬴氏薨則知出姜爲文公夫人而敬嬴乃妾也直書于策而嫡妾之分明矣○晉師白狄伐秦。白狄別爲一種俗尚白衣者也在秦晉之間○楚人滅舒蓼。二國○秋七月甲子日有食之既。無傳○冬十月己丑葬我小君敬嬴。敬謚嬴姓雨不克葬。

庚寅日中而克葬。克成也。○城平陽。魯邑今山東新泰縣。○楚師

伐陳。

傳八年春，白狄及晉平。夏，會晉伐秦。晉人獲秦諜，殺諸絳市，六日而蘇。經在仲遂卒下，從赴也。諜，探也。死六日而復蘇，記異也。諜，徒協反。

○有事于大廟，襄仲卒而繹，非禮也。禮，大夫卒，當祭則不告，終事而聞則不繹。魯人既聞卿佐之喪，不宜作樂而不知廢繹，故云非禮。

○楚爲衆舒叛故，伐舒蓼，滅之。楚子疆之，及滑汭，盟吳越而還。疆，正其界也。滑水名。水之隈曲曰汭。吳國今南直隸蘇州府，越國今浙江山陰縣。杜預氏云：傳言楚疆吳越服從。○

附錄 晉胥克有蠱疾，郤缺爲政。秋，廢胥克，使趙朔佐下軍。胥克，下軍佐。蠱，惑疾也。時趙盾卒，郤缺代之。朔，趙盾之子。杜預氏云：爲成十七年胥童怨郤氏張本。

○冬。葬敬嬴。旱無麻。始用葛茀。茀引柩索也殯則有之以備火葬則引之以下柩當用麻今以葛爲之記禮之變始此(茀)方勿反雨不克葬。禮也。禮卜葬先遠日。辟不懷也。懷思也禮凡吉事先近日喪事先遠日先近日先卜上旬不吉卜次旬又不吉卜下旬喪事則先卜下旬辟不懷思其親似欲汲汲而早葬之也今若用雨而葬是爲不懷其親故舉卜葬先遠日以澄爲雨而止爲禮也(辟)音避○愚按士喪禮潦草載簑笠縣封不爲雨止猶爲之備也宣公以國君葬其母而不能預爲之備至暴之野次明日始卒襄事嫚親廢禮莫此爲甚而左氏猶以爲禮乎穀梁傳云雨不克葬喪不以制也斯言得之○城平陽。書時也。○陳及晉平。楚師伐陳。取成而還。陳自五年從楚至是始及晉平杜預氏云傳言

晉楚爭强

經 辛酉 九年春王正月。公如齊。無傳○公至自齊。無傳○夏

仲孫蔑如京師。○姜寳氏曰以厚薄言則君朝齊而臣聘周以緩急言則歲首朝齊而夏乃聘周以疎密言則於周纔一往聘而於齊則又再朝比事以觀不待貶絶而惡自見矣○齊侯伐萊。無傳○秋。取根牟。根牟東夷國今為山東新泰縣○八月。滕子卒。○九月。晉侯宋公衛侯鄭伯曹伯會于扈。晉荀林父帥師伐陳。○辛酉。晉侯黑臀卒于扈。扈鄭地卒於竟外故書地○冬十月。癸酉。衛侯鄭卒。無傳○宋人圍滕。宋稱人罪伐喪也○楚子伐鄭。晉郤缺帥師救鄭。○陳殺其大夫洩冶。洩音泄

【傳】九年春。王使來徵聘。徵召也夏。孟獻子聘於周。王以為有禮。厚賄之。○秋。取根牟。言易也。○滕昭公卒。杜預

氏云爲宋圍滕傳○會于扈。討不睦也。謀齊陳之不睦陳侯不會。晉荀林父以諸侯之師伐陳。前年楚及陳平故陳不來會○姜寶氏曰凡列國統于一將者皆書如隱十年翬帥師會齊人鄭人伐宋是也此不書安得以爲林父將諸侯之師乎晉侯卒于扈。乃還。○冬。宋人圍滕。因其喪也。因滕有昭公之喪○陳靈公與孔寧儀行父通於夏姬。皆衷其衵服以戲于朝。孔寧與儀行父皆陳卿夏姬鄭穆公女陳大夫御叔妻衷懷也婦人近衷衣曰衵〔衵〕音暱洩冶諫曰。公卿宣淫。民無效焉。且聞不令。君其納之。公曰。吾能改矣。公告二子。二子請殺之。公弗禁。遂殺洩冶。宣示也聞聲譽也令美也納之藏其衵服無示於人也孔子曰。詩云。民之多辟。無自立辟。其洩冶之謂乎。詩大雅板篇辟邪也下辟法也言邪辟之世不可立法但可晦迹以免禍爾(多)辟(避音闢立)辟(婢亦反)○愚按或謂洩冶親非貴戚位非上卿直諫而死傷於勇矣故書名以示貶也然則宋晉書殺其大夫仇牧荀息牧息皆名也亦將示貶乎益冶之失在于不能早諫以蓄其君之惡至其捐生盡言正人臣匡正之事何可過責如皆隱身遯禍若子哀叔肹輩則忠言不入於耳亂世亦何賴於君子乎文定於夏徵舒弑君之傳曰忠莫顯於身見殺而其言驗其所以許冶者亦至矣詩之所言恐非孔子所引云○

楚子爲厲之役故伐鄭。六年楚伐鄭取成於厲故楚伐鄭 晉郤缺救鄭。鄭伯敗楚師于柳棼。國人皆喜。唯子良憂曰。是國之災也。吾死無日矣。柳棼鄭地鄭以小國而勝楚大國故子良獨以爲憂自是晉楚交兵伐鄭十二年卒有楚子入鄭之禍(棼)扶云反

[經]壬戌 十年。晉景公衛穆公元年 春。公如齊。公至自齊。傳無 ○齊人歸我濟西田。元年魯以濟西田賂齊書歸我者田本魯之有也 ○夏。四月。丙

辰日有食之。無傳○己巳。齊侯元卒。○齊崔氏出奔衛。○公如齊。五月。公至自齊。無傳○癸巳。陳夏徵舒弒其君平國。徵舒陳大夫靈公無道而持書徵舒之名氏以弒胡傳以爲見洩冶忠言之驗靈公見弒之由也○六月。宋師伐滕。○公孫歸父如齊。葬齊惠公。無傳歸父襄仲之子○晉人。宋人。衛人。曹人。伐鄭。○秋。天王使王季子來聘。王季子周大夫王之母弟也○公孫歸父帥師伐邾。取繹。繹邾地○大水。無傳○季孫行父如齊。○冬。公孫歸父如齊。齊侯使國佐來聘。○饑。無傳○楚子伐鄭。

〔傳〕十年春。公如齊。齊侯以我服故。歸濟西之田。以公比年朝齊之故○夏。齊惠公卒。崔杼有寵於惠公。高國畏其偪也公卒而逐之奔衛書曰崔氏非其罪也且告以族不以名高國二家齊正卿典策之法告者皆當書以名今齊以崔杼無罪之故特以族告夫子因書曰崔氏以示無罪也又言齊之來告於魯以族不以名以明春秋因告而書之不皆改舊史也杼音杵○家鉉翁氏曰是歲崔杼弑君葢五六十年使杼得年七十此時方在弱冠不應權勢已盛爲人所畏忌非杼之身或其父但不可考耳凡諸侯之大夫違告於諸侯曰某氏之守臣某失守宗廟敢告所有玉帛之使者則告不然則否違奔放也上某姓下某名大夫受氏當世守宗廟故謂之守臣若言崔氏之守臣杼也聘禮贄玉致命執帛致享玉帛之使謂聘問也言奔者之身若嘗聘問於彼國情好相通則告之若未嘗往聘則不告一說謂國家有交好之國皆告非止奔者一身○公如齊奔喪杜預氏云公出朝會奔喪會葬皆書如不言其事史之常也○陳靈公與孔寧儀行父飲

酒於夏氏。公謂行父曰。徵舒似女。對曰。亦似君。徵舒病之。公出。自其廄射而殺之。二子奔楚。徵舒夏姬子陳之君臣以夏姬淫放之故相謂其子多似以爲戲而徵舒深爲已病乃伏於馬廄伺公出而射殺之二子孔寧儀行父也此爲十一年楚子入陳張本〔女〕音汝〔射〕音石○滕人恃晉而不事宋。六月。宋師伐滕。○愚按此可見晉覇業之衰○鄭及楚平。前年鄭敗楚衆恐楚深怨故與之平諸侯之師伐鄭。取成而還。諸侯以鄭及楚平故共伐鄭秋。劉康公來報聘。康公即王季子其後食采於劉來報孟獻子之聘○師伐邾。取繹。元年邾雖朝魯然恃齊爲安而魯不得志故今惠公卒而魯即往伐之杜預氏云爲子家如齊傳○季文子初聘于齊。文子以齊侯初立而聘○冬。子家如齊。伐邾故也。魯伐邾取邑恐怨于齊故懼邾之愬而先往說焉國武子來報聘。報文子也○楚子伐鄭。晉士會救鄭。逐楚師于潁北。諸侯之師戍鄭。潁北潁水之北○姜寶氏曰楚子頻年伐鄭可謂肆行而無忌矣晉實不兢于楚故雖有救鄭伐鄭之舉皆不足爲輕重所以不見於經○附錄鄭子家卒。鄭人討幽公之亂。斲子家之棺而逐其族。改葬幽公。謚之曰靈。幽公即靈公子家弑靈公在四年至是討之喪大記上大夫棺八寸今斲薄其棺不使從卿禮靈公初謚幽葬不如禮故改葬改謚爲靈（斲竹用反）

【經】癸亥十有一年。陳成公齊頃公元年春王正月。○夏楚子陳侯鄭伯盟于辰陵。辰陵楚子於陳鄭之上以其能謀少西氏之逆與楚莊以霸也辰陵陳地在今河南西華縣竟○公孫歸父會齊人伐莒。無傳○秋晉侯會狄于欑函。晉侯往會狄故以狄爲會主書會狄不言及所以與之於諸夏也欑函狄地（欑才端反○王樵氏曰比事而觀上則楚子陳侯盟于辰陵成乎覇主矣下則楚人殺陳夏徵舒行乎覇討矣而魯方會齊伐莒晉方會狄于欑函其言外之意可謂深切著明矣○冬十月楚人殺陳夏徵舒。殺徵舒討賊之辭且衆同欲也故云楚人○丁亥楚子入陳。入陳非衆志也故云楚子姜寶氏云先書殺後書入春秋以討賊之義爲重故先之亦非是與楚直能討賊也所謂似予而實不予也納公孫寧儀行父于陳。春秋外此二人于陳而特書曰納納者不受而強納之者也

【傳】十一年春楚子伐鄭及櫟。子良曰晉楚不務德而兵爭與其來者可也晉楚無信我焉得有信乃從楚夏楚盟于辰陵陳鄭服也。與其來者言因其來伐者而與之平也杜預氏云傳言楚與晉狎主盟櫟音歷○附錄楚左尹子重侵宋王待諸郔。子重莊王

茅名嬰齊宋不服故遣侵之郔楚地（郔）音延 ○附錄 令尹蔿艾獵城沂。使封人慮事。以授司徒。量功命日。分財用。平板榦。稱畚築。程土物。議遠邇。略基趾。具餱糧。度有司。事三旬而成。不愆于素。蔿艾獵孫叔敖別名沂楚邑封人掌沂封疆官慮計也司徒掌徒役者量功命日量功之多寡命作日數也財用築作之具分之使均也榦楨也立榦而後施板以築之平之使治也畚盛土器築實土器稱畚築者量其輕重均負土與築者之力也程土物者取土用物爲作程限也議遠邇者察道路均其勞也略行也趾城足言略行城足計其廣狹也餱乾糧也度有司謀度監主之有司也愆過也不愆於素不過素所慮之期也杜預氏云傳言叔敖之能使民（畚）音本（度）入聲 ○晉郤成子求成于衆狄。衆狄疾赤狄之役。遂服于晉。秋會于欑函。衆狄服也。郤成子即郤缺赤狄潞氏最強當服役衆狄故衆狄惡之而服于晉 是行也。諸大夫欲召狄。郤成子曰。吾聞之。非德莫如勤。非勤何以求人。能勤有繼。其從之也。詩曰。文王既勤止。文王猶勤。況寡德乎。成子言惟德可以服人其次莫如勉力以求人若不勉力則人不服能勉力則其功可繼吾其從戎以求會勿召之○陸使來也詩周頌賚篇止語助言文王勤以創業○陸粲氏曰是時晉景怠政不在諸侯二三大夫媮婧無以威懷戎狄而俛首求成焉又匍匐以從之其事至陋矣安在其能勤而援文王以自解乎詩曰不顯亦臨無射亦保又曰勉勉我王綱紀四方文王之勤也如是

○冬。楚子爲陳夏氏亂故。伐陳。謂陳人無動。將討於少西氏。遂入陳。殺夏徵舒。轘諸栗門。因縣陳。前年夏徵舒弑君故楚伐陳少西徵舒祖子夏之名楚人謂陳人無輕動拒楚之師我但致討於其家耳陳人因不禦禁故楚兵得入轘車裂也栗門城門縣滅之爲縣也陳侯在晉。申叔時使於

齊。反復命而退。王使讓之曰。夏徵舒爲不道。弒其君。寡人以諸侯討而戮之。諸侯縣公皆慶寡人。女獨不慶寡人。何故。對曰。猶可辭乎。王曰。可哉。曰。夏徵舒弒其君。其罪大矣。討而戮之。君之義也。抑人亦有言曰。牽牛以蹊人之田。而奪之牛。牽牛以蹊者。信有罪矣。而奪之牛。罰已重矣。諸侯之從也。曰討有罪也。今縣陳。貪其富也。以討召諸侯。而以貪歸之。無乃不可乎。王曰。善哉。吾未之聞也。反之可乎。對曰。可哉。吾儕小人所謂取諸其懷而與之也。陳侯名午靈公子申叔楚大夫經無諸侯而云以諸侯討之時有楚之屬國從行也縣公楚縣大夫僭稱公也蹊徑也言牽牛行於田中以踐其禾而田主遂奪其牛彼牽牛者固爲有罪然但責其蹊田之罪可也而幷奪其牛則其罰太重矣申叔諷言我輩小人無高見遠識謂辟如取人之物於其懷旣而還之爲猶勝於不還也**乃復封陳。鄉取一人焉以歸。謂之夏州。**每鄉取一人以歸楚而成一州謂之夏州以示其討夏氏功也今湖廣武昌府夏口舊有洲名夏州○姜寶氏曰楚莊本欲縣陳固以申叔時之言而止然實陳成公在晉恐晉率諸侯內其故君而陳人應之楚終不能有陳故不若以復封陳爲名而其實非其本心如此也觀復封爲陳之後而猶鄉取一人爲夏州其不忘取陳一念可知矣**故書曰楚子入陳。納公孫寧儀行父于陳。書有禮也。**杜預氏云沒其縣陳本意全以討亂存國爲文善其得禮○愚按致亂之臣國所不容故春秋書納而左氏以爲有禮若以納亂臣爲有禮孰爲非禮○王樵氏曰夏徵舒不勝忿恥以弑其君其賊易知也而孔寧儀行父之爲賊難見也何也公告洩冶之諫寧行父請殺之則殺洩冶者二賊也徵舒之恥發於似女亦似君之言則激自廏之射者亦二賊也平國既弑不他奔而奔楚蓺志在以陳餌楚而殺徵舒爾楚莊動于利而興師非申叔時之言則陳遂縣矣則致胡公大姬幾不祀者又二賊也佗盡乎天討則二賊之誅不當在徵舒之後而反納之楚莊之志可知矣〇附録

厲之役鄭伯逃歸。自是楚未得志焉。鄭既受盟于辰陵。又徼事于晉。厲役在六年自厲之役鄭南北兩屬不專心于楚故楚未得志辰陵盟後鄭又徼事于晉皆經所無傳若不發此語不知楚以何故明年復圍鄭故先此傳爲明年楚圍鄭張本

春秋左傳註評測義卷之二十二終

左氏傳測義

08

自廿三
至廿六

春秋左傳註評測義卷之二十三

明吳興後學淩稚隆輯著

宣公三

【經】甲子十有二年。春。葬陳靈公。無傳賊討國復二十一月然後得葬○楚子圍鄭。○夏。六月。乙卯。晉荀林父帥師及楚子戰于邲。晉師敗績。經不書救鄭而特以林父主此戰著其喪師之罪也邲鄭地今河南鄭州有邲城【邲】音必○秋七月。○冬十有二月。戊寅。楚子滅蕭。蕭宋附庸國○晉人。宋人。衛人。曹人。同盟于清丘。此經書大夫同盟之始清丘衛地今北直隸開州有清丘故址○宋師伐陳。衛人救陳

【傳】十二年。春。楚子圍鄭。旬有七日。鄭人卜行成。不吉。

卜臨于大宮。且巷出車。吉。國人大臨。守陴者皆哭。楚子退師。鄭人脩城。進復圍之。三月。克之。入自皇門。至于逵路。前年鄭受楚盟又有二心于楚故楚圍之臨衆哭也大宮鄭大祖之廟出車于巷示將遷國也城上垣曰陴守陴者皆哭所以告楚窮也楚哀之而退師猶不服故復圍克之皇門鄭城門逵方九軌曰逵〔臨〕去聲〔大〕音泰〔陴〕音脾鄭伯肉袒牽羊以逆。曰。孤不天。不能事君。使君懷怒以及敝邑。孤之罪也。敢不唯命是聽。其俘諸江南。以實海濱。亦唯命。其翦以賜諸侯。使臣妾之。亦唯命。若惠顧前好。徼福於厲宣桓武。不泯其社稷。使改事君。夷於九縣。君之惠也。孤之願也。非所敢望也。敢布腹心。君實圖之。肉袒牽羊示執臣僕之禮不天不為天所祐也俘囚也因已徙居大江之南以充實海濱無人之地言遷其民也翦削也削鄭地以賜諸侯使爲屬國言分其地也皆滅也惠加惠也顧念也楚鄭世有盟誓之好故云前好周厲王宣王鄭所自出桓公武公鄭始封賢君泯猶滅也言願楚要福于此四君存其社稷使比九縣以服事不滅之也荅時楚爲縣者九杜注楚滅九國以爲縣則鄭方望其存而不滅寧肯以滅國爲比

左右曰。不可許也。得國無赦。王曰。其君能下人。必能信用其民矣。庸可幾乎。退三十里而許之平。言鄭之君能肉袒牽羊以禮下于人則必能誠信以用其國之民不可與幸而取其國也幾與與與同下去聲

潘尫入盟。子良出質。潘尫楚大夫子良鄭伯弟尫烏黃反

○夏六月。晉師救鄭。荀林父將中軍。先穀佐之。士會將上軍。郤克佐之。趙朔將下軍。欒書佐之。趙括趙嬰齊爲中軍大夫。鞏朔韓穿爲上軍大夫。

荀首趙同爲下軍大夫。韓厥爲司馬。林父謚桓子先縠謚彘子士會謚武子郤克謚獻子趙朔謚莊子欒書盾之子謚武子趙括趙嬰齊皆盾異母弟鞏朔士莊伯也荀首林父弟別氏知謚莊子趙同嬰之兄韓厥萬之曾孫謚獻子及河。聞鄭既及楚平。桓子欲還。曰。無及於鄭而勦民。焉用之。楚歸而動。不後。晉師河非將渡河而南勦勞動舉也言救鄭無及徒勞其民俟楚既歸更興兵伐鄭非爲遲也〔勦〕音抄隨武子曰。善。會聞用師。觀釁而動。德刑政事典禮不易。不可敵也。不爲是征。楚軍討鄭。怒其貳而哀其卑。叛而伐之。服而舍之。德刑成矣。伐叛。刑也。柔服。德也。二者立矣。昔歲入陳。今茲入鄭。民不罷勞。君無怨讟。政有經矣。荊尸而舉。商農工賈不敗其業。而卒乘輯睦事不奸矣蔿敖爲宰擇楚國之令典軍行右轅左追蓐前茅慮無中權後勁百官象物而動軍政不戒而備能用典矣其君之舉也內姓選於親外姓選於舊舉不失德賞不失勞老有加惠旅有施舍君子小人物有服章貴有常尊賤有等威禮不逆矣德立刑行政成事時典從禮順若之何敵之見可而進知難而退軍之善政也兼弱攻昧武之善經也子姑整軍而經武乎猶有弱而昧者何必楚仲虺有言曰取亂侮亡兼弱也汋曰於鑠王師遵養時晦耆昧也武曰無競惟烈撫弱耆昧以務烈所可也釁間隙也言德刑政事典禮六

事行之不變則不可與敵聖王不爲是六者不易而征伐也怒其有貳而伐之所以成刑衺其自卑而舍之所以成德此此見楚之德刑不易也讟謗經常也言政有常故上下安此見楚之政不易也荆楚尸陳也楚武王創此陳法遂以爲名擧猶言自此起也輯安睦和奸犯也言事不奸犯故軍民各得其所此見楚之事不易也蔿敖即叔孫敖宰令尹也令美也擇楚軍法之善者而用之追求也蓐卧上草也楚分其軍爲五部而使之各專其職右部挾轅爲戰備左部追求草蓐爲宿備前部以茅爲旗幟以慮有無之事預告軍中而爲之備後部用精兵以爲之殿而中軍則出權謀以制勝物即旌旗之物言百官各象其所建之旗物而後無妄動也不戒閑習有素也此見楚之典不易也選親選舊既厚於親故而尤選其賢故擧賞咸得老則不計勞而加以恩惠賓旅則有恩惠而無勞役又君子小人其物色以章服明之貴者有常尊之勢賤者有差等之威此見楚之禮不易也既歷序六事而結之曰若之何敵之所以終上德刑政事典禮不易不可敵之意兼弱兼併其衆弱者攻昧攻討其昏昧者經法姑且也言且整女之軍政而經攻

之武功也仲虺湯左相尚書仲虺之誥是也書言亂者取之亾者侮之此乃兼併弱國也汋詩周頌篇名於嘆詞鑠美也言武王初有甚盛之師退自修養與時俱晦以待晦昧者惡積而後攻之耆致也此乃致討於晦昧也武詩周頌篇名烈業也言武王兼弱取昧故成無疆之業撫撫而取之也或云兼之愼烈所功烈之處所也言今能取其弱而致攻於昧者以務從武王之功烈可也撫弱覆上仲虺書耆昧覆上汋詩以務烈所所覆上武詩罷音皮蓐音辱虺音卉汋音酌於音烏鑠舒若反彘子曰。不可。晉所以霸。師武臣力也。今失諸侯。不可謂力。有敵而不從。不可謂武。由我失霸。不如死。且成師以出。聞敵彊而退。非夫也。命爲軍帥。而卒以非夫。唯羣子能。我弗爲也。以中軍佐濟。先縠獨持異議欲戰言晉所以得之盡力也今鄭爲楚伐而不能救必失諸侯是臣不盡力也有敵國如楚而不從之戰是師之不武也成全也夫丈夫也先穀獨以所統之兵渡河知莊子曰。此師殆哉。周易有之在師䷆之臨䷒曰。師出以律。否臧凶。執事順成爲臧。逆爲否。衆散爲弱。川壅爲澤。有律以如己也。故曰律。否臧。且律竭也。盈而以竭。夭且不整。所以凶也。不行之謂臨。有帥而不從。臨孰甚焉。此之謂矣。果遇必敗。彘子尸之。雖免而歸。必有大咎坎下坤上師兌下坤上臨師卦初六變而爲臨也律法否不臧善也言師出當必以法否則雖善亦凶此師初六爻辭也執事帥所統之衆師也言執事之人順命以成其功則爲臧若相違逆則爲不臧此覆解臧否二字衆羣而聽于一則強分散則弱坎變爲兌兌少女而弱衆散之象也川流則不竭壅而爲澤則竭坎爲兌澤川壅之象也蓋將帥之貴于法律者能使其如己之志故謂之律所謂順成而臧也否臧則律且竭而敗矣夭屈也言法律如水之壅而盈則必竭屈而不伸散而不整故謂之凶所謂逆爲凶也水變爲澤乃成臨卦澤不行之物令軍有元帥而不從其令不行之臨孰甚焉此先縠違命不行之謂矣尸之主此禍也杜預氏云爲明年晉殺先縠傳〔否〕音鄙韓獻子謂桓子曰彘子以偏師陷子罪大矣子爲元帥師不用命誰之罪也失屬亡師爲罪已重不如進也事之不捷惡有所分與其專罪六人同之不猶愈乎師遂濟失屬謂鄭屬楚亡師謂彘子以偏師陷捷成也專罪卽失屬亡師之罪三軍皆敗則六卿同罪不得獨責元帥故云猶愈○傳遜氏曰彘子誖矣而又成於厥厥言旣失專制之權尨無謀國之忠師敗業釁厥之由也楚子北師次於郔沈尹將中軍子重將左子反將右將飲馬於河而歸聞晉師旣濟王欲還北師師向北行也郔鄭北地沈或作寢子重公子嬰齊也子反公子側也嬖人

伍參欲戰。令尹孫叔敖弗欲。曰。昔歲入陳。今茲入鄭。不無事矣。戰而不捷。參之肉其足食乎。參曰。若事之捷。孫叔為無謀矣。不捷。參之肉將在晉軍。可得食乎。令尹南轅反斾。伍參言於王曰。晉之從政者新。未能行令。其佐先穀剛愎不仁。未肯用命。其三帥者專行不獲。聽而無上。衆誰適從。此行也。晉師必敗。且君而逃臣。若社稷何。王病之。告令尹改乘轅而北之。次于管以待之。

伍參者之祖父楚在南故轅向南軍前旗
斾亦反向南意欲遂歸也復狼也參言林
父新執晉政其其命令不行而彘子佐之又剛愎不用
其命其三軍之師欲專其所行而不得聽命于下而
失為上之體事權不一所以衆人莫知所從君指楚
王臣指晉臣管鄭地今河南鄭州有管城適音的

晉師在敖鄗之閒。鄭皇戌使如晉師曰。鄭之從楚社稷之故也。未有貳心。楚師驟勝而驕。其師老矣。而不設備。子擊之。鄭師為承。楚師必敗。敖鄗二山在今河南滎陽縣境鄭既從楚猶餙詞於晉未有貳心言雖從楚其實專心事晉也勝謂勝鄭承繼也〔鄗〕音敲彘子曰。敗楚服鄭。於此在矣。必許之。言晉敗楚兵則鄭必服晉欒武子曰。楚自克庸以來。其君無日不討國人而訓之于民生之不易。禍至之無日。戒懼之不可以怠。在軍無日不討軍實而申儆之于勝之不可保。紂之百克而卒無後。訓之以若敖蚡冒篳路藍縷以啓山林。箴之曰。民生在勤。勤則不匱。不可謂驕。先大夫子犯有言曰。師直爲壯。曲爲老。我則不德而徼怨于楚。我曲楚直。不可謂老。其君之戎。分爲二廣。廣有一卒。卒偏之兩。右廣初駕。數及日中。左則受之。以至于昏。內官序當其夜。以待不虞。不可謂無備。子良。鄭之良也。師叔。楚之崇也。師叔入盟。子良在楚。楚鄭親矣。來勸我戰。我克則來。不克遂往。以我卜也。鄭不可從。欒書知楚兵之情與鄭人之僞楚克庸在文十六年討治也于與吁同曰也言其君在國無日不治國人而教訓之曰斯民生理甚難無日不虞禍患之至警戒恐懼之心不可少有怠忽此楚君訓民之言其在軍無日不治軍器而中重儆戒之曰楚雖克庸不可保其常勝昔周紂恃其百克之威其後武王滅之卒絕其後此楚君訓兵之言若敖蚡冒皆楚先君篳路柴車藍縷敝衣言教訓之以楚先二君勤儉以開楚之土地而又箴之曰民之生理在勤勤則生理不乏絶此辯皇戌驟務而驕之言爲不可信不德謂不能服鄭以力爭諸侯徼要也此辯皇戌楚師已老之言爲不可信廣楚乘車名司馬法百人爲卒二十五人爲兩楚君親兵分爲左右二廣一廣有車十五乘亦因舊偏法每乘用卒百人又以二十五人爲之副其廣之卒比偏制增兩二十五人每日鷄鳴右廣先駕數至日中而止左廣則代而受之直至日入而止近君之内臣又爲次序當其夜以防不測之變此辯皇戌楚不設備之言爲不可信師叔即潘尫崇尊貴也以我卜言以我之勝負而卜其去就也蚡音粉冒莫報反蓽音必廣光去

趙括趙同曰。率師以來。唯敵是求。克敵得屬。又何俟。必從彘子。得屬服鄭也知季曰。原屛。咎之徒也。原趙同邑屛趙括邑咎指彘子徒黨也趙莊子曰。欒伯善哉。實其言。必長晉國。欒伯即欒武子實猶充也言欒書若能充實其言必有益於晉長去聲

楚少宰如晉師。曰。寡君少遭閔凶。不能文。聞二先君

之出入此行也將鄭是訓定豈敢求罪于晉二三子無淹久。少宰楚官閔憂行役也言我楚君少遭憂難不能曉知文事但聞我成王穆王常往來于伐鄭之役將教訓鄭人而安定之豈敢取罪於汝晉國汝二三子無久留於此隨季對曰昔平王命我先君文侯曰與鄭夾輔周室毋廢王命今鄭不率寡君使羣臣問諸鄭豈敢辱候人敢拜君命之辱。率遵也候人伺候望敵者拜君命之辱謝君命之辱及於晉也彘子以為諂使趙括從而更之曰行人失辭寡君使羣臣遷大國之迹於鄭曰無辟敵羣臣無所逃命。失辭誤對也遷徙去也言楚以大國之君親至鄭國是有迹於鄭也晉君使我羣臣徙去其迹且喻我羣臣不得畏敵而避之以此我羣臣無所逃命 辟音避楚子又使求成于晉晉人許之盟有日矣楚

許伯御樂伯攝叔爲右以致晉師許伯曰吾聞致師
者御靡旌摩壘而還樂伯曰吾聞致師者左射以菆
代御執轡御下兩馬掉鞅而還攝叔曰吾聞致師者
右入壘折馘執俘而還皆行其所聞而復有日有期日也致師
挑戰也楚子既求成又命單車挑戰示不欲成以疑
晉之羣帥靡亂摩近也言御在車中者當疾馳以亂
敵之旌迫近敵壘而後還也左車左也菆矢之善者
兩一作輛飾也掉正也言左取善矢以射乃自代其
御以執轡使御者下車飾馬正鞅以示閒暇而後還
也折取也言持刃在車右者當入敵壘折取敵左耳
執俘囚而後還也三人皆行其所聞致師 晉人逐之
而反（菆）音鄒（兩）音亮（掉）調去（馘）古獲反
左右角之樂伯左射馬而右射人角不能進矢一而
已麋興於前射麋麗龜晉鮑癸當其後使攝叔奉麋

獻焉。曰：以歲之非時，獻禽之未至，敢膳諸從者。鮑癸止之，曰：其左善射，其右有辭，君子也。既免。角張兩角從旁夾攻之。麗著也。龜背之隆高當心者。樂伯射盡僅存其一。適有麋起於其前，射麋矢著其心。周禮獸人冬獻狼，夏獻麋，春秋獻獸物，以供王之膳。攝叔言以歲之未及乎時，或者獻禽之人未至，敢以此麋以供從者之膳。左指樂伯，右指攝叔。既免，晉止不逐也。傳言樂伯射麋以恐晉師，而以善辭得免。晉魏錡求公族未得而怒，欲敗晉師。請致師，弗許。請使，許之。遂往，請戰而還。楚潘黨逐之，及熒澤，見六麋，射一麋以顧獻，曰：子有軍事，獸人無乃不給於鮮，敢獻於從者。叔黨命去之。趙旃求卿未得，且怒於失楚之致師者，請挑戰，弗許。請召盟，許之。與魏錡皆命而往。錡魏犨子欲爲

公族大夫潘黨尫之子見六得一言其不如楚也新殺曰鮮叔黨即潘黨去之勿復逐也趙旃穿之子失大

楚之致師者蓋指樂伯之徒[鮮]音仙郤獻子曰。二憾往矣。弗備必敗。魏錡

趙旃皆有恨于晉故云二憾彘子曰。鄭人勸戰。弗敢從也。楚人求

成。弗能好也。師無成命。多備何為。成命謂和戰之成命士季曰。

備之善。若二子怒楚。楚人乘我。喪師無日矣。不如備

之楚之無惡。除備而盟。何損於好。若以惡來。有備不

敗。且雖諸侯相見。軍衛不徹。警也。怒楚激楚之怒也乘我乘我之無備

也惡惡意也除備除去守備也徹即除也言雖諸侯以和好相見亦不徹去軍衛此警戒之至也[乘]如字

[喪]去聲彘子不可。不肯設備士季使鞏朔韓穿帥七覆于敖

前。故上軍不敗。趙嬰齊使其徒先具舟于河。故敗而

先濟帥將也設爲伏兵七處於敖山之前故上軍獨得不敗嬰齊先具舟故軍敗而先濟河覆浮去潘黨既逐魏錡趙旃夜至於楚軍席於軍門之外使其徒入之言二人雖俱受命而行不相隨故趙旃後至布席而坐示無所畏也使其徒入輕楚以激怒也楚子爲乘廣三十乘分爲左右右廣鷄鳴而駕日中而說左則受之日入而說許偃御右廣養由基爲右彭名御左廣屈蕩爲右乙卯王乘左廣以逐趙旃趙旃弃車而走林屈蕩搏之得其甲裳乘廣兵車各說舍止也二廣楚王更迭載之故各有戎御戎右屈蕩爲楚王戎右故生搏趙旃下曰裳說音稅晉人懼二子之怒楚師也使軘車逆之軘車兵車名使逆二子歸軘徒溫反潘黨望其塵使騁而告曰晉師至矣楚人亦懼王之入

晉軍也。遂出陳。孫叔曰。進之。寧我薄人。無人薄我。詩云。元戎十乘。以先啓行。先人也。軍志曰。先人有奪人之心。薄之也。遂疾進師。車馳卒奔。乘晉軍。時楚子逐趙旃故懼其入晉軍孫叔郎孫叔敖薄迫也詩小雅六月篇元大啓導也言王者軍行必有戎車十乘在前開導所以先人而爲備也軍志兵書言先發制人所以奪敵人之戰心迫之使不暇爲謀也車馬馳驟步卒趨逐言其速也乘言乘其不備薄音博乘如字桓子不知所爲。鼓於軍中曰。先濟者有賞。中軍下軍爭舟。舟中之指可掬也。晉師右移。上軍未動。二軍爭舟先入舟者斫斷後扳舟者指指墮舟中故舟中之指可以兩手掬之言其多也二軍在軍之右皆移去濟河惟上軍以有備故獨不移經所以書戰言猶有陳也○愚按楚勢方強爭覇中國晉雖救鄭而鄭已服楚衆皆欲返林父身爲元帥果知無及於鄭焉用勦民則下令還師觀釁而動雖先縠欲濟孰敢奸之迺旣不克自專至于師皆同濟則躬率三軍冒矢石而力戰可也卒之勸戰弗敢從求成弗能好知二憾之必敗而弗爲之備人懷退志先備歸舟故楚師一薄而林父已不知所爲矣然則喪師之罪不於元帥而誰責哉春秋以林父主戰意蓋在此

工尹齊將右拒卒以逐下軍。工尹齊楚大夫右拒楚陳名[拒]音矩　楚子使唐狡與蔡鳩居告唐惠侯曰。不穀不德而貪。以遇大敵。不穀之罪也。然楚不克。君之羞也。敢藉君靈以濟楚師。使潘黨率游闕四十乘。從唐侯以爲左拒。以從上軍。唐狡蔡鳩居皆楚大夫唐屬楚小國游闕游車補闕者也晉惟上軍不敗故楚爲左拒以從之戰　駒伯曰。待諸乎。隨季曰。楚師方壯。若萃於我。吾師必盡。不如收而去之。分謗生民。不亦可乎。殿其卒而退。不敗。駒伯卽郤克萃聚也三軍同奔爲分謗收兵不戰爲生民以其所將上軍之卒爲軍後殿而還不爲楚人所敗殿音店○朱子曰左傳分謗事近世士大夫多如此如林父必之役先穀違命而濟乃謂與其專罪六人同之是何見識當時爲林父者只宜案兵不舉召先穀誅之

王見右廣將從之乘。屈蕩尸之曰。君以此始。亦必以終。自是楚之乘廣先左。尸止也時楚右廣當代王欲從之乘蕩言王以左廣而出亦必以左廣而歸蓋以軍中易乘恐軍人疑惑也舊法王先乘右廣今以王乘左廣得勝之故自是楚之乘廣先左

晉人或以廣隊不能進。楚人惎之脫扃。少進。馬還。又惎之拔旆投衡。乃出。顧曰。吾不如大國之數奔也。廣兵車也晉人或以廣車重遇險不能進者惎毒也扃車前横木以約車上兵器者還便旋不進也旆大旗也衡駕馬横木也拔大旗投衡上臥之使不張風言楚人見晉廣隊不能進即欲毒害之故晉人脫扃以免馬旋楚又欲毒害之晉人拔旆投衡

乃得出險於是顧楚人而曰吾師不熟奔北不如楚之數奔而習孰也杜註惎教也傳遜氏以爲脫扃拔旆投衡凡在車者皆能何待楚人之教且兩敵交戰豈有敵車既陷而顧教之使脫之理是巳〔隊〕直類反〔惎〕其器反〔扃〕古熒反〔還〕音旋〔數〕音朔

趙旃以其良馬二濟其兄與叔父以他馬反。遇敵不能去。棄車而走林。逢大夫與其二子乘。謂其二子無顧。顧曰。趙傁在後。怒之使下。指木曰。尸女於是。授趙旃綏以免。明日以表尸之。皆重獲在木下。

趙旃以無良馬故遇楚不能疾驅而去逢氏也傁老稱綏轡也逢大夫知趙旃在後見之當必與乘故戒其二子使無反顧其二子乃反顧而言趙傁在後故怒之使下車指木而謂其尸此因投趙旃以車綏而趙旃得免明日以所表木取尸二子果累尸於木下〔傁〕音叟〔女〕音汝〔重〕平聲○愚按逢大夫一怒尸其二子何其不慈至是哉竊謂彼趙傁者以憾故將不利于晉而請挑戰以激楚怒以故竟爲

楚所逐而奔車以兎是非所謂悖逆者流耶逢大夫郎無二子與乘當置之不顧刎天親之謂何乃忍尸其無罪之子而顧授逆臣以其綏哉必不得已以趙傁一人附載焉庶幾兩全此非可與賈獲舍母載君者例論也

楚熊負羈囚知罃。知莊子以其族反之。厨武子御。下軍之士多從之。每射抽矢菆。納諸厨子之房。厨子怒曰。非子之求而蒲之愛。董澤之蒲。可勝既乎。知季曰。不以人子。吾子其可得乎。吾不可以苟射故也。射連尹襄老獲之。遂載其尸。射公子穀臣囚之。以二者還。

負羈楚大夫知罃知莊子之子族謂其家兵反還還戰也厨武子即魏錡知莊子爲下軍大夫故下軍之士多從之抽擇也房箭舍也蒲楊柳以爲箭者董澤所出今山西聞喜縣有董池陂既盡也言本爲求子而來乃反愛楊柳之箭則董澤之地多出楊柳取不可勝盡也知季即知莊子人子謂他人之子

言我欲取他人之子以易吾子則必擇其人而以好箭射之我所以抽矢菆而納諸房者爲不可苟射故也穀臣楚王子知莊子獲襄老囚穀臣將以相當而易罃也

及昏楚師軍於邲晉之餘師不能軍宵濟亦終夜有聲不能軍不能成營也終夜有聲言其師尚衆將不能用也○孫應鰲氏曰自楚執討賊之權以入陳於是鄭遂受盟辰陵然猶徼事於晉及邲之敗而楚伐宋益爲橫行莫得制之矣惜乎晉之不能養威而審謀也

丙辰楚重至於邲遂次于衡雍潘黨曰君盍築武軍而收晉尸以爲京觀臣聞克敵必示子孫以無忘武功重輜重也京高丘也觀示也楚既大勝黨請築軍營以彰武功而積尸封土其上謂之京觀觀去聲

楚子曰非爾所知也夫文止戈爲武武王克商作頌曰載戢干戈載櫜弓矢我求懿德肆于時夏允王保之又作武其卒

章曰耆定爾功其三曰鋪時繹思我徂惟求定其六曰綏萬邦屢豐年夫武禁暴戢兵保大定功安民和衆豐財者也故使子孫無忘其章今我使二國暴骨暴矣觀兵以威諸侯兵不戢矣暴而不戢安能保大猶有晉在焉得定功所違民欲猶多民何安焉無德而強爭諸侯何以和衆利人之幾而安人之亂以爲已榮何以豐財武有七德我無一焉何以示子孫其爲先君宮告成事而已武非吾功也古者明王伐不敬取其鯨鯢而封之以爲大戮於是乎有京觀以懲淫慝今罪無所而民皆盡忠以死君命又可以爲京

觀乎。祀于河。作先君宮。告成事而還。文字也合止戈二字以成武字蓋取息兵之義也周頌時邁篇載則戢戢藏櫜韜允信也言武王誅紂之後則戢藏其干戈櫜韜其弓矢而益求其懿美之德以布陳于中國則信乎武王之能保天命也武周頌篇名耆致也其卒章言武王誅紂致定其功其三周賚篇鋪布是時也言布是尋繹之思往求天下之安定其六周頌桓篇言武王誅紂綏和萬邦屢致豐年之祥此三六之數與今詩頌篇次不同蓋楚樂歌之次第也總上文而言載干戈櫜弓天禁暴戢兵也時夏保之保大也耆定爾功定功也我徂求定安民也綏萬邦和衆也屢豐年豐財也武之爲德有此七者故著之詩章使其子孫不忘也用兵而民失業故云所違民欲猶多幾危也利晉之危安晉之亂以爲楚之榮幸而云不能豐財者蓋大軍之後必有凶年也禮古者師行必載遷廟之主以行今但爲楚先君作宮於邲致而祀之以告戰勝之成事於先君而已鯨鯢大魚名以喩不敬之人吞并小國取而殺之以上封其尸以爲大戮辱於是有京觀之號以懲戒淫慝之人所罪之在也杜預氏云傳言

楚許有禮所以復與〔櫜〕古刀反〔耆〕音旨　是役也鄭石
〔暴骨〕蒲卜反〔幾〕音機〔鯨〕音勍〔鯢〕音倪
制實入楚師。將以分鄭。而立公子魚臣。辛未。鄭殺僕
叔及子服。石制鄭大夫僕叔即魚臣子服即石制言石制引楚師入鄭將以分鄭國以半與楚
以半立子魚而已因擅其寵鄭知其謀故殺之以弭禍　君子曰。史佚所謂毋怙
亂者。謂是類也。詩曰。亂離瘼矣。爰其適歸。歸於怙亂
者也夫。毋怙亂言毋恃人之寵以要利也詩小雅四月篇離憂瘼病爰於也引詩言禍亂憂病於
何所歸乎益歸于恃亂以爲利者也瘼音莫　○附錄　鄭伯許男如楚。杜預氏云爲十
四年晉伐鄭傳　○附錄　秋。晉師歸。桓子請死。晉侯欲許之。林父元帥
也故以敗軍請自殺以謝晉　士貞子諫曰。不可。城濮之役。晉師三
日穀。文公猶有憂色。左右曰。有喜而憂。如有憂而喜

乎。公曰。得臣猶在。憂未歇也。困獸猶鬬。況國相乎。及楚殺子玉。公喜而後可知也。曰莫余毒也已。是晉再克而楚再敗也。楚是以再世不競。今天或者大警晉也。而又殺林父以重楚勝。其無乃久不競乎。貞子士渥濁也

城濮役在僖二十八年三日穀食楚穀三日也如猶或也言憂喜失時歌盡也喜而後可知言方有喜色可見也貞子言城濮之戰晉既勝楚既敗而子玉又死是晉又勝而楚又敗也楚是以自成王至於穆王皆不競于晉重再也言使楚再勝晉也久不競言不特卻楚之再世不競已也○愚按晉楚之勢豈爲一匹夫輕重哉而士伯謂楚之再世不競以殺子玉故則當其時晉方主盟中夏而諸將佐又皆協力共濟楚即欲窺之而無其釁寧獨殺一驕蹇臣能損其強耶卒之林父雖復用曾未有以難楚而强晉者士伯之言竟何如而畏其目者顧以能庸中行伯蒙爪衍之賞噫其愧也夫

林父之事君也進。

思盡忠。退思補過。社稷之衛也。若之何殺之。（此追論林父平日事君爲不可殺）夫其敗也。如日月之食焉。何損於明。（日月雖食而無傷於本然之明以況林父雖敗而無傷於本然之善此據今林父敗師一節爲不當殺）晉侯使復其位。（杜預氏云傳言晉景所以不失霸）○冬。楚子伐蕭。宋華椒以蔡人救蕭。蕭人囚熊相宜僚及公子丙。王曰。勿殺吾退。蕭人殺之。王怒。遂圍蕭。蕭潰。申公巫臣曰。師人多寒。王巡三軍。拊而勉之。三軍之士。皆如挾纊。遂傅於蕭也。（宜僚丙楚二子巫臣楚申邑尹屈巫也拊撫慰纊綿也三軍士卒皆悅而忘其寒如挾綿然）（拊音撫纊音曠）還無社與司馬卯言。號申叔展。叔展曰。有麥麴乎。曰。無。有山鞠窮乎。曰。無。河魚腹疾奈何。曰。目於眢井而拯之。若爲茅絰。哭井則已。還無社蕭大夫司馬卯申叔展皆楚大夫號呼也無社素識叔展故因卯以呼之冀其救已麥麴鞠窮食之皆可以禦濕叔展欲使無社逃泥水中無社不解故云無叔展意度必須入井故以水厄告之言既無禦濕之藥如河魚在水將有腹疾也眢虛癈井也出溺曰拯無社意解欲入井故使叔展視癈井而求拯已叔展恐癈井多不可辯故令結茅爲經置于井上以爲表須已向井號哭乃應以爲信已展叔自謂也軍中不敢正言故皆隱語〔還〕音旋〔號〕平聲〔麴〕音曲〔鞠〕音穹〔眢〕烏丸反〔絰〕直結反明日蕭潰。申叔視其井。則茅經存焉。號而出之。申叔即叔展杜預氏云傳言蕭人無守心○晉原縠宋華椒衛孔達曹人同盟于清丘。曰。恤病討貳。於是卿不書。不實其言也。原縠即先縠宋伐陳衛救之不討貳也楚伐宋晉不救不恤病也故云不實其言○姜寶氏曰楚滅蕭以脅宋而宋與曹衛皆唇齒之國猶欲推晉以禦楚而晉實不能也徒爲此盟以塞責竟何益于事乎經於列卿稱人以示貶也○宋爲盟故伐陳衛人救之孔達曰先君有約言焉若大國討我則死之宋因清丘之盟伐陳以其貳於楚也前衛成公與陳共公有盟約之言故孔達欲救之言若晉人來討背盟之罪我寧以死謝之杜預氏云爲十四年衛殺孔達傳○汪克寬氏曰清丘之載書恤病討貳而宋之討陳衛之救陳皆非春秋所與者不度德不量力而啓釁於強楚渝盟失信以從簡書名雖是而實則非矣

春秋左傳註評測義卷之二十三終

春秋左傳註評測義卷之二十四

明吳興後學凌稚隆輯著

宣公四

【經】乙丑十有三年。春。齊師伐莒。○夏。楚子伐宋。○秋。螽。無傳爲災故書○冬。晉殺其大夫先縠。以罪討故書名

【傳】十三年。春。齊師伐莒。莒恃晉而不事齊故也。○夏。楚子伐宋。以其救蕭也。救蕭在前年○季本氏曰陳鄭宋皆在河南中國之要樞也鄭處其東宋處其西而陳介乎鄭宋之間得鄭可以致西諸侯得宋可以致東諸侯而得陳可以致鄭宋者也楚既屬鄭尋又服鄭若復得宋則河南之地盡爲楚有自是將覇天下矣使非宋人猶足以自守中國幾何而不淪胥以陷于夷狄耶君子曰。淸丘之盟。唯宋可以免焉。

宋伐陳討貳也救蕭恤病也背盟之罪惟宋可免今
宋見伐而諸侯莫恤故云○金履祥氏曰邲之師晉
亦盡知所懲艾息民修政于國而布德加禮于諸侯
庶爲可耳顧汲汲于討貳又使彘子主清丘之盟且
楚方加恩于陳而使宋伐之衞方有恤陳之師而晉
又討之遂使宋致楚師而不能救卒亦併宋失之矣
傳稱清丘之盟唯宋可以免愚
謂伐陳不可免惟救蕭可免耳○秋。赤狄伐晉。及清。
先穀召之也。清一名清原晉地邲戰不得
志故外召狄人欲因之爲變冬。晉人討
邲之敗與清之師。歸罪於先穀而殺之。盡滅其族。邲戰
在前年君子曰。惡之來也。已則取之。其先穀之謂乎。盡滅
其族爲誅已甚君子既燋晉刑大甚又尤先穀自招
故云惡之來也已自取之○高閌氏曰釋趙旃魏錡
不討而獨誅先穀又族之惡之甚者也○附錄清丘之盟。晉以衞之救陳
也。討焉。使人弗去。曰。罪無所歸。將加而師。孔達曰。苟

利社稷。請以我說。罪我之由。我則爲政。而亢大國之討。將以誰任。我則死之。清丘盟在前年討責治之也而汝也說解說也亢禦也大國宋也言苟利衛之社稷我請自殺以解說於晉且我所由以得罪於晉者我則執衛國之政而禦宋國之討也將以誰而任其罪我惟以死謝晉而已杜預氏云亦爲明年殺孔達傳(說)如字

【經】丙寅 十有四年春。衛殺其大夫孔達。以達背盟故書名殺達以說晉出于不獲已故不去其大夫○夏。五月。壬申。曹伯壽卒。無傳○晉侯伐鄭。○秋。九月。楚子圍宋。○葬曹文公無傳○冬。公孫歸父會齊侯于穀。

【傳】十四年春。孔達縊而死。衛人以說于晉而免。遂告于諸侯曰。寡君有不令之臣達。構我敝邑于大國。既

伏其罪矣。敢告。衛人以殺達告故免於伐令美也搆結怨也伏其罪就刑戮也(說)如字衛人以爲成勞。復室其子。使復其位。成勞平國之功勞也衛君以女妻孔達之子使襲父之祿位○夏。晉侯伐鄭。爲邲故也。告於諸侯。蒐焉而還。中行桓子之謀也。曰。示之以整。使謀而來。晉敗于邲鄭遂服楚故晉又責服於鄭而有此蒐蒐閱車馬也使謀而來言使鄭自謀而來服晉也鄭人懼。使子張代子良于楚。鄭伯如楚。謀晉故也。鄭以子良爲有禮。故召之。子張穆公子十二年子良質于楚故使子張代之以子良有讓國之禮也○楚子使申舟聘于齊。曰。無假道于宋。亦使公子馮聘于晉。不假道于鄭。申舟即文之無畏古者入國必假道楚子自以威陵二國不使行其禮(馮)音憑申舟以孟諸之役惡宋。曰。鄭昭宋聾。晉使不害我。則必死。王曰。殺女我伐之。見犀而行。文十一年楚子田孟諸無畏扶宋公僕昭明覊聾闇也言鄭君昭明使晉者不害於事宋君聾闇我之使齊必爲所殺犀申舟子以子托王示必死也及宋。宋人止之。華元曰。過我而不假道。鄙我也。鄙我。亾也。殺其使者。必伐我。伐我。亦亾也。亾一也。乃殺之。言楚以我比其邊鄙是與亾國同若殺其使者以致其伐亦不過亾其國爾楚子聞之。投袂而起。屨及於窒皇。劍及於寢門之外。車及於蒲胥之市。投袂振袖也窒皇寢門闕蒲胥楚市名屨及劍及車及言其怒甚而去速也窒直結反○傳遜氏曰楚莊于此復肆其夷風乎秋九月。楚子圍宋。踐申舟之言○冬。公孫歸父會齊侯于穀。見晏桓子。與之言魯樂。桓子齊大夫晏嬰之父魯樂指勢位言樂音洛桓子告高宣子曰。子家其亾乎。懷於魯矣。懷必貪。貪必謀人。謀人。人亦謀己。一國謀之。何以不亾。宣子高國也子家郈歸父亾謂必失位出奔懷思也以魯爲樂是懷思於魯也杜預氏云爲十八年歸父奔齊傳○陸粲氏曰居魯而言魯樂亦人情爾何罪而得亾歸父固欲去三桓而不克者雖被逐猶君子所哀也今曰謀人人亦謀己非夫淺丈夫者因其敗而追爲之辭歟蓋左氏言人之禍福若此者衆矣○附錄

孟獻子言於公曰。臣聞小國之免於大國也。聘而獻物。於是有庭實旅百。朝而獻功。於是有容貌。采章。嘉淑。而有加貨。謀其不免也。誅而薦賄。則無及也。今楚在宋。君其圖之。公說。聘謂卿大夫往聘獻物質幣之物旅陳也百謂百品言陳百品實于庭以爲獻物朝謂君自往朝獻功獻其治國謂威儀之功容貌采章謂玄纁璣組毛羽齒革可充衣服旌旗之飾者嘉淑謂美善之物加貨謂賄賂之多

皆君所獻亦庭實也若是者所以誅其不免於罪也誅責薦進也言若不往報聘待其來責而始進賄貨不足以解罪也君其圖之勸公朝聘也杜預氏以爲於是下爲主人報禮劉炫氏辯之曰獻于勸公朝聘惟當論聘之義深不論主之禮備豈慮楚不見報而言此乎此言甚當杜預氏云爲明年歸父會楚子傳

[說]音悅

[經]丁卯 十有五年春。公孫歸父會楚子于宋。○夏五月。宋人及楚人平。平者兩相欲之辭 ○六月癸卯晉師滅赤狄潞氏以潞子嬰兒歸。潞氏國子爵今山西潞州有潞城赤狄別種也 ○秦人伐晉。乘晉兵畧狄土而窺其虛也李廉氏云此條左氏發傳於王札子殺召伯毛伯後疑此文本是此經之傳不知杜預氏何以云無傳 ○王札子殺召伯毛伯。王札子王子札也周王庶兄經文倒札字 ○秋螽。無傳 ○仲孫蔑會齊高固于無婁。無傳

無婁杞邑○初稅畝。古井田之法十取其一宣公又履私田乃復十取其一則十取其二自宣公始也○冬。蝝生。蝝蝗子也[蝝]音緣○饑。

[傳]十五年春。公孫歸父會楚子于宋。從前年歸父之請○愚按魯方事齊故歸父先會齊侯于穀而齊侯不任其事故歸父遂會楚子于宋魯人背齊向晉之端起於此矣

○宋人使樂嬰齊告急于晉。晉侯欲救之。伯宗曰。不可。古人有言曰。雖鞭之長。不及馬腹。天方授楚。未可與爭。雖晉之彊。能違天乎。諺曰。高下在心。川澤納汙。山藪藏疾。瑾瑜匿瑕。國君含垢。天之道也。君其待之。乃止。宋被圍急故告晉求救伯宗晉大夫言晉之彊猶鞭之長晉不能違天而敵楚猶鞭之不及馬腹也數林藪也疾惡物也瑕玉之病也匿亦藏也言事之高下在此心當隨時而制其宜彼流水之川止

水之澤雖汚濁之水無不容納山多木藪多草雖毒螫之物無不居藏瑾瑜雖皆美玉不無藏匿瑕穢國君雖尊亦豈無含忍垢恥之時此天道之於物不容使之完美也晉侯恥不救宋故伯宗爲小惡不損大德之喻待之待楚衰也〔瑾〕其斷反○愚按楚之圍宋九月於玆不惟宋之憊也甚楚亦兵罷食盡而將去矣晉乘此時合諸侯悉師以撼之未必無功而伯宗顧使其君懷安而苟心于不兢乃更謬爲晉師悉起之言噫是烏足以懼楚而慰宋哉使解揚如宋。使無降楚。曰。晉師悉起。將至矣。鄭人囚而獻諸楚。楚子厚賂之。使反其言。不許。三而許之。登諸樓車。使呼宋人而告之。遂致其君命。晉不救楚使使誑之固守反其言反言晉不救宋也樓車車上有樓可以望遠者致其君命仍以晉師悉起將至之命致之楚子將殺之。使與之言曰。爾既許不穀而反之。何故。非我無信。女則弃之。速即爾刑。反之反致其初命也無信指厚賂言即就也對曰。臣聞之。君能制命爲義。臣能承命爲信。信載義而行之爲利。謀不失利以衛社稷。民之主也。義無二信。信無二命。君之賂臣。不知命也。受命以出。有死無霣。又可賂乎。臣之許君。以成命也。死而成命。臣之祿也。寡君有信臣。下臣獲考。死又何求。載乘也言以臣之信乘君之義也謀不失信言人臣謀國而不失以信載義之利也無二信謂信于晉不復信于楚無二命謂受命於晉不復受命于楚不知命不知有制命之義也霣廢隊也言既受命而出雖死不敢廢隊也此言義無二信祿福祿也言臣所以僞許君者正欲成君之命已成其君命而後死是則臣之福也此言信無二命考成也言獲成其君命也霣音隕楚子舍之以歸。歸晉也

夏。五月。楚師將去宋。申犀稽首於王之馬前曰。毋

畏知死而不敢廢王命。王弃言焉。王不能答。楚師在宋積九月不能服宋故將去宋申犀毋畏之子言其父毋畏前月知宋必見殺不敢廢王不假道之命冒犯而行今伐宋未服而去則王前八殺汝必伐之言是自弃之也申叔時僕曰。築室反耕者宋必聽命。從之。僕御也言築室於宋分兵歸田以示宋爲持久之計則宋必懼而聽楚之命宋人懼，使華元夜入楚師。登子反之牀。起之曰。寡君使元以病告曰。敝邑易子而食。析骸以爨。雖然。城下之盟。有以國斃。不能從也。去我三十里。唯命是聽。子反楚公子側也以楚軍法之嚴密而華元能夜入其軍登其牀呼而起之告之以病而辭復强果知曹沫之刼盟齊桓者見華元之有謀也骸骨爨炊也城下盟諸侯所深耻故寧可亾國不能從城下之盟爾○孝約言氏曰兵法云因其鄉人而用之必先知其守將左右謁者門者舍人之姓名因而利導之

華元疑用此術焉言情而勢遽詞遜而意切固將以牀上之盟而易城下之盟哉不然者而何子反懼也而說者譏其輕見情實蹈不測之險非知元者

子反懼。與之盟。而告王。退三十里。宋及楚平。華元爲質。盟曰。我無爾詐。爾無我虞。

子反既爲所刼又聞其辭強故懼我楚自言爾指宋言○愚按韓詩外傳云楚莊圍宋有七月之糧使司馬子反乘闉而窺宋城宋使華元乘闉而應之子反曰子之國何若矣華元曰憊矣易子而食之析骸而爨之子反曰吾聞圍者之國箝馬而秣之使肥者應客今何吾子之情也華元曰吾聞君子見人之困則矜之吾望見吾子似于君子是以情也子反曰子其勉之吾軍有七日糧耳攝而去子反告莊王莊王怒子反曰區區之宋猶有不欺之臣何以楚國而無乎吾是以告莊王遂罷兵去此傳與左氏傳不同似得情實故附錄之○傅遜氏曰楚莊既討徵舒之亂力足以有陳鄭而不取宋以病告必退師與之平皆度時審勢而并酌以義也故列之霸焉然而陵偪宗周與桓文異矣

○潞子嬰兒之夫

人晉景公之姊也酆舒爲政而殺之又傷潞子之目嬰兒潞君名酆舒潞相晉侯將伐之諸大夫皆曰不可酆舒有三儁才不如待後之人倍人曰戎十人曰選倍選曰儁言酆舒有才藝勝人者三不如待其後人無才者而伐之三儁才不識何事伯宗曰必伐之狄有五罪儁才雖多何補焉不祀一也耆酒二也弃仲章而奪黎氏地三也虐我伯姬四也傷其君目五也怙其儁才而不以茂德茲益罪也仲章潞之賢人黎侯國今爲山西黎城縣怙恃也不祀得罪於神耆酒以下四者得罪於人(耆)音嗜後之人或者將敬奉德義以事神人而申固其命若之何待之不討有罪曰將待後後有辭而討焉毋乃不可乎言後人繼酆舒而爲政者或能恭敬以奉

行德義以盡其事神事人之道而申固其天命待其
如此則愈不可伐矣且不討鄭舒之有罪者而曰且
待後之人後之人無罪而我討之則彼
將有辭于我彼既有辭必不受討也　夫恃才與衆。
亾之道也。商紂由之。故滅。天反時爲災。地反物爲妖。
民反德爲亂。亂則妖災生。故文反正爲乏。盡在狄矣。
由用也手格猛獸强足拒諫此紂之才也有億兆之
民離心離德此紂之衆也天之寒暑易節則反時而
爲災地之羣物失性則反物而爲妖民之善惡易位
則反德而爲亂民既反德則天地災妖由此而生故
古人篆字背書正字則爲乏字言乏之
絕也今恃才與衆及反德狄皆有之　晉侯從之。六月
癸卯。晉荀林父敗赤狄于曲梁。辛亥。滅潞。酆舒奔衛。
衛人歸諸晉。晉人殺之。曲梁今爲山西永年縣○愚
按晉人殺酆舒與楚人殺陳
夏徵舒例同而經不書則左氏或者因晉當時所執
之辭而文其説耳非眞義舉也不然則罪在酆舒何

以反滅潞子聊○王孫蘇與召氏毛氏爭政使王子捷殺召戴公及毛伯衛卒立召襄王孫蘇召氏毛氏皆周卿士王子捷即王札子召襄戴公之子終立襄不絕召伯之後○愚按左氏謂王孫蘇使殺則經何爲不以蘇首惡哉當以經爲主

○秋七月秦桓公伐晉次于輔氏壬午晉侯治兵于稷以略狄土立黎侯而還及雒魏顆敗秦師于輔氏獲杜回秦之力人也稷今爲山西稷山縣幷輔氏雒竝晉地略定也晉時新破狄土地未安乘秦師之弱故別遣魏顆取秦而東行定狄地以狄前奪黎氏地故晉復立之顆古果反

初魏武子有嬖妾無子武子疾命顆曰必嫁是疾病則曰必以爲殉及卒顆嫁之曰疾病則亂吾從其治也及輔氏之役顆見老人結草以亢杜回杜回躓而顛

故獲之夜夢之曰余而所嫁婦人之父也爾用先人之治命余是以報武子卽魏犨魏顆之父疾初有疾也疾病病重時也殉從葬也亂昏亂也治治命也亢禦也躓而顛者履老人所結之草先足而躓仆于地也而汝也傳言魏顆所以獲杜回以有陰德故見囘不易獲足上文秦之力人也句躓音致

○附錄

晉侯賞桓子狄臣千室亦賞士伯以瓜衍之縣曰吾獲狄土子之功也微子吾喪伯氏矣千室千家也士伯卽士貞子伯氏桓子字邲之敗晉侯將殺林父士伯諫而止故幷賞士伯瓜衍闕（刻）去聲羊舌職說是賞也曰周書所謂庸庸祗祗者謂此物也夫士伯庸中行伯君信之亦庸士伯此之謂明德矣文王所以造周不是過也故詩曰陳錫載周能施也率是道也其何不濟羊舌職叔向父

周書庸誥篇庸庸用祇敬物事也言能用人者亦用之
能敬人者亦敬之士伯謂中行伯可用君能信之亦
以上伯爲可用此之謂有大明之德文王所以肇造
周室不過用是道也詩大雅文王篇陳布錫賜也言
文王能陳布上天之錫予載周道而行之福流子孫
由其君之能施也【說】音悅○愚按林父敗軍之將幸
而脱死不務修德以圖雪耻而徒逞志於狄雖捷有
功君子以爲未足揜邲之敗也而林父且以自多蒙
千室之賞曾無怍色晉侯賞罰於是乎失中矣○附
羊舌子顧以文王事擬之噫豈其倫豈其倫錄

晉侯使趙同獻狄俘于周不敬劉康公曰不及十年
原叔必有大咎天奪之魄矣劉康公郎王季子原叔郎趙同心之精爽是謂
魂魄杜預氏云爲成八年晉殺趙同傳○初稅畝非禮也非取民之禮穀出
不過藉以豐財也藉借也周法民耕百畝公田十畝借民力而治之稅不過乎所藉之
田蓋欲以豐民之財故不多稅之○冬蝝生饑幸之也杜預氏云蝝未爲災而書

之者幸其冬生不爲物害時歲雖饑猶喜而書之○
愚按秋秋螽未息冬冬蝝復生其重爲民災可知矣故秋
螽冬蝝生饑幸連而書記異也
而左氏皆以爲幸之何幸之有

春秋左傳註評測義卷之二十四終

春秋左傳註評測義卷之二十五

明吳興後學㚐稚隆輯著

宣公五

【經】戊辰十有六年春王正月晉人滅赤狄甲氏及留吁甲氏留吁赤狄別種○夏成周宣榭火成周東都洛陽也爾雅有室曰寢無室曰榭謂屋之歇前也楚語榭不過講軍實是講武屋也蓋宣王中興講武於此遂以爲廟○秋郯伯姬來歸○冬大有年無傳

【傳】十六年春晉士會帥師滅赤狄甲氏及留吁鐸辰前年晉滅潞氏今又幷其餘黨而盡滅之經不書辰鐸留吁之屬也三月獻狄俘晉侯請于王戊申以黻冕命士會將中軍且爲大傅於是

晉國之盜逃奔于秦。黻冕命卿之服大傅孤卿也趙汸氏云傳見列國之卿猶有請命者羊舌職曰。吾聞之。禹稱善人。不善人遠。此之謂也。夫詩曰。戰戰兢兢。如臨深淵。如履薄冰。善人在上也。善人在上。則國無幸民。諺曰。民之多幸。國之不幸也。是無善人之謂也。稱舉也詩小雅小旻篇言善人在位則國家不善之民無僥倖而免罪者諺言不善之民僥免者多則國必受其害蓋以善人不在位之故也○夏。成周宣榭火。人火之也。凡火。人火曰火。天火曰災。人火從人而起故本其火之所來而謂為火天火則自然而起故以其所害言之謂為災○秋。郯伯姬來歸。出也。○附錄為毛召之難故。王室復亂。王孫蘇奔晉。晉人復之。前年王孫蘇殺毛召其黨欲討蘇氏出奔晋晋人和王室而復之○附錄冬。晉侯使士會平王室定王享之原襄公相禮殽烝原襄公周大夫相佐烝升也切肉爲殽升之於俎故謂之殽烝武子私問其故武士會謚也禮公侯來朝王爲設享則當有體薦故武子怪而問之王聞之召武子曰季氏而弗聞乎王享有體薦宴有折俎公當享卿當宴王室之禮也季士會字而汝也言天子設享禮則半解其體而薦之爲不食故不解折謂之房烝所以示儉也天子設宴禮則體解節折升之于俎物皆可食謂之殽烝所以示慈惠也公謂諸侯卿謂諸侯命卿蓋士會卿也武子歸而講求典禮以脩晉國之法

【經】己巳十有七年春王正月庚子許男錫我卒無傳○丁未蔡侯申卒無傳○夏葬許昭公無傳○葬蔡文公無傳○六月癸卯日有食之無傳不書朔官失之○己未公會晉侯衛

侯曹伯邾子同盟于斷道。斷道晉地○秋。公至自會。無傳○冬十有一月壬午。公弟叔肸卒。

【傳】十七年春。晉侯使郤克徵會于齊。齊頃公帷婦人使觀之。郤子登。婦人笑於房。獻子怒。出而誓曰。所不此報。無能涉河。獻子先歸。使欒京廬待命于齊。曰。不得齊事。無復命矣。郤子至。請伐齊。晉侯弗許。請以其私屬。又弗許。徵召也晉侯欲為斷道之會故使郤克徵齊侯登登階也史記郤克使於齊齊頃公母從樓上觀而笑之所以然者郤克僂而魯使蹇衛使眇齊亦令人如之以導客故郤克怒獻子郤克謚也無能涉河不復能渡河而東也欒京廬郤克之介使齊事即齊人笑辱之事私屬家衆也杜預氏云為成二年戰于鞌傳○王樵氏曰郤克徵會本為謀楚穀梁之說是也胡氏謂謀伐齊誤矣徵會在未見笑之前豈預知其見笑故爲之會以謀之耶左氏載婦人笑于房自爲搴之戰張本爾齊侯使高固晏弱蔡朝南郭偃會及斂盂高固逃歸齊侯四人會于斷道高固聞郤克怒恐被執而逃斂音廉夏會于斷道討貳也盟于卷楚辭齊人晉人執晏弱于野王執蔡朝于原執南郭偃于溫卷楚卽斷道野王晉地原原邑溫周畿內邑卷音權苗賁皇使見晏桓子歸言於晉侯曰夫晏子何罪昔者諸侯事吾先君皆如不逮舉言羣臣不信諸侯皆有貳志齊君恐不得禮故不出而使四子來左右或沮之曰君不出必執吾使故高子及斂盂而逃夫三子者曰若絕君好寧歸死焉爲是犯難而來吾若善逆彼以懷來者吾又

執之。以信齊沮。吾不既過矣乎。過而不改。而又久之。以成其悔。何利之有焉。使反者得辭。而害來者以懼諸侯將焉用之。賁皇楚鬬椒之子楚滅鬬氏而奔晉食邑於苗桓子即晏弱時在野王故因使而見之賁皇言昔者諸侯事晉先君皆汲汲然如恐不及今則皆言晉羣臣不信故諸侯皆有貳志齊君恐晉不以禮待故不敢出會而但使四子來當時齊左右必有以見執沮之者故高固聽齊沮而逃歸彼三子者若亦逃歸恐絕兩君之好寧來會而就死不聽齊沮故不避患難而來我當以好迎三子以安來者心不可今又執之使齊沮之言爲足信則我豈不過計乎晉既過計而不能改又復久執三子以成其悔來之心於我亦何利之有且使逃歸者得有辭曰吾幸而不去彼三子犯難以往者今反受害矣是使諸侯皆有疑懼之心也若然久執三子將安用之晉人緩之。逸。晉於是不拘執晏子使得逃歸○愚按郤子以私憾故欲逞其志于齊而晉侯弗許是矣則何以復執其使已而賁皇言之果當也則宜有辭以責使者而明遣之還齊將引咎自謝不暇又何以緩之而使逸乎益晉之不達於禮如此何怪乎諸侯之貳而覇業之日替也○附錄秋八月晉師還。君行師從故盟還而言師○附錄范武子將老。士會初受隨稱隨武子後受范復稱范武子老致仕也召文子曰。燮乎。吾聞之喜怒以類者鮮。易者實多。詩曰。君子如怒。亂庶遄沮。君子如祉。亂庶遄已。君子之喜怒以已亂也。弗已者必益之。郤子其或者欲已亂於齊乎。不然。余懼其益之也。余將老。使郤子逞其志。庶有豸乎。爾從二三子唯敬。文子即士燮武子之子易遷易也武子言人之喜怒能以其類者恒少而遷怒者恒多如郤克怒齊而但伐齊是怒以類也若伐齊不勝而害晉是遷怒也詩小雅巧言篇庶幾也遄速沮止也言君子見讒人之言若怒而責之則亂庶幾速止也祉福也以有所喜而爲福也言君子見賢者之言喜而納之則亂庶幾遄已也因釋詩而言君子喜怒皆得其正故皆可以止禍亂若非君子則喜怒不得其正不能止亂而反增益之矣今郤克之怒或者欲止亂於齊乎若不使逞其報齊之志我恐其遷怒以害于晉而增益其亂也我將告老使郤克得逞其志以報齊庶幾可解難乎豸解也二三子謂晉大夫豸是直反**乃請老。郤獻子爲政。**○愚按范子之欲以國柄授郤子非以豸其私怒耶則怒且益亂范子業已計其必然乃弗能禁而又席之權以逞其志如債國事何益范子懼其偪而姑請老以避之善自爲謀而非忠於謀國者也○**冬。公弟叔肸卒。公母弟也。**宣公同母弟**凡大子之母弟。公在曰公子。不在曰弟。凡稱弟皆母弟也。**父在國以父爲尊故稱公子父不在以兄爲尊故稱弟此側再言凡者前凡明稱母弟之文後凡明稱弟者皆母弟之義穀梁傳云其曰公弟叔肸賢之也其賢之何也宣弒而非之也非之則曷爲不去也曰兄弟也與之財則曰我足矣織屨而食終身不食宣公

之食君子以是足爲通恩也

【經】庚午十有八年。蔡景公元年春。晉侯衛世子臧伐齊。○公伐杞。無傳○夏四月。○秋七月。邾人戕鄫子于鄫。邾大夫就鄫殺鄫子○甲戌。楚子旅卒。○公孫歸父如晉。○冬十月壬戌。公薨于路寢。歸父還自晉。至笙。遂奔齊。笙魯地

【傳】十八年。春。晉侯衛大子臧伐齊。至于陽穀。齊侯會晉侯盟于繒。以公子彊爲質于晉。晉師還。蔡朝南郭偃逃歸。晉既與齊盟守者解緩故二子得以逃歸○附録夏。公使如楚乞師。欲以伐齊。公不事齊齊與晉盟故公懼而乞師于楚欲以伐齊○秋。邾人戕鄫子于鄫。凡自虐其君曰弑。自外曰戕。弑者試也言臣子伺候閒隙試

犯其君非一朝一夕之漸也戕者殘〇楚莊王卒。楚也言外人卒暴而來殘賊殺害也

師不出既而用晉師。楚於是乎有蜀之役魯乞師于楚會楚有喪師不出魯遂用晉師伐齊事在成二年成公會楚公子嬰齊於魯之蜀地亦在成二年傳因王卒終言之〇季本氏曰楚莊之興志欲圖中國但以能審形勢故先為務本息民之計不汲汲於兵爭即位三年而始滅庸秦巴既合足以制中國諸侯然後漸圖陳宋動必相機辭足以屈中國亦一時之雄也然滅庸滅舒蓼滅蕭肆其強暴而宋陳鄭聖賢之後無不皆被其毒凡其所為皆貪慾之事非有假仁義以正天下之功說者乃以列於五霸而與桓文並稱豈不誤哉

〇公孫歸父以襄仲之立公也有寵欲去三桓以張公室與公謀而聘于晉。欲以晉人去之歸父襄仲之子張大也時三桓彊〇公室弱故欲去之以張大公室

冬。公薨。〇李廉氏曰宣公大畧與桓公相類宣公因齊得國終身事齊自黑壤見止之後南適于

楚當是時晉之霸事不振故魯亦得以自從數侵犯小國以自益而晉問不及焉直至十七年斷道之盟始背齊事晉則以季孫之憤也於是歸父逐而三家之張甚矣先儒李氏云賂田求昏君大夫奔走無寧歲以爲媚齊之謀而無事晉之志一逞於兵則伐莒伐邾猶未已也而伐萊伐杞一放於利則取向取繹猶未厭也而取根牟此宣之所以無良圖也斯言得之矣

季文子言於朝曰。使我殺適立庶。以失大援者。仲也夫。適謂子惡齊之甥襄仲殺之而立宣公因此遂失援於齊此皆襄仲之罪也蓋文子怨歸父欲去三桓故借此以爲襄仲罪爾臧宣叔怒曰。當其時不能治也。後之人何罪。子欲去之。許請去之。遂逐東門氏宣叔臧文仲子武仲父許其名也時爲司寇主行刑言當襄仲殺適立庶之時子不能治其罪今其子孫何罪之有雖然予知以歸父害已欲去者請爲子遂去之○陸粲氏曰許也季氏之黨也始則陽爲正言以微立異同繼而曰許請去之則其本情著矣自昔强臣欲除異巳者未

姤不有姦
以左右之子家還。及笙。壇帷。復命於介。既復命。袒括
髮即位哭。三踊而出。遂奔齊。子家歸父字還聘晉而
還也壇帷除地為壇而
張帷于上介副也將奔使介復聘晉之命於君袒去
衣也括髮以麻約髮也依在國即喪位三踊致哀而
後奔（壇音善）○姜寶氏曰歸父如晉奔齊二事左氏
謂謀去三桓欲仗晉以行事使果有此則歸父被逐
當奔晉不當奔齊也左氏以傳聞為實然竟不審其
後晉人從否何如要是晉徵為斷道之盟魯不得不
往既受盟魯又不得不一修好此歸父所以如齊而
歸父之見逐則又以其貴而有寵行父輩始嘗忌之
今於宣公之薨行父又將自文其謀弒子赤之故於
是誣以謀去三桓之罪以激衆怒而追治子赤之事
故致其以家遣如此而歸父之奔齊則
以其父嘗謹事於齊齊為可依故也書曰。歸父還
自晉。善之也。大夫還不書今書歸父
還奔善其能以禮退

春秋左傳註評測義卷之二十五終

春秋左傳註評測義卷之二十六

明吳興後學淩稚隆輯著

成公一

名黑肱宣公子母穆姜夫人在位十八年謚法安民立政曰成

【經】辛未周定王十七年元年。陳成公九年杞桓公四十七年宋文公二十一年晉景公十年齊頃公九年秦桓公十五年楚共王元年衛穆公十年蔡景公二年鄭襄公十五年春王正月。公即位。無傳二月。辛酉。葬我君宣公。無傳○無氷。無傳周二月今之十二月而無氷書冬温也○三月。作丘甲。古者九夫為井除中公田實八家也四井為邑四邑為丘四丘為甸甸六十四井五百一十二家也出戎馬四疋兵車一乘甲士三人步卒七十二人二十五人為一甲凡三甲成兵車一乘今使每丘出一軍譏斂重故書○夏。臧孫許及晉侯盟于赤棘。赤棘晉地魯所欲也故稱及○秋。王師敗績于茅戎。茅戎別種也○冬。十月。

【傳】元年附錄春。晉侯使瑕嘉平戎于王。單襄公如晉拜成。劉康公徼戎將遂伐之。文十七年周敗戎于邥垂晉使詹嘉處瑕故謂之瑕嘉單襄公王卿士拜成謝晉爲平戎也劉康公卽王季子徼戎因戎平還要其無備也【單】音善叔服曰。背盟而欺大國。此必敗。背盟不祥。欺大國不義。神人弗助。將何以勝。叔服周內史【背】音佩不聽。遂伐茅戎。二月癸未。敗績于徐吾氏。徐吾氏茅戎之別種○爲齊難故。作丘甲。前年魯乞師于楚伐齊楚反與齊好故懼而作丘甲【爲難】俱去聲○聞齊將出楚師。夏盟于赤棘。齊出楚師以伐魯故魯與晉盟懼齊楚也○秋。王人來告敗。王師敗于春至秋來告所以經書秋○附錄冬。臧宣叔令脩賦。繕完具守備曰。齊楚結好。我新與晉盟。晉楚爭盟。齊師必至。雖晉人伐齊。楚必救之。是齊楚同我也。知難而有備。乃可以逞。賦車馬也繕完治完城郭也備戰守之備同我同伐我也逞解也杜預氏云爲二年齊侯伐我

傳

【經】壬申二年。春。齊侯伐我北鄙。○夏。四月。丙戌。衛孫良夫帥師及齊師戰于新築。衛師敗績。新築衛地○六月。癸酉。季孫行父。臧孫許。叔孫僑如。公孫嬰齊帥師會晉郤克。衛孫良夫。曹公子首及齊侯戰于鞌。齊師敗績。書魯四卿是各自爲帥也鞌齊地去齊五百里〔鞌〕音安○林堯叟氏曰自文之季年而無使介至是而無

將佐魯三家之勢成矣○秋七月齊侯使國佐如師己酉及國佐盟于袁婁求盟在齊故稱如欲盟在晉故稱及袁婁齊地去齊五十里○家鉉翁氏曰召陵之師兵力甚衆而桓公乃能以不戰服楚退師而禮與之盟鞌之戰郤克既敗齊師復進兵及其城而強與之盟退而盟盟之以其禮也近而盟盟之以其力也春秋書來盟與及盟二字褒貶著明矣○八月壬午宋公鮑卒○庚寅衛侯速卒○取汶陽田晉使齊還魯故云取不以好得故不言歸○冬楚師鄭師侵衛○十有一月公會楚公子嬰齊于蜀蜀齊地林堯叟氏云自邲完以來楚大夫皆無氏族而書公子自嬰齊始○丙申公及楚人秦人宋人陳人衛人鄭人齊人曹人邾人薛人鄫人盟于蜀齊大夫會盟故書在鄭下杜預氏云楚卿於是始與中國準自此以下楚卿不書皆貶惡也○項安世氏曰棐林之師雖以趙盾將諸侯

也故先書趙盾出師而後書諸侯會晉師蜀之盟雖以嬰齊主中國也故先書嬰齊之會而後書諸侯微者盟

【傳】二年春。齊侯伐我北鄙。圍龍。頃公之嬖人盧蒲就魁門焉。龍人囚之。齊侯曰。勿殺。吾與而盟。無入而封。弗聽。殺而膊諸城上。齊叛晉即楚而魯新與晉盟故齊伐魯龍魯邑盧蒲就魁二嬖人姓名門攻龍門而汝也封封土也膊謂去衣曝之（膊）普各反齊侯親鼓士。陵城三日。取龍。遂南侵。及巢丘。親鼓士親鼓以督將士也巢丘魯邑在今山東泰安州境杜預氏云取龍侵巢丘不書其義未聞○衛侯使孫良夫。石稷。甯相。向禽將侵齊。與齊師遇。良夫孫林父之父石稷石碏四世孫甯相甯俞子也衛之侵齊爲晉討也衛師未至齊境適齊以伐魯還遂故與相遇于衛石子欲還。孫子曰。不可。

以師伐人。遇其師而還。將謂君何。若知不能。則如無出。今既遇矣。不如戰也。將謂君何言無以荅君也夏有。杜預氏云闕文失新築戰事石成子曰。師敗矣。子不少須。衆懼盡。子喪師徒。何以復命。皆不對。又曰。子國卿也。隕子。辱矣。子以衆退。我此乃止。且告車來甚衆。齊師乃止。次于鞫居。石成子卽石稷時衞師已敗而良夫復欲戰故石子欲使少待救至子謂孫子隕見禽獲也辱爲衞之辱也我此我止於此戰也於是石子乃止且告令軍中曰新築救軍之車甚衆可以無恐矣齊師因此不敢追鞫居衞地（鞫）居六反新築人仲叔于奚救孫桓子。桓子是以免。既衞人賞之以邑。辭。請曲縣繁纓以朝。許之。于奚守新築大夫桓子卽良夫周禮天子樂宮縣謂四面縣如宮墻諸侯軒縣三面其形曲曲縣卽軒縣也繁纓馬飾皆

(諸侯之制 (縣)音玄)仲尼聞之曰。惜也。不如多與之邑。唯器與名不可以假人。君之所司也。名以出信。信以守器。器以藏禮。禮以行義。義以生利。利以平民。政之大節也。若以假人。與人政也。政亡。則國家從之。弗可止也已。(器謂車服名謂爵號言名位不愆然後爲民所信故云名以出信動不失信然後車服可保故云信以守器車服之器所以表尊卑故云器以藏禮尊卑有禮各得其宜故云禮以行義利者義之和也故云義以生利何以聚人曰財故云利以平民此六者爲政之大節目也)○孫桓子還於新築不入。遂如晉乞師。臧宣叔亦如晉乞師。皆主郤獻子。(不入謂不入衛國宣十七年郤克爲齊婦人所笑遂怒故魯衞因之以乞師杜預氏云孫桓子臧宣叔皆不以國命各自請郤克故不書)晉侯許之七百乘。郤子曰。此城濮之賦也有先君之明與先大夫之肅故捷克於先大夫無能爲役請八百乘許之郤克將中軍士燮佐上軍欒書將下軍韓厥爲司馬以救魯衛七百乘蓋五萬二千五百人僖二十八年城濮之戰晉用車七百乘先君謂晉文公先大夫謂先軫無能爲役言不足爲役使也燮郤范文子臧宣叔逆晉師且道之季文子帥師會之宣叔乞師先歸故往迎晉師且爲向道及衛地韓獻子將斬人郤獻子馳將救之至則既斬之矣郤子使速以徇告其僕曰吾以分謗也郤子使韓厥速以所殺之人徇于軍不欲使韓子獨受殺人之謗師從齊師于莘六月壬申師至于靡笄之下莘齊地靡笄山名笄音鷄齊侯使請戰曰子以君師辱於敝邑不腆敝賦詰朝請見腆厚

也敝賦敝邑車馬之賦詰朝平旦也對曰。晉與魯衛兄弟也。來告曰。大國朝夕釋憾於敝邑之地。寡君不忍。使羣臣請於大國。無令輿師淹於君地。能進不能退。君無所辱命。三國皆姬姓故云兄弟大國謂齊憾恨也敝邑魯衛自稱輿衆淹久也言無使晉之衆師久留於齊地也無所辱命言自欲戰不須命也齊侯曰。大夫之許。寡人之願也。若其不許。亦將見也。將見謂將逼晉而來戰也齊高固入晉師。桀石以投人。禽之而乘其車。繫桑本焉。以徇齊壘。曰。欲勇者賈余餘勇。高固齊卿宣十七年逃歸者先以單車入晉軍挑戰桀擔也固擔石以擲晉人既獲晉人因弃已車而乘所獲者之車將至齊壘乃以桑樹自繫于車而徇示勇也賈買也言已勇有餘欲賣之其輕敵如此癸酉。師陳于鞌。邴夏御齊侯。逢丑父為右。

賈音古

晉解張御郤克。鄭丘緩爲右。邴音丙 解音蟹 齊侯曰。余姑翦滅此而朝食。不介馬而馳之。姑且翦盡也介甲也馬不帶甲而馳皆輕敵之甚也 郤克傷於矢。流血及屨。未絕鼓音。曰。余病矣。中軍將自執旗鼓故雖被傷而擊鼓未息曰我病矣欲退師矣 張侯曰。自始合而矢貫余手及肘。余折以御。左輪朱殷。豈敢言病。吾子忍之。張侯解張也折折矢也朱血色血色久則殷殷赤黑色也言余爲矢所中折矢以御血多汙輪御猶不敢懈 折之設反 緩曰。自始合。苟有險。余必下推車。子豈識之。然子病矣。緩卽鄭丘緩緩言每遇險阻馬不能進必下而推車子豈知我如此子誠以病故也 推昌誰反 張侯曰。師之耳目。在吾旗鼓。進退從之。此車一人殿之。可以集事。若之何其以病敗君之大事也。擐甲執兵固即死也病未及死吾子勉之殿鎮也集成也言可以成勝齊之事擐貫即就也言既貫甲執兵固將決戰而就死地今雖傷猶未至死不可不勉力以與齊戰也殿顛去擐音患○孫應鰲氏曰解張一言而齊公家之事成郤克之名左并轡右援枹而鼓馬逸不能止師從之齊師敗績逐之三周華不注援引也枹擊鼓槌也郤克從張侯之言左手摠執六轡右手引槌而擊鼓於是戎馬奔逸不能自止而晉之師衆皆從郤克之車以進華不注山在今山東濟南府城東其下有華泉周匝也繞華不注之山凡三匝也援音爰枹音孚○愚按齊之君臣恃勇輕敵而不免於敗晉之將佐扶傷致死而卒能勝之所謂兩敵相當貴於忍也韓厥夢子輿謂已曰且辟左右故中御而從齊侯邴夏曰射其御者君子也公曰謂之君子而射之非禮也射其左越于車下射其右斃于車中綦

毋張喪車。從韓厥曰。請寓乘。從左右皆肘之。使立於後。韓厥俛定其右。子輿韓厥父凡戰非元帥則御者在中將在左韓厥以憂故居中代御者邴夏欲射韓厥齊侯果以御爲君子不射而射左右越隕也綦毋張晉大夫寓寄也毋張喪巳車請寄厥車厥以左右皆死不欲毋張立其處故以肘排退之使立於後俛又俯而安隱其車右被射殺者(射)音石(辟)音避(綦)音其(毋)音無(俛)古俯字舊注皆音勉非也

逢丑父與公易位。將及華泉。驂絓於木而止。丑父寢於轏中。蛇出於其下。以肱擊之。傷而匿之。故不能推車而及。晉兵逐齊侯急丑父恐君見獲故乘韓厥俛定之閒乃得與公易位齊侯之驂馬絓於樹木而止不能進轏臥車也先時丑父寢於臥車中蛇傷其手隱匿不言至是驂馬絓木不能推爲韓厥所及(絓)戸卦反(轏)音棧

韓厥執縶馬前。再拜稽首。奉觴加璧以進。曰。寡君使羣臣爲魯衛

請曰無令輿師陷入君地下臣不幸屬當戎行無所逃隱且懼奔辟而忝兩君臣辱戎士敢告不敏攝官承乏絷馬絆也厥執頃公之馬絆而立于前示脩臣職也進觴璧亦以示敬也屬適也官謂齊官之空乏之也厥言晉君本但為二國請救不意乃過入君地適當戎車之行列故無所逃隱而見君且懼奔走而辟易則為辱晉侯并為齊侯羞故欲以巳不敏攝齊之官守承其空乏之以事君而與君同車而還也此蓋韓厥自處臣僕謙敬之餙言屬音燭行音杭辟入聲丑父使公下如華泉取飲鄭周父御佐車宛茷為右載齊侯以免時丑父代為齊侯詐以齊侯為賤者使下車往華泉取水欲使公因而丢走也佐車副車茷音吠韓厥獻丑父郤獻子將戮之呼曰自今無有代其君任患者有一於此將為戮乎郤子曰人不難以死免其君我戮之不

祥赦之以勸事君者乃免之（不難以死言不以一死爲難也）齊侯免求丑父三入三出每出齊師以帥退入于狄卒狄卒皆抽戈楯冒之以入于衛師衛師免之遂自徐關入（齊侯重丑父代巳故三次出入晉軍求而救之齊師因敗皆有退志故齊侯常輕出以帥厲退者遂并入狄卒狄畏齊之强不敢害齊侯皆抽戈楯以護冒之入于衛師衛亦畏齊强不敢加害齊侯而免之狄卒從晉討齊者帥音率楯音盾）齊侯見保者曰勉之齊師敗矣辟女子女子曰君免乎曰免矣曰銳司徒免乎曰免矣曰苟君與吾父免矣可若何乃奔齊侯以爲有禮旣而問之辟司徒之妻也予之石窌（齊侯於所過城邑皆勸勉使善守辟辟之使避也銳司徒主銳兵者女子之父也可若何言餘人不可復如何也於是乃奔走辟君女子先問君後

間父故齊侯以爲有禮辟司徒主壘壁者石窌邑名在今山東長清縣境辟(女)入聲辟司音壁(窌)音溜

晉師從齊師。入自丘輿。擊馬陘。(丘輿馬陘皆齊邑(陘)音刑)齊侯使賓媚人賂以紀甗玉磬與地。不可。則聽客之所爲。(賓媚人國佐別名甗無底甗甗玉磬樂器皆滅紀所得之寶地即晉所侵魯衛者不可不許也客謂晉言若晉師不許和則聽從晉人之所欲爲(甗)音彥)賓媚人致賂。晉人不可。曰。必以蕭同叔子爲質。而使齊之封內。盡東其畝。(同叔蕭君字齊侯外祖父子女也難斥言其母故遠言之宣十七年郤至使齊婦人笑于房即齊侯之母故克欲得其母爲質以報其辱盡東其畝使齊之壟畝盡東西爲行也(盡)津忍反)對曰。蕭同叔子非他。寡君之母也。若以匹敵。則亦晉君之母也。吾子布大命於諸侯。而曰必質其母以爲信。其若王命何。且是以不孝令也。詩曰：孝子不匱，永錫爾類。若以不孝令於諸侯，其無乃非德類也乎。（匹敵猶比類也，亦猶卽也。言齊之母卽晉之母，其爲國母一也。令，號令也。言晉侯敷布大命令以告于諸侯，而令必曰質其母，是違先王以孝治天下之命，而以不孝令諸侯也。詩大雅旣醉篇言孝子之心無有窮盡，又能以已之孝推而及之同類。今晉君若以不孝令諸侯，其無乃非是以孝錫同類之道乎。此言質蕭同叔子之非。）先王疆理天下。物土之宜，而布其利。故詩曰：我疆我理，南東其畝。今吾子疆理諸侯，而曰盡東其畝而已，唯吾子戎車是利，無顧土宜，其無乃非先王之命也乎。反先王則不義，何以爲盟主。（物土之宜，播殖之物各從其土之所宜也。詩小雅信南山篇言疆以畫其大界，理以定其溝塗，其隴畝隨土宜，東南無一定之制。今吾子疆理而必曰盡東其畝，惟欲利已兵車之行不顧齊人土地之宜其無乃非先王疆理天下之命乎此言盡東其畝之非其晉實有闕。四王之王也。樹德而濟同欲焉。五霸之霸也。勤而撫之以役王命。今吾子求合諸侯以逞無疆之欲。詩曰。布政優優。百祿是遒。子實不優。而棄百祿。諸侯何害焉。闕失也總承上二節言晉實自有闕失四王謂禹湯文武樹立也五伯謂夏霸昆吾商霸大彭豕韋周霸齊桓晉文也役供疆竟也言四王之王天下惟有德者立之使各遂其欲五霸之霸諸侯惟撫恤諸侯以供王命而已未嘗改王之制度也今吾子求合諸侯以自快其無竟之欲不濟同欲不役王命是失王霸之政也詩商頌長發篇遒聚也言湯敷布政令優優然而寬和故福祿之盛皆聚而歸之今子欲質毋東畝則是不能寬和而自棄其福祿於諸侯恐亦不能為諸侯害也此言晉之闕失處不然寡君之命使臣。則有辭矣。曰。子以君師辱於敝邑。不腆敝賦以犒從者。畏君之震。師徒橈敗。吾子惠徼齊國之福。不泯其社稷。使繼舊好。唯是先君之敝器土地不敢愛。子又不許。請收合餘燼。背城借一。敝邑之幸。亦云從也。況其不幸。敢不唯命是聽。不然不見許也使臣國佐自謂有辭言有辭說可以自解如下文所云戰而曰犒遜辭也震動橈曲也言畏晉師之震動故師徒橈曲而喪敗也惠徼言惠我齊國而徼求其福也泯滅也敝器謂甗磬餘燼猶言敗亾餘衆也言欲以已敗之殘兵背齊城而更借一戰若幸而得勝亦云從晉求和況不幸而又戰敗敢不唯晉之命是從必戰後從所以懼晉也此言晉必欲質母東畝以爲晉闕則齊有辭命戰而晉之勝負亦未可必蓋徼其必許乎也橈乃教反○孫應鰲氏曰齊國喪敗之餘國佐猶能直辭抗狄卒以安全母亦晉君之母之言動其同類之心而非先王之命與收餘燼足以懾其氣耶

魯衛諫曰。齊疾我矣。其死亾

者皆親暱也子若不許讎我必甚唯子則又何求子得其國寶我亦得地而紓於難其榮多矣齊晉亦唯天所授豈必晉疾猶惡也得國寶謂甗磬紓於難免於侵伐也豈必晉言不必晉國可以勝齊也〔鞫〕去聲晉人許之對曰羣臣帥賦輿以爲魯衛請若苟有以藉口而復於寡君君之惠也敢不唯命是聽國佐辭殺而辯晉巳心屈卻克耻傷其威故使魯衛大夫以國佐辭爲請而後許之對國佐之言賦輿猶兵車也藉薦復報也言無物則空口以爲報苟有所得則於口爲藉可以歸報晉君也禽鄭自師逆公禽鄭魯大夫自師中歸逆公公來會晉師○秋七月晉師及齊國佐盟于爰婁使齊人歸我汶陽之田汶陽之田本魯地爲齊所侵故使歸我○附錄公會晉師于上鄍賜三帥先路三命之服

司馬司空輿師候正亞旅皆受一命之服。公以禽鄭之逆來會晉師上鄭闕地公會晉師不書杜預氏以爲史闕也三帥郤克士燮欒書也周禮公之卿三命大夫二命而此云一命蓋春秋之時其制已異於周禮也先路革路也三帥已嘗受王先路之賜今改而易新拜此車所建所服之物皆賜之也司馬主甲兵司空主壁壘輿師主兵車候正主斥候亞次旅衆也次于卿而爲衆大夫也皆受魯一命○八月宋文公卒。始厚葬。用蜃炭。益車馬。始用殉。重器備。椁有四阿。棺有翰檜。蜃蛤類燒蜃爲炭以瘞壙禦濕多埋車馬殉用人從葬也重猶多也阿棟也四阿四角設棟注下也翰旁飾檜上飾皆王禮君子謂華元樂舉於是乎不臣。臣治煩去惑者也。是以伏死而爭。今二子者。君生則縱其惑。死又益其侈。是棄君於惡也。何臣之爲。華元樂舉皆宋卿煩猶侈也惑蔽也言臣之爲道凡以治君之煩去君之惑者也是以有伏節死義以與君爭者今二子君生則縱其殺毋弟須而不諫是不去惑君死又厚葬用殉以益其侈是不治煩蠢棄其君以陷於惡者也○九月。衛穆公卒。

晉三子自役弔焉。哭於大門之外。衛人逆之。婦人哭於門內。送亦如之。遂常以葬。晉三子自鞌之役歸還過衛因往弔之未復命不敢成禮故哭於衛大門之外衛人亦逆於門外設喪位禮喪位婦人哭於堂今賓在門外故移於門內衛人送三子其位亦如之自此有鄰國弔者常行此禮而至于葬蓋以喪禮有進無退也○邵寶氏曰三子者自役至焉而未復命衛人以變禮處之可也凡弔者豈皆自役遂常以葬謂之何哉○附錄

楚之討陳夏氏也。莊王欲納夏姬。申公巫臣曰。不可。君召諸侯以討罪也。今納夏姬。貪其色也。貪色爲淫。淫爲大罰。周書曰。明德慎罰。文王所以造周也。明德。務

崇之之謂也。愼罰。務去之之謂也。若興諸侯以取大罰。非愼之也。君其圖之。王乃止。楚討陳夏氏在宣十二年周書康誥篇巫臣既引其言又申其意崇益也去不用也愼之愼刑也子反欲取之。巫臣曰。是不祥人也。是夭子蠻。殺御叔。弒靈侯。戮夏南。出孔儀。喪陳國。何不祥如是。人生實難。其有不獲死乎。天下多美婦人。何必是。子反乃止。鄭靈公字子蠻夏姬之兄宣四年遇弒無後御叔夏姬之夫亦早死靈侯即陳靈侯淫于夏姬宣十年遇弒夏南即夏姬子徵舒宣十一年楚戮殺之孔儀即孔寧儀行父皆淫于夏姬宣十年出奔楚陳以夏姬之亂宣十一年爲楚所滅有不獲死者言人未有不死者何必獲夏姬以速之王以予連尹襄老。襄老死于邲。不獲其尸。其子黑要烝焉。巫臣使道焉曰。歸吾聘女。又使自鄭召之曰尸可得也必來逆之逆尹名襄老宣十二年戰于邲知莊子射殺之載其尸以歸故楚不獲其尸黑要襄老子上淫曰烝巫臣以正諫君止子反而竟自欲娶之使人開導夏姬謂汝歸鄭國吾將就鄭聘汝以爲妻又使人詐自鄭來召夏姬謂襄老之尸可得必親來逆之〔予〕音與姬以告王王問諸屈巫對曰其信知罃之父成公之嬖也而中行伯之季弟也新佐中軍而善鄭皇戌甚愛此子其必因鄭而歸王子與襄老之尸以求之鄭人懼於邲之役而欲求媚於晉其必許之屈巫即巫臣其信其事信然也知罃之父荀首也中行伯荀林父也此子指知罃王子楚公子穀臣也邲之戰楚人囚知罃荀首囚王子穀臣獲襄老今荀首欲得其子其必因鄭皇戌而歸穀臣與襄老之尸求易知罃於楚鄭人以邲之役懼晉討鄭而因荀首以求媚於晉其必許荀首爲易知罃于楚王遣夏姬

歸。將行。謂送者曰。不得尸。吾不反矣。巫臣聘諸鄭。鄭伯許之。及共王即位。將爲陽橋之役。使屈巫聘于齊。且告師期。巫臣盡室以行。申叔跪從其父將適郢。遇之。曰。異哉。夫子有三軍之懼。而又有桑中之喜。宜將竊妻以逃者也。聘謂聘夏姬陽橋魯地楚伐魯至陽橋在此年冬盡室以行言盡挈其室家以去也跪申叔時之子桑中衛風淫奔之詩言巫臣出奔他國楚君必用兵討之是有三軍之懼而巫臣私取夏姬則是衛風所謂期我乎桑中者又有此喜也一則以懼一則以喜宜其盡室以逃奔也及鄭。使介反幣。而以夏姬行。將奔齊。齊師新敗。曰。吾不處不勝之國。遂奔晉。而因郤至以臣於晉。晉人使爲邢大夫。介副也幣聘物郤至克族子邢晉邑子反請以重幣錮之。王曰。

止其自爲謀也則過矣其爲吾先君謀也則忠忠社稷之固也所蓋多矣且彼若能利國家雖重幣晉將可乎若無益於晉晉將弃之何勞錮焉錮鑄塞也言以重幣賂晉禁錮巫臣使不得仕也爲君謀忠謂諫莊王勿納夏姬蓋覆也言其忠足以蓋覆其淫奔之罪也將可者言不許也杜預氏云爲七年楚滅巫臣族晉南通吳張本（錮）音固（爲）去聲○孫應鰲氏曰共王於巫臣可謂責已重以周而待人輕以約者

○附錄 晉師歸范文子後入武子曰無爲吾望爾也乎對曰師有功國人喜以逆之先入必屬耳目焉是代帥受名也故不敢武子曰吾知免矣文子郎士燮時爲上軍佐後晉師而入國武子郎士會文子之父無爲猶言何不爲也言爾來之後何不爲我望爾之切也屬耳目者視聽皆屬于我指以爲我之功也帥謂中軍帥受名受克師之名也文

子謙遜不伐故武子度其不益巳禍（爲）去聲（屬）音燭郤伯見。公曰。子之力也夫。對曰。君之訓也。二三子之力也。臣何力之有焉。郤伯卽郤克善則稱君故歸美於君諸將皆受君之訓故分功於諸帥范叔見。勞之如郤伯。對曰。庚所命也。克之制也。燮何功之有焉。范叔卽文子荀庚將上軍而不出文子以佐代行故歸美於庚之教命郤克中軍帥故推美其節制（勞）去聲欒伯見。公亦如之。對曰。燮之詔也。士用命也。書何力之有焉。欒伯卽欒書詔告也欒書將下軍故推美於上軍以爲出於士燮之教詔而上卒皆能用士燮之命所以有功杜預氏云傳言晉之將帥克讓所以能勝齊

○宣公使求好于楚。莊王卒。宣公薨。不克作好。公卽位。受盟于晉。會晉伐齊。衛人不行使于楚。而亦受盟于晉。從於伐齊。故楚令尹

子重爲陽橋之役以救齊。宣公末年求好於楚乞師伐齊成公元年魯與晉盟于赤棘會晉伐齊卽戰于鞍也楚共王立衛不往聘故云不行使于楚楚侵魯及陽橋前章所謂爲陽橋之役者指此也子重名嬰齊此著楚所以侵衛與魯之故將起師。子重曰。君弱。羣臣不如先大夫。師衆而後可。詩曰。濟濟多士。文王以寧。夫文王猶用衆。況吾儕乎。且先君莊王屬之曰。無德以及遠方。莫如惠恤其民而善用之。乃大戶。已責。逮鰥。救乏。赦罪。悉師。王卒盡行。彭名御戎。蔡景公爲左。許靈公爲右。二君弱。皆强冠之。時共王年十二三歲故云君弱詩大雅文王篇濟濟衆多貌寧安屬托也莊王臨終屬托羣臣之詞言君設無明德以服遠方諸侯之國莫如加惠撫恤其民而善用其力以爭諸侯大戶大閱民戶口也已責止逋責也逮鰥及鰥寡也乏之困乏也悉盡也王卒王宮親衛之卒王卒盡行故王戎車亦行雖王不在令蔡許二君當左右之位弱幼弱也(强)上聲(冠)音貫冬。楚師侵衛。遂侵我師于蜀。蜀魯地侵衛魯所以救齊使臧孫往。辭曰。楚遠而久。固將退矣。無功而受名。臣不敢。臧孫即宣叔不敢者不敢虚受退楚之名也蓋臧孫不欲使楚而遜辭以求免楚侵及陽橋。孟孫請往。賂之以執斲執鍼織紝皆百人。公衡爲質以請盟。楚人許平。孟孫獻子也楚侵益深故孟孫請以賂往執斲匠人執鍼女工織紝織繒布者公衡成公之子(斲)竹角反(鍼)之林反(紝)女金反○十一月。公及楚公子嬰齊。蔡侯。許男。秦右大夫說。宋華元。陳公孫寧。衛孫良夫。鄭公子去疾及齊國之大夫盟于蜀。經不書齊大夫名非卿也○李廉氏曰楚專主中國之盟莫盛於此以楚成之强所得者陳蔡鄭許四國而已而宋之盟止書諸侯商臣之暴所得者陳蔡鄭宋四國而已而厥貉之次止書蔡雖以莊王之盛而辰陵之盟亦不過陳蔡二國從之今蜀之盟諸侯從之者十一國晉不敢爭其後四十三年然後晉楚之從交相見又八年楚靈求諸侯于晉皆蜀之役啓之也春秋安得不重貶之哉卿不書。匱盟也。於是乎畏晉而竊與楚盟。故曰匱盟。蔡侯許男不書。乘楚車也。謂之失位。匱乏也言窮乏不得已而盟所以經不書卿名而書人責諸侯不當背晉盟而私從夷狄也二君乘楚王車爲左右故謂之失位君子曰。位其不可不慎也乎。蔡許之君。一失其位。不得列於諸侯。況其下乎。詩曰。不解于位。民之攸塈。其是之謂矣。詩大雅假樂篇解怠也攸所塈息也言在上者不解怠于職位故能爲民之所息也解佳賣反○附錄楚師及宋。公衡逃歸。楚師自盟蜀而歸至宋地臧宣叔曰。衡父不忍數年之不宴。

以弃魯國。國將若之何。誰居。後之人必有任是夫。國弃矣。衛父即公衛宴樂也居語助猶歟也言衛父逃歸不終楚凡好後之人不知爲誰必有任是咎者後昭公如楚並縁此國弃言衛父弃魯國之事也是行也。晉辟楚。畏其衆也。

君子曰。衆之不可以已也。大夫爲政。猶以衆克。況明君而善用其衆乎。大誓所謂商兆民離。周十人同者。衆也。陽橋之役晉辟楚而速歸不敢與楚兵遇周書大誓云殷有億兆人離心離德予有亂臣十人同心同德引此書者謂商臣雖衆離散而亡周有十亂得衆而與也(大)音泰○愚按晏齊不務德而徒以力昰亦倖而成功耳而傳以其衆多之夫既曰衆不可已矣而又曰商兆民離周十人同然則安所貴于用衆哉仲尼曰仁不可爲衆也君子之論如此○附錄晉侯使鞏朔獻齊捷于周。王弗見。使單襄公辭焉。鞏朔士莊伯名曰。蠻夷戎狄。不式王命。淫湎毀常。王命伐之。則有獻捷。王親受而勞之所以懲不敬勸有功也。兄弟甥舅。侵敗王畧。王命伐之。告事而已。不獻其功。所以敬親暱禁淫慝也。襄公王卿士食采於單武用也淫淫于色湎湎于酒毀常毀壞典常也言必獻捷者一則以懲戒四夷之不敬一則以勸勉方伯之有功也兄弟同姓國甥舅異姓國畧經畧法度也告事告成事于天子也言不獻功者一則以敬兄弟甥舅之親暱一則以禁方伯之過於虜掠囚俘也〔湎〕音免〔勞〕去聲今叔父克遂有功于齊。而不使命卿鎮撫王室。所使來撫余一人而鞏伯實來。未有職司於王室。又奸先王之禮。余雖欲於鞏伯。其敢廢舊典以忝叔父。克能也大國之卿命于天子曰命卿鎮安撫綏也鞏伯即鞏朔上軍大夫非命卿名位不達於王室奸犯也不當獻捷而獻是犯先王之禮也

欲於鞏伯欲受鞏伯之獻也忝辱也言我若弃舊典是亦忝辱于晉也

夫齊甥舅之國也。而大師之後也。寧不亦淫從其欲以怒叔父。抑豈不可諫誨。齊世與周昏故云甥舅之國大師也言齊所以畋怒于晉寧不以淫縱其欲故然亦豈不可諫戒而教訓之而乃遽加以兵（大）音泰（從）子用反

士莊伯不能對。王使委於三吏。禮之如侯伯克敵。使大夫告慶之禮。降於卿禮一等。委屬也三吏三公也

王以鞏伯宴而私賄之。使相告之曰。非禮也。勿籍。莊伯即鞏伯王既使人詰鞏伯又待以宴禮而私賄之使相禮者告之曰此宴賄皆非禮之正也不可書于史冊蓋王畏晉之强故私賂而慰安之如此

春秋左傳註評測義卷之二十六終